U0941940

暨南大学马克思主义与中国社会研究系列丛书

程京武　柏元海／主编

现代新儒家易学思想研究

XIANDAI XINRUJIA YIXUE SIXIANG YANJIU

史怀刚／著

中国社会科学出版社

图书在版编目(CIP)数据

现代新儒家易学思想研究/史怀刚著.—北京：中国社会科学出版社，2016.4
(暨南大学马克思主义与中国社会研究系列丛书)
ISBN 978-7-5161-7913-0

Ⅰ.①现… Ⅱ.①史… Ⅲ.①《周易》—研究 Ⅳ.①B221.5

中国版本图书馆CIP数据核字(2016)第070536号

出 版 人 赵剑英
责任编辑 王 茵
特约编辑 王 称
责任校对 刘 洋
责任印制 王 超

出 版 中国社会科学出版社
社 址 北京鼓楼西大街甲158号
邮 编 100720
网 址 http://www.csspw.cn
发 行 部 010-84083685
门 市 部 010-84029450
经 销 新华书店及其他书店

印 刷 北京君升印刷有限公司
装 订 廊坊市广阳区广增装订厂
版 次 2016年4月第1版
印 次 2016年4月第1次印刷

开 本 710×1000 1/16
印 张 17.75
插 页 2
字 数 264千字
定 价 66.00元

文化认同、国家认同与人的发展（总序）

蒋述卓

马克思主义是当代中国的主流意识形态，但是要“使马克思主义在中国具体化，使之在其每一表现中带着必须有的中国的特性”。① 马克思主义中国化进程中始终不能回避的是“认同”问题。“认同（identity）是人们意义与经验的来源”，② 是公民实现从思想到行为转变的关键因素。只有公民从理性和情感上对理论产生了认同感，才能自觉地践行和发展。认同构建可以在不同领域开展，每个领域的认同都会对人的发展产生潜移默化的促进作用。

一

在认同领域中，文化认同是深植在历史与文明之中的基础性认同。文化变迁是认同变化的重要缘由，文化认同也会深刻影响经济认同、政治认同、社会认同等认同格局。“必须经年累月，借助集体记忆，借助共享的传统，借助对共同历史和遗产的认识，才能保持集体认同的凝聚性”。③ 文化认同的产生既与文化的凝聚力和说服力相关，也与文化的传播力和渗透力相连，这是文化认同延续的内在和外在力量的结合。从文化的凝聚力和说服力来看，狭义文化特

---

① 《毛泽东选集》第2卷，人民出版社1991年版，第533页。

② ［美］曼纽尔·卡斯特：《认同的力量》，夏铸九、黄丽玲等译，社会科学文献出版社2003年版，第2页。

③ ［英］戴维·莫利、凯文·罗宾斯：《认同的空间——全球媒介、电子世界景观和文化边界》，司艳译，南京大学出版社2001年版，第98页。

指社会在不同历史阶段的精神文明，其中包括价值观文明。文化的内核是价值观，不同的价值观通过多种文化形式来传递或表达。价值观是人类观照自我和社会的精神产物，其对自我和社会发展有着内在的驱动力量。价值观的影响力来自其对人和社会的作用力，即是价值观内在的指引能力。文化认同以价值观的凝聚力和说服力为基础，呈现其内在的吸引力和感染力。另外，文化的传播和渗透是在社会交流过程中完成的。"交流是借助于社会经验过程中的姿态的会话而进行的"。[①] 社会交流越频繁，文化传播越活跃；社会互动越多元，文化渗透越广泛。文化的传播力和渗透力既与社会形态相关，也与技术发展相连。社会形态越高级，文化传播越迅速；技术发展越快捷，文化渗透越普及。文化认同以文化的传播力和渗透力为拓展，传播渗透力越旺盛，文化认同持久性越明显。

那么，如何才能不断增强文化的凝聚力、说服力、传播力、渗透力呢？第一，文化的主导性。任何民族文化都会在自身长期发展中逐渐形成主流文化和非主流文化。主流文化对社会的影响高于非主流文化，主导着社会的价值观念、思维方式、交往特征等。主流文化需要有意识培育，既要有文化根基和积淀，也要有意识形态的引导和塑造。在文化的主导性上，核心价值观问题尤为重要。"传统的中国人之自我被看作是某种和有意义的他人发生关系的角色构形，在由主导性的文化价值观所限定的方式之中，自我的取向主要是倾向于有意义的他人"。[②] 社会群体具备了内化的核心价值观，才能把持社会尺度和底线。个体具备了核心价值观，才能发挥自身优势和特长。社会精神底蕴的呈现，需要核心价值观的支撑和发展。文化的主导性实质在于核心价值观的主导性，来自其对社会精神需求的准确把握和反映。核心价值观的主导性建立在一定社会的经济形态、政治制度、文化模式、社会发展之上，是对社会发展阶段精神需求的高度概括凝练，能够深层反映社会需要解决的思想矛盾和

---

① ［美］乔治·H. 米德：《心灵、自我与社会》，赵月瑟译，上海译文出版社 1992 年版，第 44 页。

② ［美］A. 马塞勒等：《文化与自我》，任鹰等译，浙江人民出版社 1988 年版，第269 页。

问题。

第二，文化的多元性。文化认同不仅需要文化主导性，还需要文化多元性。其实质是指社会文化的包容性。只有主流文化具有包容特质，才能呈现文化的繁荣景象和局面。文化多元性是经济全球化和政治多极化的必然结果，要想融入全球化浪潮之中，主流文化对现实社会思潮的包容度须不断加大，多元才能多样，多样才能繁荣。文化多元性需要文化对话，只有在对话中，文化才能兼容并蓄，协同发展。文化对话是文化认同的必要路径。通过文化对话，文化主体不仅从情感上接纳文化多样性，而且通过理性来辨析文化异质性，进一步在比较中彰显优势，弥补不足，不断强化自己的能动适应性。文化对话通过一定的中介来完成，包括政府机构、社会组织、专家学者、公民自身等。不同主体在文化对话中发挥的功能各不相同。政府的作用在于开放文化对话和交流的大门，容纳文化的“百花齐放、百家争鸣”，构建多样化的文化交流平台和机制。社会组织的作用在于通过文化产品来传递文化内涵，沟通有无，搭建起文化对话的多样化渠道。专家学者的作用在于贡献思想创新的力量，诠释文化传统，挖掘文化特色，创造文化未来。公民自身的作用在于用个体的言行举止来鲜活生动地展开文化对话。只有通过不同形式的文化对话，文化的多元性才能始终保持生机，增添文化认同的吸引力。

第三，文化的时代性。文化认同在不同时代皆有存在价值，只有充分体现出时代特色的文化，才具有感召力。文化的时代性离不开民族国家和社会发展的具体阶段。不同的民族国家基本国情不同，其文化依托于历史、宗教、伦理、制度等多重因素，体现出文化的延续性。社会发展经历不同阶段，在每个阶段中文化会鲜明地反映出时代特质。民族文化既要保持自身文化传统，也要与时代特质接轨。文化全球化是伴随着经济全球化而来的时代潮流，带来两种文化后果。一种是文化的相生相长，共存共荣，另一种是文化的冲突和对抗。无论是文化共生，还是对抗，都取决于两种文化价值理念的兼容度。具备高度兼容性的文化能够与更多的文化种类和平共处，共同发展。反之，文化冲突和对抗不可避免，诱发的经济后果、政治后果、社会后果等将出现连锁反应。文化信息化是信息时代带来的时代要求，信息化的文化交流更加便捷，形式更加多样，影响更加广泛。“新的信息科技将会松动权力网络并使权力分散化，事实上打破了单向结构、垂直监控的集权逻辑”。[①] 信息时代的文化认同视域是信息化生产，异质文化在相同的技术平台上交融交锋。文化在世俗化时代逐渐成为经济的俘虏或附庸，文化仅仅通过经济力量来展现自身存在，就会失去文化内在价值的光芒和观照。文化认同既要适应世俗化的文化存在，更要凸显文化主体的价值取向和追求。

第四，文化的超越性。“文化是思想活动，是对美和高尚情感的接受”。[②] 文化的超越性指文化不仅是社会生活的现实反映，而且在一定程度上能够超越现实，引领现实发展。因为文化是人自主能动的创造物，人能够在自己的思想世界中对未来进行现实建构。现实社会在不断发展，文化认同不能仅依赖于传统与现实，必须要有对未来的展望和设想，为人们提供愿景和期待。文化的超越性如何得以实现？关键在于文化批判性。“怀疑，即现代批判理性的普遍性的特征，充斥在日常生活和哲学意识当中，并形成当代社会世界的一种一般的存在性维度”。[③] 文化生于传统，但要批判传统，才能超越传统。文化批判既有对传统的批判，也有对现实的批判。这种批判主要来自理性精神。只有理性才能克服情感对现实和传统的依赖，才能从现实出发，构想未来。文化理性精神的培育需要长期过程，既需要国家开明、开放的文化战略，也需要公民意识的启蒙和养成。从文化战略来说，需要把文化软实力的地位提升到与经济发展同等重要的位置，也就是文化自觉、自省、自建思想的确立和形成。同时，还需要明确文化的价值理性方向，即文化价值来自哪

---

① ［美］曼纽尔·卡斯特：《认同的力量》，夏铸九、黄丽玲等译，社会科学文献出版社 2003 年版，第 346 页。

② ［英］怀特海：《教育的目的》，徐汝舟译，生活·读书·新知 三联书店 2002 年版，第 1 页。

③ ［英］安东尼·吉登斯：《现代性与自我认同》，赵旭东、方文译，生活·读书·新知 三联书店 1998 年版，第 3 页。

里，追求什么的问题。文化理性不仅是国家战略设计，也是公民意识应有之义。文化的微观主体是公民，公民意识的进步和落后直接关系到文化理性的土壤和根基。

二

文化认同实践在一定的民族国家之中进行，国家认同是文化认同的深层演进和升华。所谓国家认同是指公民对作为政治共同体的国家从情感和理性上的认知、评价和行动。国家认同更多的强调政治意义上的认同感和归属感，而文化认同则强调对社会文化的心理态度评价。文化认同是国家认同的前提和基础，文化认同强化国家认同，为国家认同提供心理支撑。国家认同在经济全球化、政治多极化、文化多元化、社会信息化的时代凸显重要意义。首先，国家认同是意识形态纷争的基本要求。当代世界东西方价值观的冲突没有消失，意识形态的纷争和对抗仍然存在，意识形态安全问题越来越重要。无视意识形态的差异和渗透，将可能导致政权垮台、国家解体的严重后果。国家认同的塑造对于巩固意识形态主导权，加强意识形态安全有现实价值。其次，国家认同是民族国家自主发展的信心保证。历史经验表明，任何国家的持久发展都必须建立在独立自主的基础之上。这种独立自主不仅是政权的独立，还特别强调发展道路的独立性。世界上没有一个国家的国情完全相同，决定着没有一个国家的发展道路适合所有国家。要想民族崛起、国家富强、人民幸福，需要从心理上找到对自己国家发展道路的坚定信心。再次，国家认同是公民人格成熟的重要标志。“只有在共同体中，个人才能获得全面发展其才能的手段，也就是说，只有在共同体中才可能有个人自由。”① 人类的群体性生存特征显著，没有人能够脱离群体成就自身完整的人格特质。自近代以来，民族国家作为新型社会共同体出现，成为公民赖以生存和发展的基本场域。公民与国家

① 《马克思恩格斯文集》第1卷，人民出版社2009年版，第570页。

之间的相互依存关系日益增长，公民只有在国家中才能获得生存资料、知识信息、社会支持、发展机会等。反过来，失去公民认同的国家将会失去其政治合法性基础。

那么，如何才能在当代世界建构起国家认同，塑造良性的公民与国家沟通模式，实现国家治理现代化呢？第一，国家道路的可持续性。国家认同是长期动态的形成过程，既有文化传统的历史因素，也有国家道路的现实缘由。选择什么样的国家道路直接决定国家认同的可持续性存在。“与外界完全隔绝曾是保存旧中国的首要条件，而当这种隔绝状态通过英国而为暴力所打破的时候，接踵而来的必然是解体的过程”。① 国家道路的可持续性有内外因素的综合作用，根本性的是国家自身因素。国家道路要有从上至下、从前至后的系统性顶层设计，着眼大局，着眼长远，全面部署，重点推进，从理论上不断完善指导思想，从现实上不断修正实践方案，保证国家道路有条不紊，有序前进。国家道路设计要有充分、扎实的国情基础，着眼自身，着眼实际，广开言路，汇集民智，从思想上摆正国家权力与公民权利的关系，从行动上把民众利益放在首要位置，奠定国家道路的底层支柱。同时，不能偏执狭隘执着于自身利益，要有开放豁达、放眼世界的人类情怀，着眼人类，着眼自然，互利共赢，互帮互助，从认识上提升大国责任意识，从交往上体现大国形象。国家道路与国家认同之间相互促进、相互制约。国家认同是国家道路的精神支撑，国家道路是国家认同的实践体现。

第二，国家实力的增长性。国家道路要保证国家实力不断增长，国家地位不断上升，才能提升国家认同概率。国家实力增长含义丰富，既要有物质基础的不断夯实，也要有精神力量的持续引领；既要重视技术生产的创新变革，也要关注社会生活的量质提升；既要对内凝聚人心，也要对外辐射影响。国家实力成为全球化时代国家地位的决定性因素，国际竞争从整体上带动社会进步和发展，促使国家迎接挑战，成为时代的参与者和推动者，但也可能引发国家认同的分散效应，多元、多样、多变的社会思潮给国家凝聚

① 《马克思恩格斯全集》第12卷，人民出版社1998年版，第115页。

力带来巨大冲击和威胁。“新的权力在于信息的符码与再现的意象，社会据此组织其制度，人们据此营造其生活并决定其行为。这个权力的基地是人们的心灵。”① 要在全球化竞争中保持国家认同的集中性，需要从经济实力、制度实力、文化实力、技术实力等多方面、多层次、多维度建构认同空间。经济实力是基础，当代中国经济实力水平的结构调整与深层优化是发展方向。制度实力是关键，国家道路的优越性如何显现，国家发展成果如何分享，主要通过开创完善实效性制度。文化实力是提升，大国风范不仅是物质富足，更要通过文化素养来怀柔天下，体现国家价值。技术实力是创新，在信息时代的国家竞争中，技术已经成为领先时代的核心要素，要有技术开发的理念和实力，保证国家竞争的技术优势。

第三，国家意识形态的凝聚力。意识形态与文化之间有交叉性，但两者之间不完全等同。文化更多意义上着眼于社会层面，意识形态更多的出发点是国家政权。文化影响力不等于意识形态的感召力，要想实现国家认同，还需要对意识形态的凝聚力有更多的探讨和研究。意识形态凝聚力表现在意识形态自身的先进性、意识形态功能的现代性、意识形态发展的变迁性等方面。首先，意识形态自身的先进性。意识形态虽然为不同政权服务，但是其自身的理论特质存在诸多差别。意识形态的先进性呈现出历史和国家的不同，资本主义意识形态比封建主义意识形态先进，因为其与历史发展趋势一致。社会主义意识形态比资本主义意识形态先进，因为其与人类未来相符，与中国国情相适应。不顾历史趋势和国情类型，盲目照搬照抄他国意识形态，不可能体现意识形态先进性，更不可能谈得上凝聚力。其次，意识形态功能的现代性。意识形态的先进性不是一劳永逸的，其凝聚力不仅体现在其性质上，而且在于其功能的现代性上。意识形态功能不能局限于为国家政权辩护的领域之中，必须拓展其社会功能性，也就是要发挥意识形态在社会领域之中的作用和价值。再次，意识形态发展的变迁性。意识形态不是一成不

① ［美］曼纽尔·卡斯特：《认同的力量》，夏铸九、黄丽玲等译，社会科学文献出版社 2003 年版，第 415 页。

变，其必须随着社会变迁改变其相应的话语体系，体现出意识形态对现实社会发展的强大解释力和说服力。

第四，国家制度的适应性。公民与国家之间良性沟通渠道建立的关键是制度的适应性。良好的制度能够为公民与国家搭建畅通的交流平台，缓解社会情绪，释放社会压力，维持社会的正常运行秩序。制度的适应性主要表现在制度的理性化、控制力、公正性、发展性等方面。制度的理性化是指国家制度的构建需要遵循理性原则，从历史传统、经济状况、社会性质、政治体制等多种因素综合考量，体现制度的内在契合能力，通过制度来安排社会关系，从而达到制度的最大化效益。制度的控制力是指国家制度对社会的协调能力，这种协调能力不仅需要刚性规制，而且需要柔性影响力。也就是指制度的人文理念，以人为本，从人的需求和发展出发进行制度设计，从而得到民众情感上的认同和支持。制度的公正性是制度公信力的关键所在。当代社会对于公平正义的企盼在某种程度上甚至超过利益需要。国家要想长治久安，就需要平衡社会各阶层群体诉求，从制度上尽可能照顾多方切实期待。制度的发展性是指国家制度既要在一定历史时期保持稳定，以达到凝聚力量，聚集资源，整合社会的目的，也要随着时代发展及时进行调适，实现制度现代化，提高国家制度的治理水平。

三

“一个民族的根本性自我认同，必须和该民族为维护自己的社会理想和政治理想所作的努力结合起来”。[①] 无论是文化认同，还是国家认同，都要明确其根本性指向在哪里。认同的目标有两方面，一方面是国家整体上的进步和发展，另一方面是人自身的提升与发展。两方面相辅相成，国家发展为人的发展提供现实的良好环境和

① 张旭东：《全球化时代的文化认同：西方普遍主义话语的历史批判》，北京大学出版社 2006 年版，第 66 页。

条件，人的发展从长远上增强国家发展的后劲和机会。认同是人的认同，其最终的回归仍然是人的发展。人的发展命题贯穿古今中外思想家的思虑始终，而且将会伴随人的存在成为永恒命题。人的发展在不同时代有不同显现，除了其基本问题包括人的智力、体力、素质等方面发展之外，还有广泛的拓展内涵。当代世界人的发展是在民族国家之中实现的发展，其无法脱离一定的文化传统，也离不开民族国家的时代变化。文化认同、国家认同为人的发展提供内在精神动力，从历史与现实上为人的发展指出方向。

第一，人的思想意识发展。“人一旦有了意识，人就具有了一种解释自己记忆中的过去、解释将要参与的未来和解释自己所遭遇的世界的结构”。[①] 认同是个体在多种因素刺激下，构建内在精神世界的心理活动过程。认同活动可以促进人的公民意识、国家意识、全球意识的共同发展。一是人的公民意识发展。人以个体存在于世界之中，脱离个体发展的世界是空洞的世界。当代人不是以单子的现实形式存在，其自身的公民身份与国家同在。当代人的发展首先是公民意识的觉醒，从公民身份出发，对自身权利与义务有清醒的认识，身体力行，在与国家的互动中发展自己，成就他人。公民意识的传统性与时代性复杂交错，当代中国人的公民意识与中国的思想传统不可分割，尤其是儒学的民间文化血脉根深蒂固，不了解儒学的历史与现实状况，就无法在中国培育公民意识。公民意识的时代性与中国的发展密不可分，体现在经济意识、政治意识、文化意识、社会意识等方面。经济意识是指随着市场经济的体制性转变，个体的利益需求不断增长，物质要求不断提高。政治意识是指随着民主政治体制改革的推进，公民权利意识不断觉醒，对政府和社会的政治期待不断上升。文化意识是指随着精神文明建设事业的开展，个体对丰富精神文化产品的渴望与日俱增，对文化主体的创造性表现有更多期许。社会意识是指随着社会组织的不断壮大，公民参与不同社会活动的需要和机会大大增加。二是人的国家意识发

① ［美］A. 马塞勒等：《文化与自我》，任鹰等译，浙江人民出版社 1988 年版，第82 页。

展。公民是国家的公民，国家是公民的国家。公民意识是针对个体而言，将其上升到国家层面，就需要发展其国家意识。国家意识既包括公民在心理上对国家的认同感和归属感，更体现在公民自身行为的国家利益性上。在思想与行为转化的过程中，认同是必经阶段。只有构建了有效的认同心理，才能继续进行认同行为。国家意识的发展也可以分为认知、情感、意志、行为等不同阶段。认知层面是指公民对国家基本情况的了解和认识，从知识接受角度完成基本的思想准备。情感层面是指公民在认知基础上内心态度的转变和倾向，从价值选择上开始自觉判断。意志层面是指公民对国家行为的信心和坚持，从目标指向上明确了努力方向。行为层面是公民建立在前三个阶段基础上的外在表现，从实际行动上进行认同实现的过程。三是人的全球意识发展。人的发展愿景不仅在于自身和国家，当代意义上的发展已经将人类作为整体性存在开展研究。也就是说，人的思想意识需要从狭隘的个体发展与国家发展，上升到全球发展。全球发展既是人类自身发展的内在要求，也是人类生存环境的外在压力。认同构建要从文化认同与国家认同跨越到全球认同，出发点不在孤立的个体和国家层面展开讨论，而是立足人类，放眼未来，构建人与自然的和谐空间。

第二，人的社会关系发展。“家庭和市民社会是国家的现实的构成部分，是意志的现实的精神存在，它们是国家的存在方式，家庭和市民社会使自身成为国家，它们是动力”。[①] 也就是说，社会的存在是自己的生存过程，而不是观念的产物。认同对社会的塑造主要体现在主体性、交往性、体验性、传承性等多方面。首先，人的主体性。每个个体从出生到死亡，都需要不断改造自己的主体性。人的主体性是区别于其他个体，形成正常社会关系的根本。人的自我认同是主体性成长的支柱，自我认同是通过与世界和他人的信息交换而逐渐得出的自我评价。不同文化和国家为主体评价提供标准和准则，其随着文化和国家的变化而变化。所以，主体性实质上是一定文化和国家的主体性，文化认同和国家认同也就是将文化以及

① 《马克思恩格斯全集》第3卷，人民出版社2002年版，第11页。

国家认知通过不同途径转换为主体的组成部分。其次，人的交往性。交往是人社会性的集中体现。无论哪种类型的社会关系都以交往为前提，交往奠定社会关系深化和发展的基础。人的交往需要一定的文化条件，包括语言、符号、思维、规则等，也就是说人的交往是文化的交往。文化认同为人的交往创造了良性的沟通环境，减少了交往的沟通成本，进一步丰富了人的社会关系。国家是现代人生活的空间，也是其交往的社会背景。国家认同对人交往的影响有两面性，既强化了交往主体的群体意识，在其交往过程中拓展了交往空间，但是也会在不同国家主体交往中增加交往障碍，为社会关系发展平添诸多复杂因素。再次，人的体验性。人的社会性存在从主体出发，以交往为中介，回归到人的体验。不同个体对社会关系的体验程度不同，其受个体的禀赋性格、知识教育、环境背景、心理状态等综合要素的功能作用。文化认同在人的体验中占据中心位置，因为任何的个体体验都是文化体验，没有文化基础的社会体验纯粹是生物性的条件反射和本能需要。进一步来说，国家认同对人的体验性价值在于其提升了人的体验境界，超越关注自我的层次，将其思想意识中的群体性特征逐步放大，为其在国家社会中的所作所为铺垫认同基础。最后，人的传承性。没有人能够永恒存在于世界之中，个体的有限生命终将被时间所吞噬。但是，作为文化存在的个体却能持续地传承下去，成为社会不变的组成部分。人的存在就是将肉体生命的存在转化为文化存在的过程，这个过程完成得越突出，其传承性表现就越明显。文化认同是人的传承性实现的必要条件，其为人的文化存在准备文化意识，贮备文化资源，改变文化偏见，最终成就人独特的文化个性。国家认同为人的传承性提供群体意识条件，其为人的文化存在准备文化视野，开辟文化路径，消除文化阻力，最终成就人的文化境界。

第三，人的实践活动发展。人是社会实践的人，人在实践中改变自我，改变社会，改变世界。人的实践活动离不开文化和国家，不同文化和国家中人的实践活动也会呈现不同特征，主要有实践指向性、实践条件性、实践关联性、实践多样性等。实践指向性是指随着人的思维水平、生产工具、社会阶段等发展变革，社会实践的目标指向将会越来越符合人与社会的需要，为人类更好地生产生活创造环境。不同文化和国家之中的社会实践指向还会表现其社会特征，为其社会发展提供动力支持。实践条件性是指人的社会实践水平与具体的社会条件相适应，不同的社会条件决定实践水平的差距。不同文化和国家之中的社会实践水平各不相同。实践关联性是指随着全球化进程的加快，社会实践交流与融合度越来越高，相互之间的影响和带动作用越来越强，最终推动社会实践水平的整体进步。实践多样性是指社会实践在文化和国家之中的价值表现具有较大差异，这种差异性存在正是人类丰富实践能力的证明，差异多样化可以促进社会实践发展。认同在社会实践活动发展中起到的推动力主要是精神作用。首先，认同凝聚实践力量。“在晚期现代性的背景下，个人的无意义感，即那种觉得生活没有提供任何有价值的东西的感受，成为根本性的心理问题”。[①] 无论是文化认同还是国家认同，其对于主体的内在影响是凝聚人心。任何社会发展目标的实现都需要凝心聚力，认同能够为社会实践中的智力资源汇集提供心理基础。其次，认同创造实践条件。实践条件需要实践主体创造，实践主体的创造前提是对社会的认同。通过认同，主体才可能充分了解社会文化和基本国情，并加以创造。再次，认同促进实践交流。全球化进程中，文化交流与国家交流越来越频繁，在交流过程中认同将会强化文化与国家形象，加速实践水平提升。最后，认同加剧实践多样。认同是对不同文化和国家的认同，内部认同程度越高，社会实践的差异性越明显。差异性的存在可以向正反两方面发展，一方面是实践的差异化导致文明的冲突性，世界分裂性倾向越来越严重，另一方面是实践的差异化展现世界的多元性，文明的丰富性越来越突出。

未来的社会“将是这样一个联合体，在那里，每个人的自由发展是一切人的自由发展的条件”[②]。人的发展问题贯穿马克思主义理论与实践始终，也是中国特色社会主义建设事业的核心问题。在全

---

① ［英］安东尼·吉登斯：《现代性与自我认同》，赵旭东、方文译，生活·读书·新知 三联书店 1998 年版，第 9 页。

② 《马克思恩格斯选集》第 1 卷，人民出版社 1995 年版，第 294 页。

球化、信息化、多元化的时代，对认同问题的研究是实现国家治理和人的发展的新课题，在暨南大学马克思主义与中国社会研究系列丛书出版之际，对文化认同、国家认同与人的发展问题进行初步探讨，希望能够引发专家、学者对相关问题的关注和研究，共同推动马克思主义中国化的理论建构。

（作者为暨南大学党委书记）

自　序

——反思儒学：中国文化前进的必经进路

近代中国社会的变迁伴随着对中国传统文化的不断解构和重建，其核心议题之一是反思儒学。无论是“师夷长技以制夷”，还是“中学为体西学为用”，还是“保种保教”，皆有对儒学的再认识，皆有对孔子形象的重塑。五四新文化运动举起了“打倒孔家店”的旗号，希望通过清算传统，为中国的现代化寻求进路，再造中国之新文明。针对袁世凯、张勋、康有为等势力之尊孔思潮，易白沙《孔子评议》发其端，陈独秀《驳康有为致总统总理书》《宪法与孔教》《孔子之道与现代生活》等文随其后，吴虞《吃人与礼教》等文继其续，当时先进的中国知识分子纷纷发表文章阐述其文化改革的主张。以吴虞为例，他言“孝的观念把中国变成了一个制造顺民的大工厂”①，他从哲学、伦理、政治制度等多角度和层面斥责儒学之弊病，是主要的反孔子斗士之一，胡适在为《吴虞文录》所作的序中称其为“四川省只手打倒孔家店的老英雄”。宋志明先生认为，“打倒孔家店”的口号可能就是从这句话开始的。可以说西化思潮与保守主义是五四运动前期最主要的两股潮流。

五四运动后，中国思想界主要分化组合成三种文化思潮，即马克思主义哲学思潮、现代新儒学思潮以及实证主义哲学思潮。也有学者称之为唯物史观派、保守派和西化派。如何诠解儒学是三者共同面对的问题，可以说对儒学的不同态度形成了三种思潮的不同特色，这三种思潮相互激荡，绵延至今，对中国当代思想的发展皆有深刻影响。唯物史观派以马克思主义的观点，直指儒学中的封建主

① 吴虞：《说孝》，《吴虞文录》，黄山书社2008年版，第9页。

义成分，致力于清理儒学中的糟粕，为新民主主义革命及马克思主义在中国的传播理清道路。虽然从封建主义的意识形态层面而言，唯物史观派认为儒学已经不再适应当代社会，但从中国思想史的角度而言，儒家文化还是有可取之处。如陈独秀虽对孔子批评甚为剧烈，但也认为“若夫温良恭俭让信义廉耻诸德，乃为世界实践道德家所同遵，未可自矜持异，独标一宗”。[①] 李大钊言：“他（孔子）的学说所以能在中国行了两千余年，全是因中国的农业经济没有大的变动，他的学说适宜于那样经济状况的缘故。现在经济上生了变动，他的学说就根本动摇，因为它不能适应中国现代的生活，现代的社会。”[②] 李大钊以物质决定精神、经济基础决定上层建筑的唯物史观论证孔子学说的滞后性，但同时也承认，儒家思想在中国历史上有其合理性，且看到了儒家思想的复杂性和多样性，他说：“故余掊击孔子，非掊击孔子之本身，乃掊击孔子为历代君主所雕塑之偶像的权威也；非掊击孔子，乃掊击专制政治之灵魂也。”[③] 可惜由于被害身故，他的思想未能展开。郭沫若亦言：“我所见到的孔子是从奴隶社会变为封建社会的那个上行阶段中的前驱者，我是在这样的意义上袒护他。”[④] 他认为应打倒封建帝王所建的孔家店，而救出一个真实的孔子：“是兼有康德与歌德那样的伟大的天才，圆满的人格，永远有生命的巨人。”[⑤] 可以说，唯物史观派从西化派中分离出来，以马克思主义分析儒学思想，不仅为五四新文化运动注入了新的生机，也开启了研究传统的新思路和新视野。不足之处是这种研究视域，伴随抗日战争等历史事件的爆发，未能在学理上做出更多深刻的论述，“文革”期间更是沦为如“打倒传统，破除四旧”的口号。改革开放后，以马克思主义为指导思想研究中国传统文化的方法才真正在学术领域展开。历史证明，中国文化如何发

① 《陈独秀著作选》第1卷，上海人民出版社1993年版，第228—229页。

② 《李大钊选集》，人民出版社1959年版，第301—302页。

③ 同上书，第80页。

④ 郭沫若：《后记——我怎样写〈青铜时代〉和〈十批判书〉》，《郭沫若全集·历史编》第2卷，人民出版社1982年版，第478页。

⑤ 郭沫若：《中国文化之传统精神》，《郭沫若全集·历史编》第3卷，人民出版社1982年版，第259页。

展，不能完全建立在对传统的破坏之基础上，而是应该根植于当代现实，从中国既有的文化资源中找寻现代出路。中国当代思想离不开对传统的重新解读和定位，所谓打通中西马，融贯汇古今，成就一家言。

西化派人物如胡适、丁文江、陈序经等，也包括五四早期的陈独秀等人，对于传统特别是儒学，多持批评态度，皆认为中国文化的现代发展需建立在对传统的了断基础之上。胡适以实用主义为方法，以实证精神，破除儒学的独断论，主张“重新估定一切价值”，“我以为现在所谓的新思潮，无论怎样不一致，根本上同有这公共的一点：评判的态度。孔教的讨论只是重新估定孔教的价值”。[①] 虽然有学者将胡适定义为全盘西化论者，但胡适并不这样认为，他言真正的问题，不是“全盘西化”，而是“我们应怎样才能以最有效的方式吸收现代化，使他能同我们的固有文化相一致、协调和继续发展”，而使我们中国人在“这个乍看起来同我们固有的文化大不相同的新世界里感到泰然自若”。[②] 胡适将西化理解为即是要充分的现代化。在西化派看来，现代化与西化是同质的，一而二，二而一的。陈序经言：“在实质上，在根本上，所谓趋于世界化的文化与所谓代表现代的文化，无非就是西洋的文化，故西化这个名词，不但包括了前两者，而且较为具体，较易理解。”[③] 我们可以看到这一观点的激进之处，现代化与西化本就是两个内涵和外延皆不等同的概念，但对于当时急需找到强国出路的中国人而言，西方无疑是效仿的楷模。围绕现代化问题，西化派与保守派展开了东西文化之争（1915）、科学与玄学之争（1923）、中西医之争（1928）等文化争论。这种对于传统的激进做法，虽然在很大程度上破除了封建思想，但也将“孩子”与“污水”一同倾倒在外，如钱玄同甚至主张废除汉字、吴稚晖要将线装书丢到茅厕之中。这些说法缺乏理论深度，也易引起误解，往往适得其反，反而激起了一些学者去深入研究

① 《胡适文存》第1集，第4卷，首都经济贸易大学出版社2013年版，第443页。

② 胡适：《先秦名学史》，学林出版社1983年版，第7—8页。

③ 陈序经：《全盘西化的辩护》，《独立评论》第160号，1935年7月21日。

传统，以为传统正名，郭沫若即言这些观点“未免太厚诬古人而欺示来者了”。①

文化保守派在五四新文化运动中，逐渐演变成为现代新儒家。其本旨是立足于本土文化，返本开新，从内圣开出外王，从传统中寻求科学与民主等现代思想的因子，以与现代性相接洽。现代新儒家要么服膺儒学，要么对儒学抱有理解之同情，他们以儒学融汇西方哲学，如梁漱溟、马一浮、熊十力、张君劢、方东美、冯友兰、贺麟、金岳霖等人，其重要发展时期是在抗战期间。面对外族的入侵，如何凝聚民族精神，形成不屈斗志，儒学中的自强不息、厚德载物等思想可以为其提供思想之资源。当时国民政府迁都重庆，也是以儒学聚集人心，请方东美于广播中讲解中国传统文化，以激励民志。救亡之信念，充塞于当时学人热血之中，冯友兰的《贞元六书》即取贞下起元之意，希望中国社会能够渡过危机，重燃生命。金岳霖的《论道》鸿著也是成书于此时，其书以道、式、能为基本范畴，以逻辑推演为方法，以无极、太极、理、势、体、用、几、数等传统哲学命题为核心，构建中国本体论哲学，以凸显中国特色。新中国成立后，一批学者如牟宗三、唐君毅、徐复观、杜维明在港台对新儒学继续研发，形成了港台新儒学，这批学者及其后学至今仍活跃在学术界。

正如梁启超所言，随着时代的变迁，孔子渐渐地变为董仲舒、何休，渐渐地变为马融、郑玄，渐渐地变为韩愈、欧阳修，渐渐地变为程颐、朱熹，渐渐地变为陆九渊、王守仁，渐渐地变为顾炎武、戴震。② 不同的时代皆有不同的孔子，儒学就在对孔子不同的解读中回应不同时代的问题，中国文化也在这些回应中变革、发展。从儒学的角度考察近代中国社会的思想史，我们能看到中国社会当代的发展与文化传统的密切联系。简单地否定民族文化已经证明既无必要也根本不可行，中国当代文化的发展，传统文化的资源显然有其可以利用的价值。本书主题旨在从易学的角度研究现代新

---

① 《郭沫若致宗白华》，《三叶集》，《郭沫若全集·文学编》第15卷，人民出版社1982年版，第21页。

② 梁启超：《清代学术概论》，东方出版社1996年版。

儒学，希望能从易学的角度总结归纳中国近代文化思想史发展的成败得失，以期为中国当代文化的发展提供借鉴。书稿草成，还请方家品鉴。是为序！

史怀刚

2013 年 7 月于暨南大学

内容摘要

本书之目的是在考察现代新儒家易学思想的基础上，分析在中西文化交流、碰撞的20世纪初叶，易学在中国当时思想界中之地位及其如何被现代新儒家所利用和发挥以应对西学之挑战，进而对未来易学及中国哲学之创新发展提供一些意见或建议。概言之，研究现代新儒家之易学思想既有其思想史上的意义，也有其现实层面的关怀。

本书之研究方法是在对各家思想分开甄别的基础上，再合而观之。就各家言，本书尽量还原其思想形成之历史背景，于其中剥离出易学的相关信息，然后分析诠解，总结归纳其易学思想的特点。概言之，本书之写作方法，与其说是易学学术史的考察，不如说是在做一种思想史的解读。

就解释学的角度而言，易学是一个开放性的话题，它因社会历史文化的变迁而演进变化，历久而弥新，形成了各个时代之不同特色的易学。现代新儒家之易学思想即有着不同于以往任何时代的问题、方法、观念，从而形成了新的特点，在新的高度上升发了易理，可以说已然形成了一个易学研究的新流派，可称之为现代新义理派。本书选择了现代新儒家中的五位代表性人物即马一浮、熊十力、方东美、牟宗三、唐君毅，作为研究之个案，从第一章至第五章分别对他们的易学思想进行评析，在此基础上于第六章中归纳总结出现代新儒家的易学特点，并对易学的发展做出展望。马、熊、牟、唐四人因其学问思想的内在关联性，本书将其排列在前，对于方东美之生命哲学观，本书将之排列在第五章。

马一浮的解易进路重在寻求《易》中的普适性价值。他将天下学术归入六艺，原与终的作用被赋予《易》，进而于六艺之中突出易学的本体地位，阐述其遍在一切学术的超越时空之价值。就其认为天下学术原于易、终于易而言，马一浮的论证方式是带有本体论意味的。他试图为世界文化找出逻辑上的核心基础也就是“本体”所在。立足于中国传统，马一浮为天下学术、文化刻画出这样一条逻辑上的谱系，即天下学术—六艺之学—《易》—《十翼》。马一浮通过中西学术的比较，以为世界文化寻求共性的视角，在《易》中确立了世界文化的基本观念。马氏所要表彰的超越性价值是《易》中的道德性命之学，他认为经由极深研几，崇德广业，以开物成务的内圣外王的进路不仅可以指导国人亦可以对世界文化之发展做出贡献。他以心外无易的命题保证了易道中存在普适性价值的可能性，进而将这一价值归结于性命之理，并通过理气关系将性命之理落实于性修不二的工夫论中。就形上层面言，全理是气，全气是理，而理归本心。就人性论言，全情是性，全性是情。就工夫论言则全性起修，全修在性。从本体观至人性观至工夫论，马一浮保持了思想上的逻辑一贯性。

熊氏解易最为突出的特点是他对现代价值的关注。他的易学有着强烈的现实指向，他解易的进路是从现代性入手考察易学史、构建新易学，试图以易学的概念、术语、范畴、命题解读出时下最为流行的观念。为了凸显易学的现代意义，熊氏将科学、民主、自由、平等乃至社会主义等现代价值理念根植于传统之中，并以此为标准对易学史重新梳理。他打着探本求源的旗号，行的却是解释学的进路。熊氏将孔子一分为二，早期孔子学说被其称之为小儒之学，一切关于帝制、等级、专制的理论皆归于此。孔子易代表孔子的晚年学说，是大同之学，科学、民主、自由、平等存于其中。熊氏进而在融会中西的基础上，创造出一套新的易学体系，以易学的旧瓶装入现代理念的新酒。就熊氏所构建的易学哲学而言，他完成了从本体论、宇宙论至人生论的完整设定。体用不二论，熊氏挺立了意义世界的价值，对人生社会做一种肯定的判断；翕辟成变的宇宙生成论，熊氏凸显了辟势的价值即创新的价值所在，以辟势所体现的阳明、刚健诸德向国人昭示一种积极向上的勇于担当的人生价值；乾坤一元论，熊氏凸显了个体的价值，将现代社会个体的自由、平等、民主、革命等理念植于形上本体之上。熊氏明确认识到，西方哲学中的本体论并不能涵盖中国的形上学说。他进而倡导一种新哲学：经学式的哲学。将易简工夫与支离事业，熔为一炉，在心性修养中体认天道的基础，寻求科学的发展，可算是对传统心性论的一种现代阐释。

牟宗三的解易进路相较于马一浮与熊十力两位先生，其特点是从哲理的层面出发，重新梳理中国的形上之学。牟氏前期思想，是以自然哲学的视界观照象数易学的传承，从汉清易学的梳理中理出了一套中国式自然哲学的发展路线，并进而分析了中国自然哲学与道德哲学的关系。其后期是以道德形上学的理路重新诠解易道，他将穷神知化解读成道德形上学的核心命题，并以“先天而天弗违，后天而奉天时”作为道德形上学的纲领所在，指示一种道德修养进而成就内圣外王的路数。就牟宗三所诠解的易理而言，他认为《周易》经传中自然哲学与道德哲学并存，虽然体现出天地之变，物理之奥，表现出自然哲学的层面，也进而展现为“义和之官的智学传统”，但这终归不是《易经》的核心所在。易学是“穷神知化、各正性命”之学，是本于道德意义、价值意义反观于宇宙及其形上的本体，它内含的宇宙论、本体论是摄于道德形上学之下的本体论，是一种道德修养证悟式的形上学。这不同于西方哲学中的思辨的形上学，牟宗三称之为“实践的圆教下的形上学”。牟氏将乾坤解读成创生原则与终成原则两个抽象的原则，进而将道德意蕴赋予其间，从而去除隐于《周易》中的时代因素、历史背景，建立起道德形上学的本体论，使《周易》经传在现代社会仍然彰显出魅力，能够指导人生。

唐君毅对《易》之解读主要是围绕内在超越的话题展开，虽然与熊氏、牟氏相较他同样有本体论的建构，但其目的既不是要阐述易中的现代性，也不是要表达道德的形而上学，而是要关注人之生命、心灵的问题，他之本体论不过是通达生命境界的桥梁。“易”之本体论为内在超越奠定了形上基础，而“易为天人内外相生相涵之圆教”的解说指示出心灵提升之路。宇宙之生生之不息的变化之道被唐氏诠解为大和之境的实现过程，人之生命历程亦应即世间而获得一种精神的超越，以进入保合太和的天德流行境。他认为《周易》经传中所阐发的易道是一种生生不息的大化流行之理，它以“易”为本体，通过阴阳乾坤的相荡相摩而表现为创新成就扩大丰富的过程，体现为天人内外相生相涵的圆教思想，并彰显为阴阳相感交的和谐之境。宇宙的生生不已被其视为一种宇宙生命或宇宙精神的体现。在唐君毅看来，整个宇宙即是一幅大和之境。人之生命存在及心灵存在也应以追求和谐以进入天德流行境为目标。因而易道之现代价值即在于它所昭示出的人生价值的指向。

方东美之易学哲学建构不同于以上四家，而是以《易经》中的生生之理，融汇生命哲学，创立了中国式的生命哲学观。方东美认为《周易》之大义即是一种生命的本体论，它所昭示的宇宙是一种六合之内的生生不息，宇宙即是一种大生命。因于生命自身的创造力，形上本体与形下之器，心与物，性与命等皆可以贯而为一，内圣与外王可以一而统之。方先生所阐发机体主义的《周易》大义，实是他以生命哲学的视角观照《周易》经传，复以《周易》经传中的生生之理接引生命哲学的精神，在这种双向的对话中，《周易》的生生之理得以提升为生命的本体论，而西方哲学的理念得以融入中国哲人的精神。

可见，从对易学中普适性理念的强调，至以现代性的观念重新构建易学体系，发展到从哲理的层面提升易理易道，再至以一种超越性的情怀关注易学所昭示的大和之境，四家解易可谓各有特色，且在逻辑上不断深化。而方东美的易学生命本体论建构，则可以看作是中西哲学会通中的一种中国哲学创见。综观五家解易进路，本书将其共性总结为四点：

1. 新视域。就现代新儒家之解易进路而言，他们与古代儒者之最大不同即是西学视域的引入。他们的易学思想多是在中西学术的碰撞中产生。

2. 新问题。重新确立了《周易》经传的历史地位。面对疑古学派、西化派的质疑以及西学的冲击，现代新儒家各谋新径，从不同的角度，阐明易学在中国思想学术史中的地位，把被打落于神坛的《易经》重新扶上学术至尊的宝座。

3. 新阐释。现代新儒家各自从其视界出发对《易》做了新的诠解，易学在他们的诠解下生发出新的活力。

4. 重工夫。就诸家易学思想而言，他们都关注到了易学与西方哲学之不同，即易学不仅是一种知识，它在本质上应是一种进德修业的工夫之学。易学的价值取向对于现代社会来说，有其可以借鉴的意义。

现代新儒家的易学研究进路虽然新意颇多但亦存在许多缺憾。马一浮对《易》中普适性价值的重视亦使其并没有更好地吸收借鉴西学的成果，而熊氏对现代价值的偏重却使其易学有生硬的嫁接之感。牟宗三早期对自然哲学的重视已然落入了马一浮所批评的路向，《周易》本来即不是讲宇宙论、本体论的学说。其后期虽然回归到天人合德的进路，提出道德的形上学以区别思辨的形上学，但其通达易理的路径更多还是在思辨哲学的理路上展开。唐君毅虽然经由本体论而将易学引向了对超越性价值的关怀，但其对易理的分析亦是以思辨的方式进行。此四家虽皆看到了易学不同于西方哲学的特点，即它是一门见道证体之学。但自马氏始，这种对道、体的修证就渐渐开始为哲理的思辨所取代，以至易学已然变成了一种思辨式的哲学，传统的价值取向被逐渐放逐了。这与熊十力所设想的经学式的哲学可谓大相径庭。就易学而言，它在现代转变的过程中面临着众多困境，它既要有其独立性又不能逃离西学的参照，既要继承传统的价值取向又要面向现代性，既要有仁智之人的书斋沉思又要有对现实社会的生命关怀。而这些两难困境其实也就是中国传统文化在近现代生存环境的缩影。易学要发展就需要妥善处理好这些问题，中国哲学要发展也应于易学困境及现代新儒家的解答中寻求启示。

就易学而言，它是一个开放性的话题，可以说每个时代皆有每个时代不同的新易学，它是历久而弥新的，应存其现代化的可能性和可行性。与传统断裂，那么解决的方式只能是重拾传统的话语。这应是重建中国传统哲学中最基础也是最重要的一步。寻找失去的家园当然不是件易事，但对传统的新的梳理是必需的也是可行的。

我们不可能完全抛弃既有的“习染”回到过去重新聆听先哲的教诲，但林中总有供人行走的路。学术环境的不断改善以及百年探索的积淀给我们提供了反思的机遇。现代新儒家的解易进路就是对这个结论的最好诠释。当日本入侵，救亡图存成为主要任务时，现代新儒家的解易进路即是如何于《易》中诠解出可以肯定中国传统以鼓舞士气之思想，而当抗战胜利后，则其关注的焦点也可始发生变化，变成希望通过《易》的新诠解理出可以安顿人之心灵、解决西方文化弊病的理路。因而就《易》之文本而言，它对任何时代都是敞开的，在解释学的视界中，我们能够看到不同的易学新解。虽然探本求源的考据亦有其存在的必要，但易学对当代人之意义当不应只是一种文献学的知识，而应有其指导人生的价值。面对愈演愈烈的现代弊病，社会危机，《易》中的天人合德的模式或许可以给现代人以启迪，它之进德修业、成己成物的理路也能给现代社会提供新的路向。就《易》之开放性而言，易学的发展不会停止，我们完全可以期待一种当代新易学的出现。

目　录

导　论

儒学视域下的易学史

《现代新儒家易学思想研究》旨在探讨现代新儒家如何在新的时代背景下诠解《周易》经传之思想，回应当代社会所面临的问题，并进而理清易学在现代新儒家思想中的地位和作用。与其说本书是做一种易学学术史的考察，不如说是进行一种思想史的研究。整理现代新儒家的易学思想或其研究成果是本书的第一步工作，在此基础之上，分析各家易学诠解之不同，并试图探讨易学对现代新儒家思想的影响，以及现代新儒家如何从易学的角度回应当时社会思潮，主要是以胡适为代表的西化派及以顾颉刚为代表的古史辨派所提出的问题，是本书所力图突破的难点，也是本书较有意义的部分。要解决上述问题有必要先对几个基础性的问题做出交代。

一　易学之概念

现代新儒家有无易学思想，这是在进行正文探讨之前所必须解决的问题。在现代新儒家中以《周易》作为思想之基础并最终归宗于易，构建出自己哲学体系的只有熊十力一人，因而其思想被认为是新易学当然毋庸置疑。除熊十力外其余诸家有无易学思想，如果没有则此书之论题就缺乏立论之合理性。为此，对于易学之概念，本书需先做一界定。

就《周易》一书性质而言，在本质上来说，它是一部筮占之书，概成书于西周初年，经后世学者的不断阐释，《周易》渐成为一本“究天人之际，穷古今之变”的富含哲理和人道教训的天人之书。严格来讲，易学就是指对《周易》研究而形成的一种专门的学问。朱伯崑先生言：“易学则是对《周易》所作的种种解释，并通过其解释，形成了一套理论体系。”① 这种对《周易》之诠解，可以是以文本为中心的研究，进而考察易学的发展发生史，理出历代关于《周易》思想解释的观念变迁史。也可以直探义理，根据时代之不同，文化背景之不同，应对问题之不同，而以一种解释学的视界诠解出新的义理。按杨庆中先生的解释，易学因于卦爻辞之间、象数与义理之间的张力而形成了很大的诠释空间，② 易学之所以能够历久而弥新即是因为这种可诠释空间的存在。可以这样认为，就义理之诠解而言，《周易》经传之文本对所有时代的思想者而言都是敞开的，可以缘随解读者之视界而呈现出不同的意蕴。

就文本之研究来说，由于《周易》之经传字义古奥，难通其

① 朱伯崑：《易学哲学史》第一卷，华夏出版社 1995 年版，第 1 页。对于易学的概念说法不一，我们也可以从狭义与广义两个层面界定之。狭义之易学，应是指经学之一种。自汉武帝以来，“罢黜百家，独尊儒术”，儒学成为当时官方之正统学术。汉武帝设五经博士，儒家之经典，遂成为当时士人晋官立人必修之科目。这样就形成了对五经研究的专门学问，称为经学。无论朝代如何变换，经学始终是封建社会文化之正统。严格地说，经学有其特定的研究对象，其主要内容就是对《易经》《尚书》《诗经》《三礼》及《春秋》等儒家经典的撰著版本之流传、内容之要义、考证之得失进行研究厘定。作为经学之易学，是随经学之发展而不断成长。由于《周易》之经传字义古奥难通其义，其版本流行错综复杂，所以有学者将其主要之精力放在对《周易》经传之演变与传授、字义之考证与训诂，以期通过版本流传、字义之训释，会通《周易》之书。这部分易学可称之为易学之考据学。还有一部分学者主要通过对《周易》卦爻辞之关系、筮占系统的研究，利用《周易》中特有的术语、范畴、概念和命题，而展开思维，发挥创新，形成自己的理论体系。近代之前的学者多是通过注疏《周易》的方式，将自己之思想融汇其中，如王弼之《周易注》，程颐之《周易程氏传》。经学之发展亦多是通过对经书注疏的方式发展开来。这部分易学可以称之为易学之义理之学，因其内容多是究天人之际，以论现实之伦理教化，亦可称为易学哲学。广义的易学，应是指一切因于对《周易》研究所形成的学问。它不仅有经学的内容，还包含因于《周易》中思想的激发而产生的新的思想体系。它以《周易》经传中的术语、概念、范畴和命题为思想的源泉，结合融入新的知识，注疏作传抑或撰述新著。近代以来的学者，渐渐离弃了传统的注疏经典阐发思想的途径，多以专著的方式宣扬自己的学说。在这些学者中，有些人深受《周易》思想的影响，援引《周易》之术语、概念、范畴、命题，注以新意，创建新说，他们的这些著述亦可称为易学。现代新儒家的易学应可以归入广义的易学之列。

② 杨庆中：《周易经传研究》，商务印书馆 2005 年版。

义，其版本流传亦错综复杂，所以有学者将其主要之精力放在对《周易》经传之演变与传授、字义之考证与训诂，以期通过版本流传、字义之训释，会通《周易》之书。这部分易学可称之为易学之考据学。在文本研究的基础上，可以引申出对易学史的梳理。研究者以一种探本求源的态度考订历代易学诠释者的思想，对易学的发展做一种过程的研究。而就义理之诠解而言，思想者们主要通过对《周易》之卦爻辞之关系、筮占系统的研究，利用《周易》中特有的术语、范畴、概念和命题，展开思维，发挥创新，形成自己的理论体系。古代之学者多是通过注疏经传的方式，将自己之思想融汇其中，如王弼之《周易注》，程颐之《周易程氏传》。而近代以来的学者，多是扬弃了注疏的方式，他们通过对《周易》经传的解读，主要是以其中的术语、概念、范畴和命题为思想的源泉，结合融入新的知识，撰述新著，宣扬自己的学说。这部分易学可以称之为易学之义理之学，因其内容多是究天人之际，以论现实之伦理教化，亦可称为易学哲学。而在义理诠解视域中的易学史考察就自然会带有解释学的偏差。

因而从解释学的角度而言，易学是一个开放性的话题，并没有一个固定的一成不变的“易学”作为整体存在于历史长河之中。易学之内容本身就在不断的变化充实扩展之中。可以说依托于《易经》之文本，历史向我们呈现的是众家研读《易经》、解读《易经》的局面。从易学之发生发展史而言，自《周易》问世以来，对它的诠解就在不断地发展演变。易学作为当时社会文化的组成部分，总是会带有时代的印迹，它随社会历史的演变，文化思潮的变迁而演进变化，因此形成了各个时代之不同特色的易学。春秋战国时期是对《周易》的理解不断哲理化和伦理化的过程，《易传》大概就是产生于这个时期。秦汉时期的易学特色是它的象数化和谶纬的神学化，象数易学成为汉易的特色。魏晋时期，《周易》成为三玄之一，易学因受玄学思想的影响玄学化，义理成为这时的易学家关注的中心。隋唐时期，儒道释三教并立，这时的学者兼容并蓄，考查前代学者之研究，将象数与义理并行，并引三教之思想诠解易学。可以说易之为道也屡次变迁，是随时而变的，不同时代的哲人面对不同的问题，或是援易以为说，或是引说以入易，构建体系，回应社会，易学也因此历久而弥新。

就现代新儒学诸家而言，他们各有关于《周易》经传的论述，并从自身视域出发诠解《周易》精神，且能有所创新，从他们的易学诠解中我们能够看到不同于宋明易学的新的思想和理路。因而本书认为相较于传统易学，现代新儒家已然形成了一个新的易学派别，可以称之为现代新义理派。①

二 宋明理学视野中的易学

按冯友兰先生的说法，现代新儒家是接着宋明理学讲，而不是照着讲，就易学言，现代新儒家也多是从宋易的角度阐述易理，但又有新的发挥。所以对于宋明易学的主要思想有必要做一个简要论述，以勾勒出其大框，标明易学在宋明新儒学中的地位，以为现代新儒家易学思想的展开提供一个历史性的视野。

宋代易学的兴起，与其所处时代的学术背景、文化思潮、政治环境有着密切的联系。宋代以儒治国，宋太宗既已规定："进士须通经义，遵周孔之教。"② 儒学发展仍然获得了政治上的保障。面对佛老的挑战，宋明儒者所要完成的主要任务就是在思想上构建出可以与佛老思想相抗衡的思想体系，以复兴儒学，维系社会的纲常伦理制度。"这种儒学复兴运动的主要目的，一方面在于排斥佛老，承接道统，站在理论的高度来论证儒家的仁义礼乐的文化理想，建立一个取代佛老特别是佛教的新儒家哲学，另一方面在于力图从这

① 黄黎星先生认为，自熊十力树立起归宗于易的大旗，现代新儒家多有对《周易》的研究、考辨、阐释、发挥。《周易》成为他们返本开新的思想源头和经学依傍。进而他认为，当代新儒家实际上已经形成了一个易学研究的新流派，或可以称之为当代新义理派。（黄黎星：《乾坤大义的现代启示——当代新儒家易学思想综论》（上），《周易研究》1998 年第 1 期。）笔者认为，黄先生所言甚是。现代新儒家易学思想就其研究之角度、方法、问题皆与前人有了很大之不同，其对易道易理的发挥也有前人所未及之处，因而称之现代新义理派亦不为过。

② 《续资治通鉴》卷十一。

种哲学中引申出一套经世之学和心性之学，以配合当时的改革事业，培养出一批以天下为己任的人才。”[①] 如何复兴儒学成为宋明时期儒者思考的主要问题。《周易》以其善言天道，推天道以明人事的思维特色，为宋明时期的儒者提供了一套比较完备的形上体系，因而备受宋元明理学家的关注，成为宋代哲学家理论创新的活水源泉。他们又反过来以其哲学理论重新解易，《周易》的原理被高度哲理化。朱伯崑言：“其易学哲学标志着古代易学哲学发展的高峰，而且成为宋明哲学的主要内容。”[②] 宋明时期的理学派、数学派、气学派都以易学哲学为中心形成自己的哲学体系。心学派、功利学派也借助易学言说各自的哲学理念。可以说宋代易学的发展与儒学复兴运动紧密相连，亦与理学的发展密切相关。

宋元明时期的经学注重义理，主张学者的治学方向当是由经明理，因经以明义，明经以致用，明体以达用，对训诂考据多持批判的态度。如果说以“明体达用”作为儒学复兴的主要纲领[③]，那么“当时具有不同倾向的思想家围绕着明体达用进行探索，不约而同地都选择了《周易》作为主要的经典依据，易学的繁荣就是由这种具体的历史动因而促成的”[④]。宋明时期的易学正是受当时学风的影响，表现出因经以明道的理学色彩。这个时期的大学者，几乎都读过或写过与《周易》相关的著作，他们既是哲学家也多是易学家。张立文先生将宋易的特点概括为三点，一是，从象数和义理并行而走向融合为一，并创立图书派，将易学发展推向一个新的高度；二是，宋人均依自己的思想解《易》，借《易》以发挥自己的理学思想，也从抽象思维方面发展了易，不仅丰富了易学，而且丰富了理学家的哲学思想；三是，《周易》经宋人的解释而传播到朝鲜、日

① 余敦康：《内圣外王的贯通——北宋易学的现代阐释》，学林出版社 1997 年版，第 10 页。

② 朱伯崑：《易学哲学史》第二卷，昆仑出版社 2005 年版，第 9 页。

③ 余敦康分析：“胡瑗对此作了很好的概括，称之为明体达用之学。因而‘明体达用’四个字可以看作是儒学复兴运动的纲领。”参见余敦康《内圣外王的贯通——北宋易学的现代阐释》，学林出版社 1997 年版，第 10 页。

④ 余敦康：《内圣外王的贯通——北宋易学的现代阐释》，学林出版社 1997 年版，第 10 页。

本及越南等，使中国传统思想得以传播。①

如上所言宋明易学与理学的发生发展有着密切的关系，宋初的理学三先生胡瑗、孙复、石介即已开始于《周易》中寻求思想的活水源泉，以期复兴儒学。胡瑗有《周易口义》十二篇存世，在宋时即已受程颐之重视，程颐言："读《易》当先观王弼、胡瑗、王安石三家。"（程颐：《与谢湜书》）孙复著有《易说》六十四篇，将《大易》看作是孔学之体，其言："尽孔子之心者《大易》，尽孔子之用者《春秋》，是二大经，圣人之极笔也，治世之大法也。"（《宋元学案·泰山学案》）石介存有《徂徕易解》五卷，以易为救世治乱之书。三人皆以《周易》有明体达用之功，"他们根据各自的探索经验，认识到经世致用与心性之修养不可割裂，治己治人，内外一体，而在儒家的经典中，唯有《周易》完备地体现了这种'明体达用'的精神，可以把这两种不同的倾向有机地结合起来而不致陷入一偏"②。《周易》明体达用的精神成为他们进学致思的核心所在。

作为理学之开山，周敦颐的《太极图说》和《通书》皆是对《周易》的一种阐释。《太极图说》以太极、阴阳、五行构造了一幅人文化成以"立人极"的宇宙图式。《通书》中直言"大哉《易》也，性命之源乎！"③"圣人之精，画卦以示；圣人之蕴，因卦以发。卦本画，圣人之精不可得而见；微卦，圣人之蕴不可悉得而闻。《易》何止五经之源，其天地鬼神之奥乎！"④认为易是性命之源，存有内圣之道。邵雍亦以易学为其理论研究创造的核心，著有《皇极经世》，取于儒家观点，寻求孔颜之乐处。其学虽有繁杂的象数系统加以表述，但却是处于儒者的立场，自言："仲尼者不世之谓也。"（邵雍：《观物内篇五十五》，《皇极经世》）自比于孟子而继孔子之学。程颐著有《周易程氏传》，以理气关系解读《周

① 张立文：《帛书周易浅说》，《帛书周易注释》，中州古籍出版社 1992 年版，第 34 页。

② 余敦康：《内圣外王的贯通——北宋易学的现代阐释》，学林出版社 1997 年版，第 2 页。

③ 周敦颐：《通书》，《周敦颐集》，岳麓书社 2002 年版，第 17 页。

④ 同上书，第 49 页。

易》，如其注乾卦初九言，“理无形也，故假象以显义”。[1] 以理为无形，“有理则有气，有气则有数”。[2] 理因象而显，但理又在气之先。他认为《周易》即是探稽天下之理之书，“事有理，物有形也”。[3] “圣人作易，以准则天地之道。易之义，天地之道也，‘故能弥纶天地之道’。弥，遍也。纶，理也。”[4]弥纶天地之道即是可以遍稽天下之理，周易之道就是以理来定宇宙人伦的法度。

张载著有《横渠易说》，其后期所著的《正蒙》，亦是以《横渠易说》为基础展开而来。张载之易学受其气本论的影响，他在对《系辞》“仰以观于天文，俯以察于地理，是故知幽明之故”的解释中言道：“气聚则离明得施而有形，气不聚则离明不得施而无形。”[5] 离明之象的显现与隐晦皆是由于气的聚散，所以说无形不是无物，有形亦只是气的聚合，因此可以说：“有气方有象，虽未形，不害象在其中。”[6] 所谓易道就是气之生生之道，“凡不形以上者，皆谓之道，惟是有无相接与形不形处知之为难。须知气从此首，盖为气能一有无，无则气自然生，气之生即是道是易也”[7]。

朱熹为理学之集大成者，对《周易》亦是沉思玩味，通过对《周易》经传的解释阐发理学思想。著有《周易本义》，同蔡氏合编《易学启蒙》。《朱子语类》六十五卷至六十七卷为朱熹易学之纲领，六十八卷到七十七卷汇集了朱熹讲学时对《周易》经传的解读。《语类》中的《周子书》《程子书》《张子书》《邵子书》，是朱熹对北宋五子哲学的评述，其中多有关于易学的论述。《文集·杂著》中亦有关于易学的论述。《太极图说解》《通书解》皆是朱熹易学哲学的学术成果。朱熹易学基本承继程颐之学风，既重义理又不废象数。朱熹认为：“易乃卜筮之书。古者则藏于太史，太卜

---

① 程颐：《周易程氏传》，《二程集》，中华书局2004年版，第695页。
② 同上书，第1030页。
③ 同上书，第1027页。
④ 同上书，第1028页。
⑤ 《张载集》，中华书局2006年版，第182页。
⑥ 同上书，第231页。
⑦ 同上书，第207页。

以占吉凶。"[①] 伏羲、文王之易皆是以卜筮教人吉凶为主要目的，"文王周公之词皆是为卜筮"。[②]《周易》之本义并不是一部义理之书。"文王重卦作繇辞，周公作爻辞，亦只是为占筮设。到孔子方始说从义理上去。"[③] 孔子解易才将易学引入到义理的路上，"至孔子乃于其中推出所以设卦观象系辞之旨，而因以识夫吉凶进退存亡之道"。[④]"后来孔子见得有是书，必有是理。故因那阴阳消长盈虚说出个进退存亡之道理来。"[⑤] 朱子认为孔子解易才始把易中的阴阳消长盈虚之理阐述出来，以阴阳之理来定吉凶祸福。可以说孔子易是通过卜筮讲述义理。这与伏羲、文王之易学是不同的。因此朱熹并不赞同单纯的以《易传》解经文，而是要兼顾《周易》中象数的部分。这种对象数易和义理易的整合，是其理学思想在易学中的反映。朱熹认为理与气是不可离的，"天下未有无理之气，亦未有无气之理"。"有是理，便有是气。""理未尝理乎气"，"但有此气，则理便在其中"。[⑥] 因之，象数与义理亦是不可分的。朱熹易学的特点就是以理气不二的观点，对象数派与义理派易学的综合融汇。

陆九渊、王阳明作为心学派的代表人物，虽然他们并没有易学方面的专门著作，但他们关于易学的见解散见于其著作中。两人也多是经由易学阐述其心学思想。陆九渊认为道塞宇宙，本心与天理并无区分，只是一理。"敬此理也；义，亦此理也。内，此理也；外，亦此理也。故曰直方大，不习无不利。"[⑦] 内外皆是一理，本心即是天理，所以本心之理无需外求。"心不蔽于物欲，则义理其固有也"[⑧]，因而陆九渊提倡易简之学，主张减担，"易则易知，简则易从"，"易简而天下之理得矣"[⑨]。王阳明也援易以论良知，提出

① 《朱子语类》卷六十六。
② 《朱子语类》卷六十七。
③ 《朱子语类》卷六十六。
④ 《朱子文集·答黎季忱》。
⑤ 《朱子语类》卷六十七。
⑥ 《朱子语类》卷一。
⑦ 《陆九渊全集·与赵监》。
⑧ 《陆九渊全集·与傅齐贤》。
⑨ 《陆九渊全集·与曾宅之》。

“良知即是易”[①]，以易道解释致良知。他说：“先天而天弗违，天即良知也。后天而奉天时，良知即天也。”“天地万物俱在我良知的发用流行中”。[②] 作为天人同一的良知是周流六虚、变动无常的，良知之理与易道是相通的。

综上所述，易学为宋明时期理学的发展提供了一套与佛、老思想处于同一层面形上理论体系。理学的发展即多于易学思想中寻求智慧。理学家们或是以易学思想为核心构建自己的哲学体系，如周敦颐、张载，或是以易学丰富和深化所创的理论，如陆九渊、王阳明。易学的繁荣与发展成为宋元明时期理学发展的一个主要内容。当现代新儒家沿着宋明理学的路子，试图从内圣学开出新外王时，对易学的研究也必会成为他们构建体系、创立新说所不可或缺的思想基础。朱伯崑言：“中国人的理论思维水平，在同西方的哲学接触以前，主要是通过对《周易》的研究，得到锻炼和提高的。这是中国文化的骄傲。”[③] 而对于现代新儒家来说，西学的进入已经为他们开启了更为广阔的学术视野。他们的哲学素养也多是源于对西学的了解和认知，他们中的大多数都对西学有所涉猎甚至精通于此。科学与民主经过五四的洗礼，已经成为知识界不可以否定的真理。当现代新儒家以其开阔的知识视野反观易学时，必然会碰撞出思想的火花。

三　现代新儒学视野中的易学

现代新儒家是20世纪20年代产生的思想流派，宋志明先生将其分为广义和狭义两种，狭义新儒家以梁漱溟、熊十力、唐君毅、徐复观、牟宗三为代表，他们奉儒家的内圣学为道统，尊陆王而贬程朱，采取生命的进路，标榜道德形上学，主张由内圣开出外王。

① 《传习录》下。
② 同上。
③ 朱伯崑：《易学哲学史》第一卷，华夏出版社1995年版，第4页。

而广义新儒家则其道统观念比较宽泛，相互之间也没有较为密切的思想联系。按照方克立先生的讲法，现代新儒家“以接续儒家‘道统’为己任，以服膺宋明儒学为主要特征，力图用儒家学说融合、会通西学以谋求现代化的一个学术思想流派。因为区别于先秦儒学的宋明儒学，在历史上被称为‘新儒家’，所以把本世纪以复兴儒学为职志的这个流派称为‘现代新儒家’，或‘当代新儒家’。先秦儒家，宋明新儒家，现代新儒家，这就是他们所说的儒家学术发展的三个阶段。现代新儒家所致力的就是儒学第三期的发展工作”。[①] 合二位先生的观点来看，现代新儒家如宋明理学家般同样面临着接续儒家“道统”、复兴儒学的任务，他们力图以儒家学说为主体，融汇西学，返本而开新，以求从传统儒学中开出可以接引科学与民主的精神，从内圣学开出新外王，寻求现代化的中国式道路，“民族本位的文化立场”“中体西用的基本态度”“道德形上的哲学追求”“推重直觉的思维方式”是这一思想流派的基本特点。[②] 现代新儒家们充分认识到，在中西文化的冲撞中，必须寻求传统之核心精神，加以现代性的诠释，才能立本而开新，完成文化的创新之路。

就当时之社会文化背景而言，自20世纪初，当西方学术的思潮充斥着中国的文化圈，无论是经济、政治、哲学还是科学的自信被西学的强势击溃之时，对传统文化稍有体贴者都希望能从传统中找到可以接纳、吸引西学的精神。而现代新儒家所处的时代疑古学风盛行，冯友兰分析认为当时中国史学界存在三种趋势即信古、疑古和释古，不加考证地信从古人是抱残守缺的残余势力，疑古与释古却是史学所必经的两个阶段。疑古的工夫就是审查史料。[③] 古史辨派对《周易》经传的著者、产生年代、内容性质等等皆发出质疑，提出不同于传统的观点，将《周易》道统之神圣光环打落，在易学

---

① 方克立：《要重视对现代新儒家的研究》，《方克立文集》，上海辞书出版社 2005 年版，第 177 页。

② 方克立：《“援西学入儒”的现代新儒家》，《方克立文集》，上海辞书出版社 2005 年版，第 208 页。

③ 冯友兰：《三松堂学术文集》，北京大学出版社 1984 年版，第 410 页。

界引发了关于《周易》经传考证的大讨论。西化派也高举西方学术的大旗，将易学视为无用之玄学。对于现代新儒家来说，要论证儒学之现代意义，就一定要对这些问题有所回应。他们或是赞同，或是否定，或是自有新说，但无论其观点如何，对《周易》之历史地位、现实意义都是持肯定体贴之态度。在他们看来，易学之思想是活生生的，有其现实之生命力所在，并不是放入历史档案馆中的有待于尘封的档案。易学有与西方学术相通，甚至是西学所不能替代并有补于西学，或者存在比西学更有益于人类群体之思想。他们各寻视角，以证明易学之现代意义，应对当时古史辨、西化派之挑战。《周易》中所蕴含的变化之道、生生之学、性命之学都在现代新儒家那里得到了新的阐释与发展。

可以言《易经》因其在传统经学中的特殊地位，受到当时各派之共同关注。不过就现代新儒家而言，他们对《易经》之重视，现在看来似乎首先是以一种集体无意识的状态表征出来。牟宗三在《五十自述》中言：

> 当时治国学的人，没有人注意及《易经》，读哲学的人也没有人从《易经》讲义理。当时治西方哲学的，实在浅的很，没有人能有那宇宙论的玄思，能有那挺拔而有光辉的形而上的灵魂。对于中国哲学更是接不上，因此没有人能欣赏怀悌海，也没有人能正视《易经》。①

如果他所言属实，这当是一个有趣的现象。在牟宗三看来，1929 年的《易经》并不是引人注目的经典，他认为那个年代的学者能接上《易经》理路的并不多，或者说没有。但我们对历史略作陈述，即会发现实际情况并非如此。20 世纪 30 年代的熊十力已经完成了出佛入儒归本大易的思想转变，马一浮“六艺之教终于易”观点也已基本成型。科学与玄学的讨论也已成为这一时间的焦点，

① 牟宗三：《五十自述》，《牟宗三先生全集》卷 32，台北：联经出版事业有限公司 2003 年版，第 38 页。

梁漱溟、张君劢都选择了易学的核心观念以为玄学论证。唐君毅对中国思想史的考察也已开始，1930 年前后便已有关于《周易》经传的文章刊出。而史学界关于《周易》经传的论辩也激烈万分，方东美、冯友兰、牟宗三、唐君毅在对《周易》经传的成书年代上等都受到了古史辨派的影响。可以说《周易》一书的重要性已经成为当代新儒学诸家的共识。只是他们视角各异，而囿于交往交流的不便不知或略知他人的学术而已。这也就是说，当时之现代新儒家是各从自身的素养出发，洞见了易学的重要性。牟先生言："读《易经》是我自己私下工作，当时无人知者，亦无人指导，亦无授此课者。"① 正是学界情况在牟氏身上的写照。

而这种集体无意识所做出的选择，现在看来，确实使易学在当时成为现代新儒家一时热衷的理论探讨话题。熊十力新易学的提出、马一浮六艺论中的易学分析、梁漱溟及方东美对易学观念生命哲学视域的探讨、牟宗三对象数易中自然哲学的注意以及唐君毅对"易"本体形上学的解释，都彰显出易学的现代魅力和活的精神。现代新儒家们或是以易学为基础构筑哲学体系，或是从易学中汲取思想汇通中西，或是以西学反观易学以丰富提升易道易理，易学成为现代新儒学的返本开新的思想源泉。他们把握住《周易》经传中的核心术语、概念、范畴、命题而展开论述，其问题已不再限于《周易》经传中所蕴含之传统问题，而是与其所处时代之精神相结合，生发出新的思想。因此现代新儒家的解易方式应是属于义理诠解式的，他们的易学有其不同于以往任何时代的问题，从而形成了新的特点，在新的高度上生发了易道易理，如前所言已然形成了一个易学研究的新流派，可以称之为现代新义理派。

承上言，现代新儒家的易学研究工作主要不是对文本的考据、易学史的梳理，而是重在从义理的层面重新诠解易道，以赋予《易》新时代的内涵。相较于《周易》经传，他们更多是从《易

---

① 牟宗三：《周易的自然哲学与道德函义》，《牟宗三先生全集》卷 1，台北：联经出版事业有限公司 2003 年版，第 6 页。

传》出发阐发易道。[①] 在现代新儒家中，只有熊、牟二人梳理过易学史。就熊十力而言他虽然亦勾勒出易学的发展史，其目的却是要为孔子易的传承找到历史的印证，以表彰孔子易与文王易之不同，进而昭示出大同之道与小康之道的区别，以指示出孔子乃是民主、科学之倡导者，表明易学之当代价值及儒学之现代意义，以提炼出易学的现代性。就牟宗三先生而言，他之所以梳理象数易学发展史，是看到了隐于其中的自然哲学、生成哲学的内容，力图从象数学中找到合于西方科学的因素，从哲理的层面提升象数易学的地位，以与西方的科技哲学对话沟通，凸显易学的哲理性。其后期易学研究则进一步从易学的哲理性入手，理清了自然哲学与道德哲学的关系，将天人合德的思维模式参照于西方的思辨哲学，融会贯通诠解出易学的道德形上学进路。可见二人对易学史的梳理其本质是在以一种新的视界重新解读历史，以史注我，其方法仍然是解释学意义上的义理诠解而非考据之学。

本书从狭义之现代新儒家中选择了四家（马、熊、牟、唐）作为主要的研究对象并选择方东美作为广义现代新儒家的代表。马一浮、熊十力以及牟宗三、唐君毅，他们分别是现代新儒家第一代和第二代的代表性人物。他们的解易进路各有特色，因而可以以此四家为个案探求现代新儒家解易的整体特点。而方东美则并非接继宋明理学的道统，而是要融中国传统哲学（原始儒学、道家、佛学、宋明儒家）与西学（自古希腊哲学至现代欧洲哲学）于一体，自创新说，表现出了不同于马、熊、牟、唐四家的独有特点。分言之，马一浮立足于传统，将天下学术皆收归于六艺，进而归于《易》，以《易》统贯人类之文化，彰显的是易学中的普适性。而熊十力则通过对易学史的梳理，回应了西化派及疑古学派的质问，以一种现代性的角度将科学、民主、平等乃至社会主义的理念融入易学之中，构建出新的易学体系，在他看来这个体系既可以解决心灵安顿

① 其主要原因，当是《周易》之成书年代，已然受到质疑，但孔子与《易传》之关系却多能从古籍中找到可以确证之处。梁漱溟、熊十力、马一浮、方东美、牟宗三、唐君毅皆认为孔子对易确有开创之功绩，认为《易传》为孔子所著或为其后学所写。他们皆是托孔子以言易，以易为孔学之代表思想，通过易学彰显孔学。

的问题，又可以彰显易学的现代价值，易学及以易学为代表的儒学当然有其存在的合理性。牟宗三、唐君毅二人作为现代新儒家的二代代表人物，他们对《易》之阐释在马一浮、熊十力、方东美等前人的基础上又有新的发展。牟宗三从哲理性角度出发，从象数易学的发展史中厘出了中国式的自然哲学的进路，从自然哲学的角度突出易学特色，以表明其中含有科学因素，进而指明易学并非毫无意义的故纸堆而是有着可以和西方的科学发展史相媲美的精神。而其后期，在西方思辨哲学的刺激下，从《周易》经传中读出道德形上学的进路，并将其早期的自然哲学融摄于道德形上学之下，从而完成了从天人二分的考察到天人合德式易理探讨的回归，在哲理的层面提升了易理。唐君毅主要是关注到了《周易》经传中的超越层面，将易理升发为一种宇宙的大和之境，并将其设定为生命存在与心灵追求的至高境界即天德流行境。可以说，现代新儒家对易理之阐发，是一种解释学式的，而非考据式，他们各据己说，在自身的“视界交融”中对易学进行了新的探讨。就本书所选的狭义现代新儒家之四家言，从对易学中普适性理念的强调，到以现代性的观念重新构建易学体系，发展到从哲理的层面提升易理易道，再至以一种越超性的情怀关注易学所昭示的大和之境，四家解易可谓各有特色，且在逻辑上不断深化。而方东美却表现出了融汇中西哲学的宏大生命气象。

概言之，现代新儒家对易学之探讨主要是遥承《易传》之旨，下接宋明之学而来，以西学为参照，融会贯通，从新的高度和层面诠解易理，从对易理普适性作用的强调，到一种现代性的解读，再至一种哲理性的提升，以及对易道做出越超性的解读，皆体现了现代新儒家易学之不同特点，开启了易学研究的新篇章，本书称之为易学的现代新义理派即是从此角度而言。

四 研究现代新儒家易学思想之意义及研究现状

综上而言，《周易》作为传统文化的核心精神所在，为现代新儒学的发生发展提供了一份不可缺少的思想的给养。厘清现代新儒家对易学之发展，并探讨易学于现代新儒家思想构建之意义，对于进一步了解当时思想界观念之变迁有其思想史上之意义。如若能立足于其上，对儒学的当代发展，特别是易学对儒学发展的当代意义提出一些意见，则本书之写作也许能免于蹈空务虚之感。那么或可以言，研究现代新儒家易学既有其思想史上的意义，亦有其现实层面的关怀。

相较于现代新儒家思想研究的现状，对其易学思想的研究属于一个力量比较薄弱的领域，除黄黎星、郭齐勇、周立升三位先生的专论外，目前尚未出现对现代新儒家的易学思想进行整体探讨的专著。就个案之研究而言，内地的学者对熊十力、马一浮、方东美、牟宗三、唐君毅、金岳霖等人的易学思想皆有过专论。港台学者亦有从现代新儒学易学思想入手，窥观现代新儒家的思想的论文，但只是限于研究现代新儒家思想体系的构建，并未从易学本身出发，分析各家易学观的不同。这些学者时贤的理论成果为本书之研究提供了富有启发的思想助益。笔者力图在前辈学人的基础上，对现代新儒家之易学思想做一深入探讨，成文如下，尚请贤者斧正！

第一章

从普适性解易：马一浮六艺视域中的易理阐释

如果将马一浮与熊十力、梁漱溟的人生气象做一比较，可以看出，虽然他们同宗于儒学，但马一浮身上更多了一种道家式的隐遁之情，他是“道家式的儒学学者”。[①] 马一浮曾隐居西湖专心读书，三十年不为世俗所动，虽然声名在外，亦有不少当时名家飞鸿传书或亲往求教，熊梁二人就曾于暑期带领学生亲往求学，被当时人称为新时代的“鹅湖之会”，但马一浮一生却很少参与社会的政治活动，所以其思想影响远未及其他诸位现代新儒家深远。马先生思想的影响相对于熊梁及其后学来说虽然稍小，但综观马一浮的思想，他于传统体会之多、之醇恐亦非熊梁二位先生所能及。概览马一浮的著作，就可知他为拯救时弊亦从思想的角度探本求源，只是其途径和熊梁二先生有所不同，更侧重于吸收、传播传统学术而已。虽有人将其归为“旧瓶装旧酒”[②]，但在其思想体系中我们亦能看到他与现代新儒学诸家相通相合之处，所以亦不失为现代新儒家的一员，归为现代新儒家之列。当时的现代新儒家多与其有学术往来，且能相互印证，就足以证明其“旧瓶”中亦有新酒的成分存在。

---

① 牟钟鉴：《序言》，转引自滕复《马一浮思想研究》，中华书局 2001 年版，第 1 页。牟先生认为：“马一浮的学问确属精粹，精而难识，粹而乏新，不大容易为现代人所了解，也不大合乎现代人的口味，不像其他活跃人物那样有较多的传承者、追随者和宣扬者”。其言甚是，但我们通观马氏文集，会发现，他是以一种较为曲折方式指向现代社会，在其与几位现代新儒家的对话中，我们可以看到他对现代社会的问题也是有所考虑的。

② 柴文化：《旧瓶装旧酒——论马一浮的哲学思想》，《深圳大学学报》2003 年第 2 期。

梁漱溟称马一浮为“千年国粹，一代儒宗”，贺麟言其“本系隐居西子湖畔的一位高士，也是我国当今第一流的诗人”①。称其综贯经术，讲明义理，老而弥笃。他认为马一浮兼有正统儒者的诗教、礼教、理学三种学养，可谓“代表传统中国文化的仅存的硕果”。②“其格物穷理，解释经典，讲学立教，一本程、朱，而其返本心性，祛习复性则接近陆王之守约。他尤其能卓有识度，灼见大义，圆融会通，了无滞碍，随意拈取老庄释典以阐扬儒家宗旨，不惟不陷于牵强附会，且能严格判别实理玄言，不致流荡而无归宿。”③ 体现出统会朱陆的思想进路。徐复观视其为与熊十力、梁漱溟、张君劢齐名的“当代四大儒”。但就马一浮的思想而言，他不标新立异，不自构体系，潜心于传统学术特别是宋明理学的研究整理，且穷居陋巷，躬身践履，不求闻达。就上所述，马一浮又在其所处时代享有较高的学术声望和地位。滕复先生分析其原因认为：

> 这不仅因为马一浮对梁漱溟、熊十力等人都有过影响，而且更重要的是他的思想较为正统。在现代新儒家们试图复兴传统儒学于现代的努力进程中，保持、承继传统与改造传统（为现代可以接受的样式）是同样重要的。前者甚至构成后者的基础。同时，传播和弘扬儒学及其代表的整个中华民族传统的真谛于当代，也正是新儒们自诩的一项神圣使命乃至极其重要的任务。马一浮和他的思想对于当代新儒家的重要性正在于此，他在当代新儒家这个思想流派中的重要地位也在于此。④

马一浮在美国和日本留学近两年时间，他曾下功夫研读西学并翻译国外名著，对西方学术也形成了一种概况的了解，这使他在以后的著述中能够以站在整合人类文化的高度统会中西。但从其学术的发展

① 贺麟：《五十年来的中国哲学》，商务印书馆2002年版，第15页。

② 同上书，第16页。

③ 同上。

④ 滕复：《马一浮思想研究》，中华书局2001年版，第4页。

看，西方文化与学术并没有在他的思想中留下明显的印迹。在众多的“海归”中，他是最早扫落西学的影响返归传统的一位。他在西湖边的隐遁苦读，向当时的西化派和历史学派展现出不同的姿态，以自身的体证昭示出传统学术的现代意义。如滕先生所言马一浮对传统的学术承继正可以为向传统回归的现代新儒家树立起这样的榜样：即使完全的依归传统，于人生中也能找到生命的依托，而且比依傍于西学过得更好。其实马一浮的气度远不止于此，在他看来，传统文化的精华对国人来说不仅具有现代意义，可以解决当代人的心灵生命的安顿问题，而且可以指导整个世界的文化，促进世界民族之林的和谐，即在传统文化中存在普遍适应的价值，传统文化的现代意义也正因其中的普适性才有重新被彰显的意义。

就易学而言，马一浮的易学思想亦沿着寻求易道普适性的理路展开。他的易学思想主要集中在《复性书院讲录》第六卷的《观象卮言》中，他还著有《〈周易明义〉小引》《〈周易易解〉跋》《王氏地理书序》（此三篇皆收录于《序跋书启》中）《三易略义》及《希言》（收录于《蠲戏斋杂著》中）。在其主要的哲学著作《泰和会语》及《宜山会语》中也能散见关于易学的精妙言论。马一浮的易学是以六艺为视域而展开，他以六艺统摄古今中外的一切学术，而六艺之学又原于易、终于易，易学被凸显为中国学术乃至世界文化的核心所在。通过对六艺关系的阐述，马一浮以传统思想为价值指向标明了中西学术的同异，指明了传统价值所在。从对《周易》经传地位的强调中可以看出，其目的是为了突出《周易》经传中含有的普适性价值。在他看来，天下学术、人类之文化皆是原于六艺，而六艺之核心在《易》，《易》之精髓在《十翼》。《周易》经传中涵摄有可以贯通古今中外学术之最基本的因子。“《易》与天地准，故能弥纶天地之道”，“范围天地之化而不过，曲成万物而不遗，通乎昼夜之道而知，故神无方而《易》无体”（《系辞》上），马一浮对易学中普适性理念的强调，正是对易道范围天地而不过的现代诠解。

一　六艺之教“原”于易、“终”于易

现代新儒家所处之时代正值国家危亡时刻，马一浮所做的就是从传统中归结出精髓，提点出中国固有思想的普适性意义，以指出中华文化之核心理念，鼓动士气，凝聚人心。所以马一浮以“国学”标明自己所讲论学术的内涵和外延，提出中国学术之核心为六艺，六艺之核心为《易》的观点。并进而将视野放开出去，认为天下学术皆可归宗六艺，并最终归于《易》，在《易》中存在可以融摄天下学术、人类文化的核心理念，即易道中存在普适性的精神，它可以范围天地，统合古今中外的一切思想。这样以易学作为统摄一切学术之中心，马一浮重新凸显出了《易》的思想史地位。

（一）六艺之教该摄一切学术：六艺之教的普适性分析

现代新儒家所面临的易学难题是面对西化派及疑古派的挑战时如何重新彰显易学的历史地位和现代价值，在西学的冲击下如何坚守住以易学为代表的传统文化的阵营。马一浮选择的角度是以统观人类文化的视野，于中西学术的比较中强调易学的普适性价值及其本体性的地位。马一浮首先所做的理论铺垫是将天下学术收归于六艺，然后再于六艺之中论易教。

当日本陈兵于境内，西化论调充斥于学界，民族精神萎靡不振之时，马一浮以传道者的身份宣讲国学的价值，对国学之内涵重新予以界定。他认为，能当国学之名者唯有六艺之学。诗、书、礼、乐、易、春秋，六艺才是国学最为基本的内容。“一切学术之原，皆出于此，其余都是六艺之支流。故六艺可以该摄诸学，诸学不能该摄六艺。今楷定国学者，即六艺之学。”① 在马一浮看来，国学是有体系的，是活鲜鲜的，是自然流出，而本心自具的，有其无可限

① 马一浮：《泰和会语》，载刘梦溪主编《中国现代学术经典——马一浮卷》，河北教育出版社 1996 年版，第 11 页。

量的生命力，也即因此必有其越超于时空的普适性理念存在。但当时日本入侵，西学强盛，社会衰落，民生疾苦，都使人质疑古圣先贤所开启的中国文化有无现实价值。马一浮有一种强烈的民族自信心、学术自信心，他言："信吾国先哲道理之博大精微，信自己修养之深切必要，信吾国学术之定可昌明。不独要措我国家民族于磐石之安，且当进而使全人类能相生相养，而不致有争夺相杀之事。具此信念，然后可以讲国学。"① 提倡国学之目的，在他看来，不仅是为拯救国家之衰敝，而且要以一种世界的眼光，将国学之精神融入世界文化，使全人类皆可以受其益，我们可以从中体味出马一浮气魄之宏大。他的六艺论也即在全人类的文化视域中展开。

与马一浮肯定国学的生命力及其普适性价值相较的是胡适为代表的西化论调，胡适的口号是"整理国故"，认为所谓的国学也好，国粹也好，已是死的沉寂的过去时的文化史，现代的学者所要做的是以一种西方的科学的方法研究它的意义。他在 1919 年 12 月《新青年》杂志第七卷第一号上发表《新思潮的意义》一文，指出："我们对于旧有的学术思想，积极的只有一个主张，就是'整理国故'。整理就是从乱七八糟里面寻出一个条理脉络来，从无头无脑里面寻出一个前因后果来，从胡说谬解里面寻出一个真价值来，从武断迷信里面寻出一个真意义来。"② "若要知道什么是国粹，什么是国渣，先须要用评判的态度、科学的精神，去做一番整理国故的功夫。"③ 胡适认为自己所研究的是文化史，是过去的事。历史中的学术并没有活的精神遗留下来。他言道："我相信中国哲学的将来，有赖于从儒学的道德伦理和理性的枷锁中得到解放。这种解放，不能只用大批西方哲学的输入来实现，而只能让儒学回到它本来的地位；也就是恢复它在历史背景中的地位。儒学只是盛行于古代中国的许多敌对的学派中的一派，因此，只要不把它看作精神的、道德的、哲学的权威的唯一源

① 马一浮：《泰和会语》，载刘梦溪主编《中国现代学术经典——马一浮卷》，河北教育出版社 1996 年版，第 5 页。

② 胡适：《新思潮的意义》，《胡适文集》，台北远流出版事业股份有限公司 1986 年第 2 版，第 48 页。

③ 同上书，第 49 页。

泉，而只是在灿烂的哲学群星中的一颗明星，那么，儒学的被废黜便不成问题了。”① 疑古学派的代表人物顾颉刚先生也言：

> 我们要使古人只成为古人而不成为现代的领导者；要使古史只成为古史而不成为现代的伦理教条；要使古书只成为古书而不成为现代的煌煌法典。这固是一个大破坏，但非有此破坏，我们的民族不能得到一条生路。我们的破坏，并不是一种残酷的行为，只是使它们各自回复其历史上的地位。②

用一种历史的眼光考证历史上的人物，将其思想与影响仅仅锁定在产生它们的历史时空之中，而不是以一种体贴的心关注这种思想的现代影响和价值。显然马氏对西化派和疑古派的观点是不能认同的。在他看来，古圣先贤所开启的致思之路、性命之学即使在现代亦有其不可替代的价值，可以指导人生并消解西方学术所带来的弊病。

就儒道释三教的文化传统而言，马一浮认为能当国学之名的只有六艺，圣人之知行功夫，天下之一切事理皆存于六艺之中。这并不是说佛老之学不在国学之列，马氏的目的是于传统中找到其“体”所在，或者说于传统中抽象出可以融通三教的普适性精神。在他看来，这种普适性理念存在于六艺之中。

> 万物之聚散，一心之体用，悉具于是。吾人欲究事物当然之极则，尽自心义理之大全，舍是末由也。圣人用是以为教，吾人依是以为学。教者教此，学者学此。外乎此者，教之所由废，学之所由失也。③

古今中外，一切学术皆可归宗于六艺，不离于六艺所涵指的范围，

① 胡适：《先秦名学史》，学林出版社1983年版，第8页。

② 顾颉刚：《古史辨》第四册序，上海古籍出版社1982年版。

③ 马一浮：《复性书院讲录》卷二，载刘梦溪主编《中国现代学术经典——马一浮卷》，河北教育出版社1996年版，第137页。

“六艺该摄一切学术”。[①] 诸子百家所治皆不外于六艺之事。“据六艺判教，乃是实理，不是玄言。”[②]《荀子》《庄子·天下》《礼记·经解》《繁露·玉杯》《史记·太史公自序》《汉书·艺文志》《法言》等典籍皆是以六艺厘定天下学术，六艺之道非止儒家之说，儒道释三教都离不了六艺所涵盖的范围，都是对六艺所蕴含之精神的阐发。“六艺之教，通天地，亘古今，而莫能外也。六艺之人，无圣凡，无贤否，而莫能出也。散为万事，合为一理。此判教之大略也。”[③] 概言之，传统文化的核心是儒学之六艺，六艺之学可统摄诸学，佛道皆可归于此。

儒道释三教就义理来讲都不过是对六艺中普适性理念的分析阐发。马一浮从六艺之义理内涵及其所摄指的外延两个方面完成自己的立论。他言：“何以言六艺赅摄一切学术？约为二门：一、六艺统诸子；二、六艺统四部。”[④]“人能弘道，非道弘人”（《论语·卫灵公第十五》），道即是指六艺之道，人即六艺之人。马氏言：“有六艺之教，斯有六艺之人。”[⑤] 他认为六艺即是指六经，非是指礼乐射御书数。两者相较一是艺能，一是道术。孔子所传当然是以弘道为主，艺能只是载道的容器，所以六经或六艺、六籍是六门活泼发展的文化学术或教化。他说：“今依《汉书艺文志》以六艺当六经。经者常也，以道言，谓之经。艺犹树艺，以教言，谓之艺。”[⑥]“全部人类之心灵，其所表现者不离乎六艺，其所演变者不能外乎六艺。”[⑦] 六艺是中国至高而特殊的文化，具有其普适性，它放之四海而皆准，而百姓又日用而不知，因而需要圣人引导而倡明之。

---

① 马一浮：《泰和会语》，载刘梦溪主编《中国现代学术经典——马一浮卷》，河北教育出版社 1996 年版，第 11 页。

② 马一浮：《复性书院讲录》卷二，载刘梦溪主编《中国现代学术经典——马一浮卷》，河北教育出版社 1996 年版，第 143 页。

③ 同上书，第 139 页。

④ 马一浮：《泰和会语》，载刘梦溪主编《中国现代学术经典——马一浮卷》，河北教育出版社 1996 年版，第 12 页。

⑤ 同上书，第 11 页。

⑥ 同上书，第 12 页。

⑦ 同上书，第 20 页。

具体来说，六艺统诸子，即六经统诸子，学者习六艺而各有所得，遂以所得于六艺发展开去成为一偏，诸子的思想都是这样展开的。如墨、名、法各得于《礼》，而道家、阴阳家得于《易》。就六艺统四部而言，他认为经史子集皆是以六艺为宗。经部的宗经论与释经论皆统于经。六艺统诸子已如前言，而史部来说，则是对《春秋》《尚书》《礼》的承继，"知此则知诸史悉统于《书》《礼》《春秋》，而史学之名，可不立也"。① 集部之文章，皆统于《诗》《书》。概言之，六艺是诸子思想之来源，亦是四部诸集的纲领和总要，它是中国学术思想的核心所在，因而国学之名，非六艺莫属。

马氏将视野放开，进而认为不仅一切国学可归宗于六艺，就西方学术而言，西方的一切学术也可归于六艺。从六艺作为一种文化所涵盖的范围来说，他认为自然科学，可统于《易》，社会科学或人文科学可归于《春秋》。从六艺所表征的价值来说，无非是在彰显宇宙中的真善美，《诗》以教仁，《书》主教智，因而是至善之学。《礼》以明序，《乐》以道知，因而是至美之学。《易》穷神知化，显天道之常，《春秋》正名拨乱，示人道之正，因而是至真之学。因此无论就六艺所涵摄之范围还是就其所要阐发的真善美之理念而言，西学皆可以被收归于其内。以哲学为例，马一浮认为："本体论近于《易》，认识论近于《乐》，经验论近于《礼》，唯心者，《乐》之遗，唯物者，《礼》之失。凡言宇宙观者，皆有《易》之意。言人生观者，皆有《春秋》之意。但彼皆各有封执，而不能观其会通。"② 概言之，西方之一切学术亦皆可以收归于六艺之中，

---

① 马一浮：《泰和会语》，载刘梦溪主编《中国现代学术经典——马一浮卷》，河北教育出版社 1996 年版，第 15 页。

② 同上书，第 20 页。现在看来，马一浮的这种比附虽有一定的道理，但却未必合适。不过西学的强势，竟使其所描述的比附变成了现今的事实。我们可以看到，自冯友兰、胡适开始的中国学术的研究，也多是从传统思想中抽取符合本体论、知识论、宇宙论、人生观的内容组合成书，名之为"中国哲学"。马一浮以六艺涵指西学，旨在倡明中国传统的现代价值，凸显出六艺之教的普适性。冯友兰、胡适等人的中国哲学的写作，其实也是在标榜中国传统中有着类似于西学的内容，其立场角度却不同。马一浮是将天下一切学术、人类之一切文化皆收归于六艺，将六艺之教理解为可普适于一切文化的核心理念所在，以此表明国学的当代价值。而冯友兰、胡适的中国哲学史写作却是以西学的视野检择传统的文化，以中归于西。

亦即它们也都是对六艺之教中普适性义理的阐释。

在马一浮看来，如果六艺该摄天下一切学术的假设可以成立，那么一切学术的致思方向当然要以六艺为旨归，皆应是对六艺中普适性精神的阐发。“知所先后，循而行之，乃有归趣，不然，则博而寡要，劳而少功。”① 只要把握住六艺的普适性价值，就可以贯通中西学术，解决社会人生之问题。六艺之理之所以具有普适性价值，可以融摄人类的一切文化，马一浮认为即在于它是人类本性中所具有的，不是圣人凭空创造的，它源于人类自然本性的流露，因而具有恒久的价值及普遍的存在性。“吾人性量本来广大，性德本来具足，故六艺之道，即是此性德中自然流出的，性外无道也。”② 六艺皆是本心隆德流露所显，无论中西学术内容为何皆不能离于人之本性，因而不论是六艺内涵所指还是范围所及，中外的一切学术皆在六艺之内。

马一浮对六艺中普适性价值的诠解，主要是以儒学的立场判定其价值。在他看来，六艺之德概言之即在性德之中。而性德之全性，一言以蔽之即“仁”，“仁”是全德之德。义礼智信诚等德行皆是由一仁扩充而成。“故一德可备万行，万行不离一德。”③ 在他看来，“知是仁中之有分别者，勇是仁中之有果决者，义是仁中之有断制者，礼是仁中之有节文者。信即实在之谓，圣则通达之称。中则不偏之体，和则顺应之用。”④ 所以说性德皆是一心所具，皆是自本心所流出。马一浮接受了程朱的心统性情说，性是理之存，情是气之发。气质之性有恶有善，因而要变化气质，复其本然之善。天命之性本善，是纯乎天理于人性中的彰显，亦可称为天德，就以此天德见诸行事则可称为王道。“六艺者，即此天德、王道之所表显。故一切道术皆统摄于六艺，而六艺实统摄于一心，即是一心之全体大用也。”⑤ 具体来说，《易》推天道明人事，本隐而质显，是

① 马一浮：《泰和会语》，载刘梦溪主编《中国现代学术经典——马一浮卷》，河北教育出版社 1996 年版，第 16 页。

② 同上书，第 17 页。

③ 同上。

④ 同上。

⑤ 同上书，第 18 页。

从体起用。《春秋》推见至隐，由人事而述其微言大义，是摄用归体。因此“《易》是全体，《春秋》是大用”[①]。就天道流行论，《礼》《乐》皆可归于《易》，就性道流行而论，《诗》《书》皆不外于人事，因而是人之本性之所显，可以归于《春秋》。圣人之所以为圣，其根本处即在于圣人于六艺之学中出类而拔萃，以六艺而见于大道。“六相摄归一德，故六艺摄归一心。”[②] 概言之，在马一浮看来“六艺，只是人人自性本具之实理”[③]。学是知仁，道是行仁。学是知性，道是率性。真能用力，始名为学。所以六艺之学其实即是教人如何发挥本心性德之学，因而治六艺必是要以体证为主。“今欲治六艺，以义理为主。义理本人心所同具，然非有悟证，不能显现。”[④] 体悟修行是马一浮六艺之学的门径。他认为六艺所含之理当存于一切学术之中，一切学术当以六艺为旨归，发挥六艺中的普适性价值。西学偏重于求知，以理性的纯客观的思辨解决人生问题、社会问题，并没有抓住六艺的精神所在，因而问题百出。所以治西学者当不能离开六艺所倡言的德性领域，应以六艺之精神统领西学的研究。

从对普适性理念阐发的视角看，马一浮回答了如下三个问题：第一，传统文化有无现代意义。马一浮的答案是有，传统的现代价值即存在于其普适性价值之中。第二，这种价值的普适性如何表现出来。马一浮将其收归于六艺，以六艺涵摄天下一切之学术。第三，六艺中为何存在普遍存在的价值。马一浮认为其源即在于六艺是一心所具，是人类共性的展现，皆是对真善美的追求。概言之，马一浮以“六艺该摄一切学术”的命题昭示出传统文化中存在超越时空限制的普适价值，彰显出传统的现代意义。

以六艺统摄一切学术，马一浮自己也知道，必然会引起他人的

---

① 马一浮：《泰和会语》，载刘梦溪主编《中国现代学术经典——马一浮卷》，河北教育出版社1996年版。

② 同上书，第19页。

③ 马一浮：《复性书院讲录》卷二，载刘梦溪主编《中国现代学术经典——马一浮卷》，河北教育出版社1996年版，第163页。

④ 马一浮：《泰和会语》，载刘梦溪主编《中国现代学术经典——马一浮卷》，河北教育出版社1996年版，第32页。

误解，将其指责为顽固的国粹派，将其思想认定为无用迂腐之论。他自辩道：

> 故今日欲弘六艺之道，并不是狭义的保存国粹，单独的发挥自己民族精神而止，是要使此种文化普遍的及于全人类，革新全人类习气上之流失，而复其本然之善，全其性德之真。方是成己成物，尽己之性，尽人之性。方是圣人之盛德大业。①

在他看来，六艺之道是向前的，普遍的，平民的，平等的，是真美善的。如上所言，六艺的义理层面的内涵已被其设定为一心之所现，西方世界诸圣其所行所做也只是六艺之道，存在的差别多只是名言表达方式的不同。以六艺统摄一切学术，不只是在强调传统学术的现代意义，以凸显民族精神之所在，或者是突出儒家的历史地位，强调儒学的现代价值，这当然是马一浮六艺论中应有之义。还应有他所更为强调的另一方面即应要以六艺之义理重新审视西学的内容，以六艺中的普适性价值评点西学的精神，革除西学之习气，而造就一个和谐的人类社会。马一浮对于六艺之道充满着一种自信：

> 吾敢断言：天地一日不毁，人心一日不灭，则六艺之道炳然常存。世界一切人类一切文化最后之归宿，必归于六艺。而有资格为此文化之领导者，则中国也。今人舍弃自己无上之家珍，而拾人之土苴绪余以为宝，自居于下劣，而奉西洋人为神圣，岂不至愚而可哀？②

马先生因于民族文化自信所彰显出的学术自信，着实是令人敬佩的。作为现代新儒家的早期代表，他的思想相较于熊十力、方东美、牟宗三、唐君毅等人虽并不算深刻，但马一浮对传统精神的把握却是最为纯粹的，他从普适性的角度较为笼统地指明了六艺之地

① 马一浮：《泰和会语》，载刘梦溪主编《中国现代学术经典——马一浮卷》，河北教育出版社1996年版，第21页。

② 同上书，第22页。

位，向现代新儒学诸家昭示了传统的意义，为现代新儒学设立了一个思想上的逻辑起点，也正是基于此才使其能够在现代新儒家中占有一席之地。

综上而言，马一浮以六艺统摄中西古今一切学术，认为六艺在中国的文化传统中涵摄有普遍存在的价值，这种普适性的价值经由六艺彰显而出。真善美是六艺所要彰显之内涵，它们皆是一心之所流露，因而“盈天地间，皆六艺也”①。在马一浮看来，天下事物，不外于六艺，而六艺之道，不外于自心。圣贤之学，只是教人就内心本性的扩充开展以近道，会物归己，目的在成己成物，树立起道德人格。“向来，说六艺总为德教。”② 六经为形体载道之书，“教”才是其精神。学人应于语言文字名言中体悟圣人所传之教，解读出其中普遍价值所在。而就六艺的外延来说，六艺或六经之名已被马一浮泛化，而成为一种研究范围的界定。在他看来，诗以言志，凡是发自内心的至诚恻怛的哀乐之感，出而为辞，皆可以属于《诗》讨论的范围，大概相当于文学的范围。《书》以道事，凡是与治国安邦有关的，皆归于此，政事、社会、经济皆可属此范围。《礼》以道行，规范社会伦理秩序的安排，是研究探讨人事、法制的领域。《乐》以道和，起到规范艺术的作用，音乐、艺术皆在此列。《易》以道阴阳，通过对宇宙自然现象的观察进而通达形上学的思考，成就哲学、自然科学的研究。《春秋》以道名分，有关人类社会的一切组织形态及相互关系皆在此范围之内。以六艺为范围，配以追求真善美的性德精神，将六艺中普适性价值涵摄于一切学术之中，反过来讲，天下学术也就不在六艺之外。马一浮的六艺论，并不是在做一种国粹派的盲目自大的遐想，而是希望通过将传统学术归宗于六艺，并通过阐明六艺中普适性的价值理念，以中摄西，标明中国传统学术的现代价值，进而激发爱国之心和民族之斗志。马一浮的这种讲法已然超越了中体西用之说，他是将中西放在同一层

---

① 马一浮：《宜山会语》，载刘梦溪主编《中国现代学术经典——马一浮卷》，河北教育出版社1996年版，第50页。

② 马一浮：《复性书院讲录》卷五，载刘梦溪主编《中国现代学术经典——马一浮卷》，河北教育出版社1996年版，第337页。

面考量其不同，尝试于天下学术中寻求其普适性价值，虽然其价值的导向最终偏向于儒家的传统，但马一浮的学术视野已然开阔至世界文化的范围。我们现在看来，传统的经学如何解决现时代的问题，并不是简单标榜六艺之教，广大精微，无所不备等等说辞所能完成的。马一浮似乎也关注到了此点，他的理路是在中西文化的比较中，寻求中学之核心，并进而分析西学特点，再得出结论。马一浮的论断是六艺之教中蕴含的普适性价值，可以将其推广至世界文化，甚至可以成为未来学术之统领，以解决传统与现代、中学与西学的问题。虽然现在看来，这种思想确有狂狷之处，但马一浮却以一种极端的方式体现出对传统学术的认可，在当时社会，作为一种“国学”符号挺立于世。

（二）六艺之教原于易、终于易：《易》本体地位分析

六艺中存于普遍存在的价值，可以统摄一切学术，但就六艺而言，它们各自的地位作用又有所不同。“六艺对辨本迹，如《诗》《书》《礼》《乐》是迹，《易》《春秋》是本；《礼》《乐》是迹，《易》是本。”① 《易》是六艺的基础，六艺以《易》为原，亦以《易》为终，“冒者，覆也。如天之无不覆帱，即摄无不尽之意。知《易》冒天下之道，即知六艺冒天下之道，无不从此法界流，无不还归此法界。故谓六艺之教，终于易也”②。宋志明先生认为马一浮的这种提法是“更为凸显了《易》的本体论意义”③。其实在马一浮看来，易学大概相当于西学中的本体论哲学的范围，即易学是探讨天人关系，推天道以明人事之学。而就六艺而言，其他五艺皆应以易学为体，《易》与《诗》《书》《礼》《乐》之关系即可以理解成体与用之关系。体用关系，具体来说来就是原与终的关系。原是指源头、根据、基础，终是指目的、发展方向。六艺之道在马先生

---

① 马一浮：《希言》，载《蠲戏斋杂著》，《马一浮集》第一册，浙江古籍出版社、浙江教育出版社 1996 年版，第 833 页。

② 马一浮：《复性书院讲录》卷六，载刘梦溪主编《中国现代学术经典——马一浮卷》，河北教育出版社 1996 年版，第 374 页。

③ 马一浮：《复性书院讲录》，山东人民出版社 1998 年版，第 8 页。

看来，应是以易学为根据和基础，并以易学所昭示的目的、境界为追求的方向，最终归结于《易》。

> 《易》为六艺之原，亦为六艺之归。乾坤开物，六子成务。六艺之道，效天法地，所以成身。以通天下之志，《诗》《书》是也。以定天下之业，《礼》《乐》是也。以断天下之疑，《易》《春秋》是也。①

按马先生的分析，六艺之教各有所主，其所宣扬的道体都可以“大”称之，如《诗》教之大在于能够正得失，动天地，感鬼神；《书》教之大在于能够彰显二帝三王之治，恢宏至德；《礼》《乐》之大在于可以和同天地之节；《春秋》之大在于能够正名分而使乱臣贼子惧。但就《诗》《书》《礼》《乐》《春秋》合而言之，其所传所教，都没有超出《易》教的范围。他引华严宗的教理证之：

> 一摄一切，一切摄一。一入一切，一切入一。一中有一切，一切中有一。交参全遍，镕融无碍。故以《诗》《书》《礼》《乐》《春秋》望《易》，则又以《易》教为至大也。②

以《易》与五艺相比，《易》以《乾》《坤》统礼乐，以《咸》《恒》统言行，则《诗》《书》《礼》《乐》之旨可以由此而出。而存亡吉凶之理亦是《春秋》之旨趣所在，“故《诗》《书》《礼》《乐》《春秋》之教，皆统于《易》，所以为六艺之原”。③ 因此“《易》是圣人最后之教，六艺之原，非深通天人之故者，不能与《易》道相应”④。在他看来，虽然至孔子晚年方系易作传，对

① 马一浮：《复性书院讲录》卷六，载刘梦溪主编《中国现代学术经典——马一浮卷》，河北教育出版社 1996 年版，第 374 页。

② 同上书，第 407 页。

③ 同上。

④ 马一浮：《泰和会语》，载刘梦溪主编《中国现代学术经典——马一浮卷》，河北教育出版社 1996 年版，第 27 页。

《易》做深入研究，将《易》之道阐发至尽，但六艺之学因此也“总摄归于《易》教也”。[①] 以马先生的逻辑，孔子作《十翼》是其一生体认修悟的结晶，性与天道之理即是通过《十翼》昭示而出。六艺之学的旨归皆不出《易》道的范围。他言：

> 《易》为六艺之原，《十翼》是孔子所作。一切义理之所从出，亦为一切义理之所宗归。今说义理名相，先求诸《易》。[②]

换句话说也就是易道广大悉备，天下学术皆归于六艺，皆是在彰显六艺中的普适性的价值，而六艺之原之终皆归于《易》，易之大义则是依从《十翼》而显出，因而世界文化之普适性价值当可以从对《十翼》的解读中得出。“天下之道，统于六艺而已。六艺之教，终于《易》而已。学《易》之要，观象而已。观象之要，求之《十翼》而已。”[③] 他认为，孔子晚而系《易》，《十翼》即是孔子所阐发义理的完整存留，“不有《十翼》，易其终为卜筮之书乎”[④]。易在上古，只是卜筮之书，卦辞爻辞，在他看来作者亦已经无法确证，文王周公演卦系辞的说法并不可信，可能只是其“观象玩辞而已”[⑤]。孔子以前，易只是掌于太卜之手，并不是以道德教化为主。真正将《易经》引向德教有迹可循之人就是孔子，易教，也就是在《十翼》产生后才被发扬光大的。马一浮言：

> 易在孔子未作《十翼》以前，恐只是卜筮之书，卦辞爻辞本为占用。到孔子，便说出许多道理来，亦是易所包蕴。但圣

---

① 马一浮：《泰和会语》，载刘梦溪主编《中国现代学术经典——马一浮卷》，河北教育出版社1996年版，第28页。

② 同上书，第33页。

③ 马一浮：《复性书院讲录》卷六，载刘梦溪主编《中国现代学术经典——马一浮卷》，河北教育出版社1996年版，第373页。

④ 同上。

⑤ 同上书，第410页。马一浮根据《明夷》六五爻辞箕子之明夷一句，认为：“此正与殷之末世、周之盛德文相应，乃是假文王箕子之事，以明卦爻之义耳。”

人见之，他人自不见耳。①

《十翼》是易学转入道德教化的标志性著述。这样马先生就为中国学术乃至西方学术排列出了一条简约的逻辑谱系：天下学术—六艺之学—易学—《十翼》，那么反过来致学之进路也亦由《十翼》而至通《易》，进而理通六艺，发而为天下学术，易学的重要性被很高明地凸显了出来。这种思维路向，显然是一种求本求体的方式，即是一种本体论思维方式的运用。而六艺之学在他看来，皆是本于一心的展现，因而经由《易传》而扩充为六艺以至天下学术的过程，即可以理解为一种扩充本心之理的过程；由天下学术收归于易理，即可以被看成对经由证悟后获得的一种心性明悟之境界的追求。

按照传统的讲法，《易》为五经之首，面对疑古派及西化派的质疑和否定，这种解说在现代社会已经没有了说服力。《易》学道统的传承已被疑古学派的经传晚出说打落，因而就不能再沿此理路分析易之现代性意义。如上所言，马一浮将天下学术收归于六艺，于六艺中寻求普适性价值，以此表明六艺的现代性。而六艺之学又被归结为《易》学，也即是言，六艺的普适性理念可以被理解为从《易》中生发而出，从根本处讲，应是从《十翼》中表彰出来。中西之学术、世界之文化皆在《十翼》所倡明的德义教化之中，六艺所显明的真善美的价值追求，其本体性的原头和归结也可以在逻辑上归入《易》之《十翼》之中。虽然就原与终而言，《易》为一，《易》在一切学术之中，一切学术皆可归于《易》，这种“一切即一，一即一切”的佛理阐述，已近于一种本体论的叙述模式，但马先生显然并不是有意识地要将《易》上升到本体的高度，而更是在对普适性价值的强调中突出《易》道的广大悉备，无所不在。概言之，马一浮解易进路是先于六艺之中寻求普适性价值，进而将天下学术归结于六艺，又于六艺之中突出易学的地位，阐述易理大义。就《易》与其他五艺的关系看，易为体，其他五艺为用，原与终的

① 马一浮：《复性书院讲录》卷六，载刘梦溪主编《中国现代学术经典——马一浮卷》，河北教育出版社 1996 年版，第 403 页。

作用被赋予《易》，从而表现出一种本体论的倾向。以普适性价值为主线，将古今中外一切学术归为六艺，继而将六艺归本于《易》，马一浮凸显了易学在中国传统文化中的核心地位。

综上所述，马一浮是通过对传统学术的体认而提炼其精髓，树立起自信。对传统文化中普适性价值的强调是马一浮打通中西一切学术的主要进路，也是其解易的基本理路。马氏认为六艺之理皆是一心所现，因而必然含有可以遍存于世界的普适价值，天下之学术因此皆可以归宗于六艺。既而可以归宗于《易》，并主要通由《十翼》彰显而出，由此他将《易》之地位提升到本体论的高度。在他看来，国学即是六艺之学，古今中外之一切学术皆不外于六艺所追寻之真善美之内容，因而一切学术皆可归于六艺。六艺之学相较于中西之一切学术在逻辑上处于本体的地位。就六艺而言，《易》又处于本体地位。而单就《易》而言，《十翼》又是其核心所在，因而逻辑上即可以承认古今中外之一切学术皆应体现《十翼》所彰显之普适性价值，这种普适性价值也应存在于一切学术之中，一即一切，一切即一。这是一种理性思辨而得出的应然层面，如果实然之学术、文化能够合于此，则世界文化即可以处于和谐发展的状态。但实际情况却并非如此，西学与中学相较，在马一浮看来已然偏离了易理要求，因而虽可以《易》融摄西学的内容，但反过来却不能单纯地以西方哲学来解读易学。他言：

> 然书院所讲习者，要在原本经术，发明自性本具之义理，与今之治哲学者，未可同日而语。贤者之好尚，在治哲学。若以今日治哲学者，一般所持客观态度，视此为过去时代之一种哲学思想，而研究之，恐未必有深益。①

若只是以一种创造的精神研究易学，将易学仅当作一种可以用的材料，并没有关注其内普遍存在的依然可行的活的精神，这显然是不

① 马一浮：《尔雅台答问·答许君》，载刘梦溪主编《中国现代学术经典——马一浮卷》，河北教育出版社 1996 年版，第 469 页。

合于易道的。“以贤者所憧憬之创造精神，创造运动，而预为领导将来世界文化之地者，在一种方法之认识研究。若由中土圣贤之学言之，此方法乃不可得者。”① 因为以《易》为体的六艺之道是自身本性的流露，是体证之学，而非仅为思辨的对象，是一种生命学问，而非只为一种知识的积累，是求之在内而非求于外。即易学是有体系的，是活鲜鲜的，是自然流出，而本心自具的，有其无可限量的生命力，有其普适性的价值存在。以知识的方式对待生命生存的问题，以历史研究的角度只做文本的处理，显然无法通达易道精神。所以马一浮说：

> 奉劝贤者，将此等哲学思想暂时屏却，专读中土圣贤经籍，及濂洛关闽诸儒遗书，不可著一毫成见，虚心涵泳，先将文义理会明白，着实真下一番涵养工夫，识得自己心性义理端的，然后不被此等杂学惑乱，方可得其条理。②

在他看来，“中土圣哲，皆以宇宙为性分内事。象者象此，爻者效此，非谓心外别有乾坤。与时人所持西方哲学研究方法，大异。若以此类方法求之，未免错下名言，失其本旨”。③ 简单地以西方哲学的方法研究中学，并没有把握住其内的普适性价值，必会失去传统学术的本色，所以那种将传统学术认为是毫无用处的死物的西化派和疑古派的研究进路在马先生看来是害人不浅的歧路。

比如就《周易》而言，如若以为其中讨论宇宙，即以西方哲学中的时空观念、宇宙观念比附解读，当然无法深入其中三昧。因此“凡说《易》，所用名言，须本于《易》。似未可用今语”④。从易理

① 马一浮：《尔雅台答问·答许君》，载刘梦溪主编《中国现代学术经典——马一浮卷》，河北教育出版社 1996 年版，第 469 页。

② 同上书，第 470 页。

③ 同上书，第 466 页。

④ 同上。马一浮言：“《易》之为书，广大悉备。不闻有小宇宙之说。”（同上）“中土先哲，本其体验所得以为说，初无《宇宙论》与《心论》之名目也。尽心知性，穷神知化，皆实有事在，非徒欲说其义而止也。”（马一浮：《尔雅台答问·答程泽溥一》，载刘梦溪主编《中国现代学术经典——马一浮卷》，河北教育出版社 1996 年版，第 447 页。）《易》所述之理，在马先生看来皆是可以于人的生命生存中体验证悟而出来的，因而是实事实理，并非只是客观的知识。

上讲，《周易》不言宇宙，只言天地乾坤，天地是就形体而言，乾坤是就其德性而论，是假象而言德，并不是在寻求一种关于宇宙的客观知识。《周易》中六爻时位，是用来表征阴阳刚柔、消息盈虚之理，通过三才之道而指明“时中”的德性，并不是就时空而论知识。虽有象数的推演，却不是西方数学的进路。易学与西方哲学最大的区别，或者说中西学术最根本的区别在马一浮看来即是“《易》主于道，今主于象”①。西方哲学的进路只是沿着《易》象的角度发展，而偏离了《易》所要倡明的义理。中西学术的不同即在中国传统学术以体证为主，修心见性。在马一浮看来，中学可以革除西学的弊病，中国传统文化所要追求的道和境界就六艺而言可以由对《十翼》的磨礎体认而通达。因而对传统学术的贯通，不可以不学《易》，不可以不通《易》，不可以不体认《易》。《易》是六艺之原、之终，易道所彰明的普适性价值遍存于一切学术之中。

马一浮通过对《易》之地位作用的分析，以儒学为本位判定了儒道释三教的地位，又站在传统的角度，以中西学术中普适性价值的共存性从理论上解决了中学与西学的关系问题，将天下学术收归于六艺，进而归结于《易》，希望以《易》所显明的普适性价值革除西学之不足，从而树立起学术的自信，以自己的行动鼓舞起民族自强的信心。马一浮以中学革除西学之不足的态度，与其后的现代新儒家多有不同，他们多是以中学补西学之不足，通过回应西学发展而引发的现代性问题彰显中学的正当性和价值意义。而马一浮挺立以易为代表之六艺之道，并不是站在对西方学术弊端的分析之上，他的方法是在中西合观之下，凸显出易道含有超越时空的普适性价值，并认为可以用此来解决偏离这种价值所导致的问题，以纠正时弊，进而彰显《易》之现代意义及六艺之现世价值。革除说与补充说，两相对照，学术自信心的高下立判。马先生的六艺论在当时是一面高举的传统文化的大旗。就其在浙大的讲学来看，效果是很显著的。虽然六艺为宗的论断有些过于保守，但通过以上的论述

① 马一浮：《尔雅台答问·答王君》，载刘梦溪主编《中国现代学术经典——马一浮卷》，河北教育出版社 1996 年版，第 466 页。

可以看出，马一浮确实是另辟蹊径，从普适性价值的角度为中西文化找寻到了共同的根基，或者说是本体性的支撑，从而挺立起传统的现代价值。

二　“十大”解易：《易》中的普适性价值阐释

如前所述，确立普适性价值的存在是马一浮彰显易道现代价值的思维进路。从逻辑上讲，天下学术皆应是对六艺之中普适性义理的阐发，它们各得六艺之一偏。而《易》为六艺之基础，六艺以《易》为原，以《易》为终，《易》为六艺之体，其余则为用。易道遍在一切学术之中，《易》在六艺中处于本体的地位，六艺之价值当然可以由对《易》之研读体认而阐发。而就《易》来说，相较于《易经》，马一浮更为重视对《易传》的研究。他认为，《易传》出自孔子之手，自《易传》产生开始《易经》方有了义理的诠释而不只是一本筮占之书。“《十翼》，是孔子所作。欲知学易之道，当求之《十翼》。”[①] 他认为孔子晚年系《易》，时间大概是其 70 岁时，[②]《十翼》即是孔子所阐发义理的完整存留，所谓文王周公演卦系辞的说法在他看来并不可信。在孔子之前，易只是掌于太卜之手，并不是以道德教化为主。真正将《易经》引向德教有迹可循之人就是孔子。易教，也就是在《十翼》产生后才被发扬光大的。所以马一浮认为《易经》，主要是《易传》集中昭示了儒家的性与天道的性命之学，是本心之理所流露的最为核心的名言表达，易道所昭示的普适性价值也即主要在于此。虽然就《易》之地位的凸显来

① 马一浮：《复性书院讲录》卷二，载刘梦溪主编《中国现代学术经典——马一浮卷》，河北教育出版社 1996 年版，第 164 页。

② 对“加吾数年，以学易，可以无大过”，马一浮言：“是时孔子年将七十，犹有可无大过之言。此是何等气象！五十而知天命，六十而耳顺，七十而从所欲，不逾矩。此必是七十以后之言。可知无大过与不逾矩，是同是别，正好会取。”（马一浮：《复性书院讲录》卷二，载刘梦溪主编《中国现代学术经典——马一浮卷》，河北教育出版社 1996 年版，第 163 页。）马一浮认为，孔子所言无大过即是指不从心所欲不逾矩的人生境界，所以他认定孔子对《易》达到透彻的理解当是在 70 岁左右。

看，马一浮的论证方式体现为一种本体论的进路，而当其进入对易道的普适性价值的分析层面，其论证方式立刻转入传统解易的理路。他通过对《易传》宗旨的阐述，分析卦爻辞之关系，原吉凶，释德业，审言行，辨小大，将易学之精神概括为“十大”，即教大、理大、德大、位大、人大、业大、时大、义大、器大、道大。[①] 他认为，所谓“大”具有十重意义，即周遍义、包蕴义、自在义、无碍义、无尽义、无方义、无为义、不测义、即物义、无我义[②]，这些意蕴皆是指向易教，揭示出易道所昭示之理。概言之，易教中具有无所不在的道，它所昭示的价值可以指导古今中外之一切学术，因而具有普适性的意义。马一浮从心外无“易”、理气解易、性修不二、易道与佛理互证，四个角度重新诠解义理，凸显出《易》中所含有的普适性价值理念，以表明传统的现代意义。

（一）心外无“易”

就《周易》经传之主旨看，它所彰显之理是以进德的心性之学

---

① 马一浮：《复性书院讲录》卷六，载刘梦溪主编《中国现代学术经典——马一浮卷》，河北教育出版社1996年版，第400页。具体来说，圣人的言行是天下所应效法之迹，因此可名为“教”大。言之所寄为教，教之所显为理，圣人所教皆是实理，因而理大。有得于“理”，可称为德，因而德亦大。贵贱地位不同等，其因是在德不位，但位因德而显，故位亦大。德位业皆是以人为主体，位是应迹之称，人是实证之名，因而人亦大。得于理，而有德，扩充而为外，即谓业，“位者，称德为名，业者依人而见”，因而业亦为大。时义相通，易以为变，变是时通，其变是义，因而时义皆为大。理之流行为道，道之所显为器。道无定体，而器有成形。器即是指气，道即是名理，因而道器皆大。易学的主旨是通过传“道”，明“理”，以育“德”，成“人”立“业”，显示儒“教”之道德教化。可以说马一浮于十大之中阐述了自己的易学理念。他将易学与佛道两家对比，以突出易学的特点，指明其可涵摄两家。同时又以易学中所彰显的心性之学，批评西方哲学的物我二分的对待观念，对西化派及古史辨派马一浮也有过不客气的指责。在此点上，他与熊十力的观点基本是一致的。但其思想中所体现出的是较为纯正的中国传统学术的风骨，他更多是从儒、释及道家的相互诠解中阐明易道的主旨所在。

② 马氏言：“一、大是周遍义，举一全该故。二、大是包蕴义，含摄无尽故。三、大是自在义，随时变易故。四、大是无碍义，通而不睽故。五、大是无尽义，为物终始故。六、大是无方义，无有远近故。七、大是无为义，感而恒寂故。八、大是不测义，两在不二故。九、大是即物义，与物为体故。十、大是无我义，虚中而应故。”（马一浮：《复性书院讲录》卷六，载刘梦溪主编《中国现代学术经典——马一浮卷》，河北教育出版社1996年版，第398页。）此为大的十重含义，可以看出，马先生认为大即是指易道的无所不在遍在一切性。

为内圣圭臬，进而达于修业的外王之域。马一浮认为，从六艺在思想史上的演进过程中可以看出，虽然汉以来说经名家，多是从易入手，但却多主象数，如京孟虞荀，他们侧重于象数而未能由此通达于义理，“汉志叙阴阳五行、天文历谱、蓍龟杂占、形法数术，大抵《易》之支与流裔”[①]。换句话说，汉儒并没有把握住易学的超越时空的普适价值，而是流于术数之末流。与此相反，王弼易学却又流于虚玄，并没有将义理落于社会人生之中，只是一种空谈之风。只有宋易，特别是周程邵氏易学才体现出孔子解易的理路，能够以《易》而达于道，[②] 他们是通过易学进而有得于道的真正的道学家。所谓“通其变，遂成天地之文。极其数，遂定天下之象。盖非极深研几，不能以与于此”[③]。因此，我们可以将马一浮所理解的汉宋之别，做这样一种解读，即在本质上讲，汉宋之别不在于重视象数抑或义理，而是是否能够体悟出易道中的普适性价值。其实就象数与义理而言，二者虽不可以偏废，但最为紧要处却是能否有所会通，对易道的普适性价值有所体认。[④]

就六艺之道言，它之所以含有可以涵摄一切学术的普适性价值，如前所述，马一浮认为是源于一心的显现。它们是人之本心本性所流露的产物，因而有超越时空的价值，即其不仅在时间上具有现代意义而且在空间上有世界价值。作为六艺之体的《易》也是源

① 马一浮：《王氏地理书序》，收录于《序跋书启》，《马一浮集》第二册，浙江古籍出版社、浙江教育出版社 1996 年版，第 52 页。

② 马一浮认为：“以前汉魏诸儒说易者，如京孟虞荀之象数，失之偏驳。王辅嗣之义理，流于虚玄。故易教至宋而始大明。一为周程之义理，一为邵氏之数学，皆探赜索隐，钩深致远，豁然贯通，非汉魏诸儒所及。”（马一浮：《濠上杂著·太极图说赘言》，载刘梦溪主编《中国现代学术经典——马一浮卷》，河北教育出版社 1996 年版，第 623 页。）在他看来，宋易是易学发展的集大成者。

③ 马一浮：《王氏地理书序》，收录于《序跋书启》，《马一浮集》第二册，浙江古籍出版社、浙江教育出版社 1996 年版，第 52 页。

④ 马一浮言：“守一师之言而汰然自足者，可以为博士，不可以为通儒。集众说之歧而无所折衷者，近似于类书，而无当于经术。”（马一浮：《蠲戏斋文选·周易易解跋》，载刘梦溪主编《中国现代学术经典——马一浮卷》，河北教育出版社 1996 年版，第 676 页。）在他看来，对易学的通解应是合众家之说而有所折中，即有个人道德理想价值的判断、生命的体验融于其中，不能只是在追求学问知识性的东西，否则只能成为恪守师说的博士或者是“类书”“字典”型的学者。

于一心，离心而无《易》，心外无“易”。马一浮对易道的心本论解读保证了易道普适性价值存在的逻辑可能性。

马一浮由对性命之理的阐释而引申出心外无“易”的命题。易教之核心，在马一浮看来是在“穷理尽性以至于命”一句。理即是性命之理，他说：“言之所寄为教，教之所显为理。圣人之作易也，将以顺性命之理。”① 易教的目的是在指明一种性命之理，以安排人生、社会、宇宙之秩序，易道的普适性价值就首先表现在对性命之理的强调上。因为心灵安顿之问题，是亘古至今，中外智者贤人皆不可回避的问题。西方哲学由宇宙论、本体论、知识论，进而延展至对人的关注、对人生的关注，体现出对如何安置人在宇宙社会中的地位的思考。但西方古典哲学的主要进路是天人二分式的，他们将宇宙、社会乃至人都作为客体做一种理性的剖析。易学则以一种天人合德的方式安置了人在宇宙中的位置。宇宙对人而言，并不是纯客观的外在者，宇宙所彰显之理，即是性命之理，它总是在向人昭示出某种意义。“所以言顺性命之理者，理必顺性命，故离性命无以为理。故以理为有外者，不顺性命则非理。故理即性命。”② 宇宙之意义总是对人而言，因而天理并不是外在于人之性命的，也就不可以用纯科学的方法度量和安排，在他看来把握天理最恰当的途径就是证悟。天地之道，幽明之故，死生之说，鬼神之情状等等皆是就性命之理而言，《十翼》所要阐明的也就是如何修证性命之理，人生境界的提升亦需要对性命之理的体认而通达。性命之理对马一浮言，是人之为人所应彰显之理，当然具有其普适性的价值。

按马一浮的分析，体认到性命之理，即可显现心之本体，从而优入圣域。圣与凡不过一心之间，只在此本心的得与失，“若不知性命之理，则此心之体不显。寻常日用，只是随顺习气，全无自由分，是谓失其本心”③。“《易》言《无妄》，无妄即诚。心本无妄，

---

① 马一浮：《复性书院讲录》卷六，载刘梦溪主编《中国现代学术经典——马一浮卷》，河北教育出版社 1996 年版，第 407 页。

② 同上。

③ 同上书，第 431 页。

失之乃妄。"① 本心显习心灭则可以超凡而入圣，顺应性命之理的易道也就是如何彰显本心之法门。

> 知大人者，所以表中正之德。仁礼为中，义智为正。本之则为性命之理，行之则曰仁义之道。大人者，与天地合其德，即是顺性命之理，而立人之道者也。②

立人之道即是立心之道，也就是顺应性命之理，有德于"道"，进而成己成人，有位有业。就德、位、业而言，皆是以人为主体，具此德、履其位而成其业者，都是指人的辅相天地的作用言，"德由人证，业由人兴"③。"四者相望，位业是权名，人德是实义。"④ 概言之，人之为人的本质在马一浮看来是德，人就是一种有德行的动物，因而就人的本质而言，"人亦是权名，唯德是实义"。圣人赞天地化育，裁成天地之道，辅相天地，与天合德相参，皆是因其德行而能成位成能成业。因此顺应性命之理也就是要体认天道之在我者，而成就己德，其目的是为了显示本心之体，从而超凡入圣。可见，易道所指示的方向是向内寻求，体证本心。

> 更无心外法，能与心为缘。是故一切法，皆心也。是心能出一切法，是心遍摄一切法，是心即是一切法。圣贤千言万语，只明此义。说性命之理，乃是显此心之本体。说三才之道，乃是显此心之大用。所以作易垂象，只是要人识得此心耳。⑤

在马一浮看来，一切法皆是心法，易道亦是显现本心之道。以易而

① 马一浮：《复性书院讲录》卷六，载刘梦溪主编《中国现代学术经典——马一浮卷》，河北教育出版社1996年版，第431页。

② 同上书，第422页。

③ 同上。

④ 同上书，第424页。

⑤ 同上书，第430页。

知性命之理，进而修证体验，达于本心本体的显现。爻者，效也，但所效不仅是外在的成象，更主要的是效心之所动，“爻象皆以象心。刚柔者，此心之刚柔也。变通者，引心之变通也”[①]。心之所动，所观之象才能千变万化，“言象、言变、言失得、言小疵、言补过，皆以心言，假卦象以显此心之象耳”[②]。因而“太极以象一心，八卦以象万物，心外无物”[③]。其实易道只是心之道的外显，故而可以假易道以体悟心之理。就天地人三才言，三道并立，但天地两道之意义皆是因人而彰显出来，观天之象，观地之象，其本质皆是观人之“心象”，概言之“心外无卦，心外无象”。[④] 所以说：“实则观象，即是观心。天地万物之象，即汝心之象也。道即汝道，物即汝物，动即汝动。若离汝心，而别有卦爻。此卦爻者，有何用处？”[⑤] 对心与物、心与象关系的这种解读，当然只限于一种意义论的层面，天地万物之所有其意义皆是由人而起，因人而生，因而卦爻所显皆是心之动念所在。换言之即是“法无定相，从心所现”，“仁者心动”。那么易教所指示之理即不在于外，而应收归于本心，心外无易。

马一浮进而从体用关系、筮占的本质、三易之内涵三个角度分析心外无易的内涵。就体用关系言，马一浮将本体最终归本于“心”。在他看来，《易》中有四重体用之说，以三百八十四爻望六十四卦，则六十四卦为体，而众爻互为其用。以六十四卦望八卦，则八卦为体，六十四卦为用。以八卦望乾坤，则乾坤为体，六子为用。以两仪四象八卦望太极，则太极为体，而两仪四象八卦为用。太极以象一心，因而卦象爻义，不可求之于易之书，当返而求之于一心之动静。心为本体，心外无易。

就筮占言，马一浮认为筮占是观其变，而变是由心所生，不待

---

① 马一浮：《复性书院讲录》卷六，载刘梦溪主编《中国现代学术经典——马一浮卷》，河北教育出版社 1996 年版，第 409 页。

② 同上书，第 400 页。

③ 同上书，第 378 页。

④ 同上书，第 400 页。

⑤ 同上书，第 386 页。

于卦变而后见吉凶。人心一动，变即开始了。所以说：

> 吉凶之道，皆由自致，初不待于占。玩占者，在观其吉凶之所由，而慎之于动，岂必日事蓍龟哉。①

马一浮认为古人淳厚质朴，心灵纯一，一占即中，故重卜筮。本质上讲，吉凶之源头皆是由人之自身而来，易道所昭示之理也即不是外在于人的客观之物。“易道至近，而人以为远。”② 如上所言，心外无物，心外无易，心变而象变，象变而卦变，卦变爻亦变，六爻相杂，而生吉凶。因此“是知吉凶定于八卦者，实则定于一心之阴阳动静耳”③。因而易道是体会“本心”之道，它无处不在，学易之目的也就不是徒逞知解，增长我慢，而在于穷究易之洁静精微之道，极深而研几，以去除习心，崇德广业。

就三易之内涵而言，易之变易、不易、简易三种含义，马一浮认为皆可从“心”上解释。在他看来，郑玄“易赞说三易绝精，变易说圆融，不易说行布，简易说二门不二，宛是华严义旨，该摄无余，可试绎之”④。他言：

> 是汝妄心，自为起灭。智者观之，一切诸法以缘生，故皆是无常。是名亦易。而汝真心，能照诸缘，不从缘有，灵光独耀。迥脱根尘。缘起不生，缘离不灭。诸无常法，于中显现。犹如明镜，物来即照，物去仍存。是名不易。离此不易之心，亦无一切变易之物。喻如无镜，象亦不生。是知不易故非常。

① 马一浮：《复性书院讲录》卷六，载刘梦溪主编《中国现代学术经典——马一浮卷》，河北教育出版社1996年版，第375页。

② 马一浮：《复性书院讲录》卷二，载刘梦溪主编《中国现代学术经典——马一浮卷》，河北教育出版社1996年版，第166页。

③ 马一浮：《复性书院讲录》卷六，载刘梦溪主编《中国现代学术经典——马一浮卷》，河北教育出版社1996年版，第382页。

④ 马一浮：《蠲戏斋书信选·与熊十力书（1936年）》，载刘梦溪主编《中国现代学术经典——马一浮卷》，河北教育出版社1996年版，第729页。

不易故非断。非常非断，简易明矣。①

变易是指因妄心而起的生灭之见，真心不灭常存因而可以名为不易。离却真心亦无妄心，因而真妄之间亦是非常非断的，简易之理即在于此。三易之理皆是因“心”而起，心外无易。

综上所述，马一浮认为心外无卦，心外无易，易道所昭示之理其实即是心之理，学易之目的不在于增加知识而是要通过《易》所示人的崇德广业之道以修行淬炼，提升人生境界。“仁是性德，人所同具。”② 易教所倡导的义理其本质即是行仁之道，而“仁”是天下人所共有，“德”是人之为人之本质，即在易道中存在普遍适用的价值。他以太极象心，万象变迁皆是因心而动，以心本论的方式保证易道的普适性。马一浮显然不是从生成论的层面提出这一论断，在他看来天地万物之意义皆是由于人的存在而被赋予，吉凶悔吝亦是因心之动念而产生。卦爻象所昭示的不是外在客观存在的物象，而是被赋予了人的主观（心观）的物象。所以说观象即是观心，心外无象。变易、不易、简易，即可以被认为是妄心、真心及双离断常所体现出的智慧。可以看出，马一浮的易学观中带有很浓厚的心学气息。易道被解释成心之道，而人性中又存在共同之处，那么人心中所彰显的性命之理当然就不是国人所独应遵守的道德法则，它一定也适应于世界上的任何一个民族，因而易道有其普适性的价值意义。这种普适性价值在马一浮看来首先即表现于易教所倡导的性命之理之中，它以一种天人合德的方式，将天理安置于心中。虽然马一浮解易的心学味较为明显，但综览其思想，还表现出一种综合朱陆的易学进路。

（二）理气解“易”

性命之理是马一浮所凸显的普适价值，它是实存之理，通由体

① 马一浮：《复性书院讲录》卷六，载刘梦溪主编《中国现代学术经典——马一浮卷》，河北教育出版社 1996 年版，第 385 页。

② 马一浮：《尔雅台答问》，载刘梦溪主编《中国现代学术经典——马一浮卷》，河北教育出版社 1996 年版，第 469 页。

证而得，所以不能仅以客观的方式考察它。马一浮将性命之理收归于心体，以此保证其超越时空的普适性。将性命之理落实于人生之中，马一浮主要通过理气解易来完成。经由理气解易，马一浮完成了由本体论到工夫论的贯通。

如前所言，马一浮以“心”来诠解三易，认为心外无易、无卦，观象即是观心。但同时马一浮又以理、气来解释三易，将理、气与本心、习心打通，试图合会朱陆。他认为变易、不易、简易各有所指，气化流行故为变易，但虽千变万化而理为一贯故为不易，双离断常以中道观之，即为简易。[①] 三易的关系即是理与气之关系。理气呈现为一种相对相待而非一种天理人欲的隔离。就太极与两仪而言，太极是理而两仪是气。就乾坤言，乾道是气之理，而坤道则指理之气。万物以理（乾）而始，以气（坤）而生。理皆是气之理，因而易知，而气又皆是理之气，故可以顺理而成能，称为简能。气顺乎理，即是顺应性命之理以成其本性。概言之，禀于天道之理以成人之性，禀于地道之气以成人之情。理气之关系架构落于性与情的关系中即表现为：全情即性，性依情而显，全性即情，性皆由情来表现。合而言之，理是气中之理，性是情中之性。理与气，性与情并不是割裂的二分。而心外无理，“理在心中，性在情中。如水中盐味，色里胶青”[②]。理与心、理与气、太极与两仪、乾与坤、天道与地道、知与能、性与情，皆相依而存，互通而并建。马一浮由理气的形上本体论论证了性情不二的人性论。进而他将人性论展开至工夫论领域。

马一浮看来，《孟子》讲良知良能，亦本原于《易传》的易简之理，并没有过错。但其却是只注重“良”的一方面，而没有注意

① 马一浮：《泰和会语》，载刘梦溪主编《中国现代学术经典——马一浮卷》，河北教育出版社1996年版，第33页。马一浮言：“气是变易，理是不易，全气是理，全理是气，即是简易。只明变易，易堕断见，只明不易，易堕常见。须知亦易元是不易，不易即在变易。双离断常二见，名为正见，此即简易也。”

② 马一浮：《复性书院讲录》卷六，载刘梦溪主编《中国现代学术经典——马一浮卷》，河北教育出版社1996年版，第387页。

到合德的过程性，[①] 即修行的必要性。“盖单提直指，不由思学。不善会者，便成执性废修。全提云者，乃明性修不二，全性起修，全修在性，方是简易之教。”[②] 性修之理与理气之义可以合在一起互相启发。性以理言，修以气言。知本于性，能主于修。性指理，修指行事，所谓知行的合一，也即是性修不二，也可以理解成理事变融，或者说全理是气，全气是理。“从性起修，举理成事。全修在性，即事是理。”[③] 所谓“易简而天下之理得矣”[④]。总之，就形上层面而言，全理是气，全气是理；就人性论言，全情是性，全性是情；就工夫论言则全性起修，全修在性，性修不二。从本体观至人性观至工夫论，马一浮保持了思想上的逻辑一贯性。

如上言，马一浮并不认为理在心外，他指出朱子的格物致知也不是指向外格物以求理。在他看来，“知者，知此理也。知具于心，则理不在心外明矣”[⑤]。所以朱子格物是旨在穷至事物之理，致知则指推极吾心之知，其实所证所知也皆是本心之理。就陆王而言，心外无物，事外无理，即物而穷其理，就是指即此心中之物而穷其本具之理。马一浮言：“此理周遍充塞，无乎不在，不可执有内外。”[⑥] 从而表现出会通朱陆的思想进路。他说：

> 今明心外无物，事外无理。事虽万殊，不离一心。（佛氏亦言当知法界性一切唯心造。心生法生，心灭法灭。万行不离一心，一心不违万行。所言法者，即事物异名。）一心贯万事，即一心具众理。即事即理，即理即心。心外无理，亦即心外无

① 马一浮将理气合一理解为易简，也即是乾坤的合德。他认为人皆具有良知良能，但将天理与人之良知良能相合，以理统气，理气相合是有一个过程存在的。

② 马一浮：《泰和会语》，载刘梦溪主编《中国现代学术经典——马一浮卷》，河北教育出版社 1996 年版，第 36 页。

③ 同上书，第 37 页。

④ 同上。

⑤ 马一浮：《复性书院讲录》卷一，载刘梦溪主编《中国现代学术经典——马一浮卷》，河北教育出版社 1996 年版，第 97 页。

⑥ 同上。

> 事。理事双融，一心所摄。然后知散之则为万殊，约之唯是一理。①

因而《系辞》所谓“穷理尽性以至于命”的性命之理，实是讲的一心贯通之道。天、命、心、性，皆是指一理而言。就其普遍性而言是天，就其禀赋性而言是命，就其体用不二而言是心，就其纯乎理而言是性。就其自然而有分理而言是指理。发而用之，则为事，变化成形则为物，变化流行则为道。所以格物即穷理即是尽心即是知性即是至命，也即是知天，只是一以贯之的一事。从理气的层面而言，“主宰是理，流行是气。能为万象主，不逐四时凋。正是理常行乎气中，作得主宰，方为尽性至命”②。所以尽性至命的工夫皆应从穷理开始。以理而言为“性”，而就气言则是强调“修”的工夫。“理无差别，气有差别。性是物我所共，命乃万有不齐。气质之性，亦是命。圣人会万物，为自己者，不唯因其一理。故即此不齐之气，亦是一气也。”③ 概言之，格物致知实是穷理之道，而理不在心外，所知之理只是要证见本心之理而已。

道器之关系也即是理气关系。本质上言，器，即气，道即理。“合则曰气，散则曰器。寂则曰理，通则曰道。其实一也。立二名而义始备，从而二之则不是。”④ “然以道望理，则理隐而道显，以器望道，则道隐而器显。”⑤ 乾坤成列，阖辟往来而变化无穷。道在象先，器在形后。圣人制而用之，化而裁之，推而行之，举而错之。由天道而人道。天人一理，而道器不二。“器者，道之所寓也。凡民见器而不见道，故心外有物。圣人见器莫非道也，故道外无

① 马一浮：《复性书院讲录》卷一，载刘梦溪主编《中国现代学术经典——马一浮卷》，河北教育出版社 1996 年版，第 98 页。

② 马一浮：《蠲戏斋书信选·答曹赤霞书二（1936 年）》，载刘梦溪主编《中国现代学术经典——马一浮卷》，河北教育出版社 1996 年版，第 733 页。

③ 马一浮：《复性书院讲录》卷六，载刘梦溪主编《中国现代学术经典——马一浮卷》，河北教育出版社 1996 年版，第 418 页。

④ 同上书，第 427 页。

⑤ 同上。

事。器之所在，道即在焉。”[①] 马先生认为“盈天地之间者唯万物，即盈天地间皆象也，盈天地间皆器也。亦即盈天地间皆道也”[②]。象是器之所从出，而道之所由显。可以象而悟道，法象而制器，以器而观道，道既在象中，也在器中。因而圣人可以神应无方，举器即道。同为用器，因所见不同，所求不同就有了圣凡区别。常人滞于偏曲，所见者小，因而虽日用而不知“道”存于其中。圣人穷神知化，用之足以利天下，所以可达于德之圣。只有穷神知化，才能宰物而随于物，得其环中，以应无穷。而这些在马一浮看来其本质上只在于一心是否迷悟，即是否能于变易之气或者变易之习心妄心中洞见不易之理或不易之真心。“于器无所执，于道无所惑”。[③] 这个过程即是悟道见性的过程，也是修养工夫不息的过程。

综上所述，变易不易简易从理气的层面讲，气化流行故为变易，但虽千变万化而理为一贯故为不易，双离断常以中道观之，即为简易。理气并不是相隔的二分，全理是气，全气是理，理是气之理，气是理之气。就人性论言，全情是性，全性是情，就工夫论而言则全性起修，全修在性。以理气关系为架构，马一浮打通了从本体论到工夫论的进路，将《十翼》中所彰显的性命之理落实到了工夫论的层面。在他看来所谓“穷理尽性至于命”，实是讲的一心贯通之道，天、命、心、性，皆是指一理而言。理不在心外，因而格物穷理也不是向外用功之道。于气中见理，器中见道，情中见性，变易中见不易，也就是要在习气习心中证悟本心真性。概言之，马一浮以理气解易，最终归本于心外无易，提出全性起修，全修是性，性修不二的工夫论，进一步从工夫论的层面探讨性命之理，彰明易教的普适性。在马一浮看来，无论以理气解易，还是以心解易，易学所强调的都在一个“教”上，即易不只是一种知解，更重要的它是一种实修的方法，可以通过易教达成崇德修业的目的，成就内圣外王之道。

---

① 马一浮：《复性书院讲录》卷六，载刘梦溪主编《中国现代学术经典——马一浮卷》，河北教育出版社 1996 年版，第 427 页。

② 同上书，第 428 页。

③ 同上。

（三）“性修不二”的工夫论

马一浮的演《易》之道，旨在求证自身性命之事，易学在他看来并不是一种书本上的学说。《易》中所蕴含的性命之道，必然会落实于人生之中，但“后儒人自为说，家自为书，斯乃说《易》，非学《易》也”[①]。观象玩辞，其目的是有得于己，自身受用，这才是穷神知化，穷理尽性以至于命的性命之学的主旨所在。因而学《易》与说《易》是两种不同的指向，学《易》是为了体悟证解易道，说《易》只是徒增知识，“学若不能入德，只是说闲话”[②]而已。

马一浮从三才之道的角度进一步分析性命之理。理寂然不动，道流行不已，故分而成天地人三才之道，但合之皆是指性命之理。[③]天地之道，是变化成万物的最终根据，它经由雷风水火山泽展示而出。人之道，决定吉凶悔吝的最终形成，它通过视听言动思展开。“六子并统于乾坤，而五事约摄于言行，故圣人重之。”[④]思贯穿于五事之中，而言行又可统率其余三者。因而顺性命之理，莫过于从言行开始，圣人示人学易的纲要，进而达于崇德广业，其中的关键环节即在言行上下功夫。他认为易教所教的渐修工夫是由言行工夫开始，破除习气，下学而上达，悟证本心本体。圣凡之别，即在是从习心而行，还是率性而为。悟与迷之间，只在是否从性理出发。只要通过工夫破除习气，就可以超凡入圣。

在他看来，近人谈论的哲学、社会经济，各派议论，皆多是从于习心，而未能见道。科学、哲学、经济皆不是见道之学，对于古

---

① 马一浮：《尔雅台答问·答袁竹漪一》，载刘梦溪主编《中国现代学术经典——马一浮卷》，河北教育出版社1996年版，第447页。

② 马一浮：《复性书院讲录》卷六，载刘梦溪主编《中国现代学术经典——马一浮卷》，河北教育出版社1996年版，第393页。

③ 马一浮言：“理本寂然，但可冥证。道则著察，见之流行。就流行言，则曰三才。就本寂言，唯是一理。”（马一浮：《复性书院讲录》卷六，载刘梦溪主编《中国现代学术经典——马一浮卷》，河北教育出版社1996年版，第376页。）三才本是一理，一理可分为三才。

④ 同上书，第390页。

史辨的考证马一浮也直面斥之，视其为不可救药之徒。[①] 他认为这种学术进路的结果只能是，盲目追求利益，好为人上，以至刀兵相见，硝烟四起，“富强者必极于不仁”，[②] 世界大战的产生，在马先生看来思想根源即在于此。“今天下大患，唯在徇物肆欲，而不知率性循理，此战祸之所由来，不独系于一国家一民族也。”[③] 因而作为由人心流露而出的性命之理，当然有其指导世界文化的普适性意义，只要顺从性命之理，内求于己，极深研几，从言行上下功夫，悟性见道，就可以开物成务，优入圣域，创造出新世界。那么由性命之理展开而来的性修之道，也即有其指导现代人生的价值。

如前所说，马一浮将性命之理展开而落实于性修不二的工夫论中。他所强调的悟性见道，虽有顿悟的层面，更多则是在指明渐修的必要性。在他看来从性修的角度讲，元亨利贞、仁义礼智是性德，敬义直方是修德。再进一步细分，则元亨是性德，利贞是修德。仁义是性德，礼智是修德。也可以说仁智是性德，礼义是修德。或者说唯仁是性德，义礼智俱是修德。总之，全性起修，任何性德皆需要通过修证见悟，马一浮言“故乾统坤”。从全修在性的角度讲，“故坤承乾”。乾坤合德，故性修不二。总之“穷理尽性以至于命，亦兼性修言之”[④]。穷、尽、至，皆是指修而言。理、性、命，皆是就性而言。因修以显性，不能执性以废修。

概言之，性命之理是人性之流露，它通过修证落实于人生中。

---

① 马一浮言：“科学家可以语小，难与入微。哲学家可与析名，难与见性。独自有号历史派者，以诬词为创见，以侮圣为奇功，向壁虚造而自矜考据，直是不可救药。”（马一浮：《蠲戏斋书信选·与熊十力书（1936年）》，载刘梦溪主编《中国现代学术经典——马一浮卷》，河北教育出版社1996年版，第729页。）古史辨的进路在马一浮看来，本质上即是西学的路子，离道甚远。

② 马一浮：《蠲戏斋书信选·答云颂天书（1937年）》，载刘梦溪主编《中国现代学术经典——马一浮卷》，河北教育出版社1996年版，第729页。

③ 马一浮：《蠲戏斋书信选·答袁心粲诸友书（1938年）》，载刘梦溪主编《中国现代学术经典——马一浮卷》，河北教育出版社1996年版，第743页。

④ 马一浮：《复性书院讲录》卷六，载刘梦溪主编《中国现代学术经典——马一浮卷》，河北教育出版社1996年版，第415页。

马一浮认为："性是性德，不是知识，不是情见。"[①]德是有证于理，《易》是阐明天地人之道之理，证得此理者，便谓之德。穷理尽性至命一语，即暗合了性修的合一。所以不可以执性废修，亦不能修而不知性。中学之不同于西学即是在于学修的过程有其道德的指向性，因而不会囿于一偏，从而克服了西学对外在欲望的盲目追求。性修不二之理，不仅可以指导国人对自身心灵境界的追求，也可以为西学提供一种指导。在这种意义上讲，马一浮解易由本体论而至工夫论，其凸显的价值已不仅是传统意义上的性命之道，而是赋予了性命之理以普适性的价值。他以心外无易的命题指明易理乃是天下人所共有之理，以保证易理的普适价值存在的可能。进而将易理归为性命之理，并将其展开为性修不二的工夫论，为世人指明了一条内可修养身心，外可平定天下的内圣外王之道。在他看来，易教的意义正是在于它所倡言之理有其可以指导现代社会人生的越超时空的普适性。但就当时之学术研究的情形而言，国内治西学者却多都放弃了中国学术的特色，以西学的方式研究中国学术，而没有注意到以《易》为首的六艺学术的重点不在于知识的累积，而在于道德提升，经由极深研几，崇德广业，以开物成务。马一浮的易学研究正是抓住了易道中的普适性分析其现代意义，回应西化派及疑古派的问题，抵挡住西学的冲击。[②] 在其对义理的阐释当中还表现出一些特点，除以上所言的他对宋明理学朱陆合会的努力，还表现在

① 马一浮：《蠲戏斋书信选·答乌以风书（1934年）》，载刘梦溪主编《中国现代学术经典——马一浮卷》，河北教育出版社1996年版，第726页。

② 马一浮言："十力，好谈东西文化异点。弟随顺其言。谓克实而谈，有东有西，即非文化。圣凡心行差别，只是一由性，一由习而已。东土大哲之言，皆从性分流出。若欧洲哲学，不论古近，悉因习气安排，故无一字道著。"（马一浮：《蠲戏斋书信选·答曹赤霞书（1931年）》，载刘梦溪主编《中国现代学术经典——马一浮卷》，河北教育出版社1996年版，第725页。）"彼（笔者按：西洋哲学）皆以习心为主，所言唯是情识分别，安能体认自性。兄言正是，当头一棒。但恐今日治西洋哲学者，多是死汉，一棒打不回头耳。"（马一浮：《蠲戏斋书信选·与熊十力书（1937年）》，载刘梦溪主编《中国现代学术经典——马一浮卷》，河北教育出版社1996年版，第739页。）在他看来，中西文化之不同点，主要即在于是否见道实证之学。而当时国内从事西方哲学研究者，多是放弃了本国学术的特点，投入西学的怀抱，以致认为国学一无是处。马一浮认为，这皆是未能洞彻中西之别的结果。

他的义理阐释中有着较多的佛理引证。《易》为六艺之本体，儒释道皆可以归结于《易》道中，在易理的阐释中引入佛理以互证，或许可以认为是马一浮对六艺论的一个例证。

（四）易道与佛理互证

马一浮创立复性书院后，对所教授科目用心做了安排，从其设置上我们可以看出他对佛儒关系地位的理解，“书院以综贯经术讲明义理为教，一切学术该摄于六艺，凡诸子、史部、文学之研究皆以诸经统之。”[①] 书院以六艺教人，设置通治门与别治门。又另设四门学科，以辅助理解六艺之学，即玄学、义学、禅学和理学。玄学以王弼为祖，义学以肇公为祖，禅学以大鉴为祖，理学以周敦颐为祖。马一浮分析说：

> 先德多出入二氏，归而求之六经。佛、老于穷理尽性之功，实有助发。自俗儒不明先儒机用，屏而不讲，遂使圣道之大，若有所遗。墨守之徒，不能观其会通，渐趋隘陋，而儒学益衰。今当一律解放，听学者自由研究，故特设此四门，使明四学源流，导以正见。[②]

在马一浮看来，六艺统摄一切学术，以六艺为核心的儒学，从一心出发，至精至纯，中外之一切学术源头和发脉处从逻辑上讲皆是源于六艺，六艺外之一切学术皆可以被理解为六艺之学的支流和注解。其实这也即是说，在六艺中含有可以普适于一切文化的义理，中外之一切学术文化逻辑上讲都可以从六艺中获得启示，中国传统文化的现代价值即在于此。六艺成为马氏会通中西、融贯古今的根基。

就佛儒二教而言，佛理当然也可以于六艺中找到义理的支撑，

---

① 马一浮：《复性书院简章》，收录于《寒江雁影录》，载吴光编《中国近代思想家文库——马一浮卷》，中国人民大学出版社 2015 年版。

② 乌以风：《马一浮先生学赞》（未刊），转引自滕复《马一浮思想研究》，中华书局 2001 年版，第 43 页。

而归于六艺之中。但综观马一浮对儒佛关系的认识，其见解并非一成不变，而是随其学识的增长不断发展。他在 1918 年与蒋再唐论儒佛关系时说："彼（佛）一乘是实，此（儒）乃易道是神。今欲观其会通，要在求其统类。若定以儒摄佛，亦听以佛摄儒。须以本迹二门辨其同异。"[①] 儒佛此时在马一浮看来，是有同有异的，地位上是平等的，可以互解融摄。但到 1927 年其致学者金香岩时，他对儒佛关系的理解和体悟已发生了变化，他说："浮年来于此事（指参禅之事）已不挂唇吻，其书（指佛书）亦久束阁，尚欲以有生之年专研六艺，拾先圣之坠绪，答师友之深期，虽劫火洞然，不敢自阻。"又说："彼（佛）有机语，虽有小大、险易、雅俗万殊，以吾观之，则亦象耳比耳，皆《诗》、《易》之支与流裔。"[②] 佛学这时已被马一浮判为以六艺为核心的儒学的支流。虽然佛学于宇宙人生之理亦有所揭示，但在马氏言，儒学之理要比佛学所言更为切实和充实。所以其前期所讲的儒佛互摄，此时变为只能是儒摄佛，佛学成为解证儒学的一种资源和学问。滕先生分析说："马一浮尽管最终选择了儒学，但从他以后的思想发展看，他并没有放弃他过去形成的博综百家、'观其会通'的主张，他三十年代末在浙江大学讲学以及之后在主讲复性书院，均大量援引佛学宗义，以证儒学。以佛证儒、融佛入儒是他学术上的一个最大特点，也可以说这一特点贯穿于他的全部思想著作之中。"[③] 从马一浮求学的历程看，早年的家学，少年的游学于外，会通西学，归国后的反思，反归传统，都带有佛教的体贴。也正因此，马氏与当时之名儒熊十力、梁漱溟有着更多的相似之处。但其不同处是，马一浮于儒佛、中西的比较中关注到了六艺的特殊性地位，并进而将六艺之理提升到了普适性价值的高度，并凸显出性命之理的普适性意义，以此来论证传统的现代意义。而熊十力则更多是将现代性的话题融入易学当中，

① 马一浮：《蠲戏斋文选·与蒋再唐论儒佛义》，载刘梦溪主编《中国现代学术经典——马一浮卷》，河北教育出版社 1996 年版，第 669 页。

② 滕复：《现代新儒学案·马一浮学案》，中国社会科学出版社 1995 年版，第 968 页。

③ 滕复：《马一浮思想研究》，中华书局 2001 年版，第 26 页。

试图从对儒、佛、老的解读中表达出科学、民主乃至社会主义等现代性的命题。

滕先生说："而儒学唯有除其一贯庄严肃穆的外衣，充分发扬其宋明理学简易亲切、活泼创新的精神，赋之予现代的形式，照顾到现代人的生活方式、思想情绪、价值理性和文化需要，才能重新为百姓所接受，从而焕发新的生机。"① 让现代的百姓回归经典当然也是必需的，但对于学者来说，将儒学发明创新，融入时代的特色亦是必不可少。只有通过对现代精神的关注重释儒学，才能吸引百姓的注目，导其向善，重树儒学的地位。马一浮对传统的梳理，已然开始了对现代问题的关注。就易学而言，马一浮将易道归本于一心之发用流行，并以理气诠解易道，打通理气与心之关系，从一心发用，到理气的形上本论的论证，进而展开为性情关系的人性论，并落实于性修不二的工夫论。在马一浮看来研治六经的目的，是为了穷理尽性以至命，提升自身的道德学问，以与天地合德，日月合明，而不是空谈阔论，它是一种切实可行的实修。②而这种实修之理不仅对国人对西学世界的人们同样也有着现实的指导意义。其实如果说西学的二分式宇宙解读的特点是"to be"的话，而《易》所倡言的义理则重点在"to do"。从马一浮对西学、西化派、古史辨派的评点中，我们能够看到他对传统中所蕴有的普适价值的强调。就其易学言，《易》所倡导的"做"的学问在他看来是更适合于现代社会的。

前文已言，马一浮对易理的阐释是更为传统的，我们能够看到他大量引用佛老特别是佛理诠解易道。他旁征博引，使读者通过三教的对比能多获得一种启发，以明悟易道。在他看来，易理是遍在一切学术之中的，当然也遍在佛理之中。对佛理来说，易理同样有

---

① 滕复：《马一浮思想研究》，中华书局 2001 年版，第 36 页。

② 马一浮言："治经，乃是穷理尽性至命之学。儒者不明性命之理，决不能通六艺。而二氏之徒，乃盛谈性命，末流滋失，于是治经者，乃相戒不谈性命。"（马一浮：《复性书院讲录》卷六，载刘梦溪主编《中国现代学术经典——马一浮卷》，河北教育出版社 1996 年版，第 411 页。）在他看来，六艺为主导的儒学与佛老皆是性命之学，只是佛老的末流未能领悟修证的意义所在，而流于空疏，以致儒学亦有以性命为玄远之学的论断。

其普适性。

就其通过修证所达到的境界而言，儒佛是同本而异迹，两者通过修养体认所达到的境界具有相似性。如他早期时言过，“如定以儒摄佛，亦听以佛摄儒”。[①] “乾元即真如门真如，坤元即生灭门觉义。”[②]

华严的终顿圆三教并用，在易道则为乾坤并列，而易道见乎其中。其本质都是彰显体用一源，显微无间之理，儒教、佛教皆是依据这条进路而各述其理。天地人三才之道皆归于一“道”，苦身、法身、烦恼、般若、结业、解脱也归于同一“本相”。[③]

> 礼乐统于《易》，犹终顿该于圆。礼乐以人道合天地之道，犹以一心开二门，终顿准之。《易》以天地之道冒人道，犹以一法界总收一切法。圆教准之。仁者见之谓之仁，智者见之谓之智。百姓日用而不知，所谓众生心中悉有如来智慧也。继之者善，成之者性，所谓从初发心便成正觉也。[④]

易无方无体无思无为，与华严所说“大方广”有异曲同工之妙。在马一浮看来，从本质上讲，六艺之道与佛老皆是言性命之道，儒与禅皆是因人而起名，其所指之理都是要实证性道。“六艺皆所以明性道，舍性道而言六艺，则其为六艺者非孔子之道也。”[⑤] 宋初诸儒，出入于佛老，而归于六经，即是看到了佛老之说与孔子之旨有相合之处，“固知二氏之说，其精者，皆六艺之所摄也”[⑥]。

就易理与佛理的目的而言，学易是为悟证本体，教人崇德广业以入于圣域。佛教以导人向善修己度人，二者取向一致。他言：

---

① 马一浮：《蠲戏斋文选·与蒋再唐论儒佛义》，载刘梦溪主编《中国现代学术经典——马一浮卷》，河北教育出版社 1996 年版，第 669 页。

② 同上书，第 671 页。

③ 同上。

④ 同上。

⑤ 马一浮：《蠲戏斋文选·儒林典要序》，载刘梦溪主编《中国现代学术经典——马一浮卷》，河北教育出版社 1996 年版，第 684 页。

⑥ 同上。

> 极深研几是成性，崇德广业是成能，开物成务是成位。略如佛氏之三身，极深研几，成就法身。崇德广业，成就报身。开物成务，成就应身。亦即法性身，般若身，解脱身也。①

所谓“合深与几谓之神”，在马一浮的体悟相当于涅槃所谓圆伊三点，非三非一，而三而一。② 周敦颐言“诚精故明。神应故妙。几微故幽”。合诚神几，可谓为圣人。易中之“业”相当于华严的清净相，亦是无相。大业，略如佛氏的无量无边功德。极深研几以成就性德，崇德广业，开物成务以成能成位，体悟圣人境界。佛教的向善度人亦有成圣崇德的目的指向。

就易道所彰明的变易、不易、简易而言，马一浮认为：“变易者，其相也。不易者，其性也。”因此在马先生看来，易教实摄佛教的圆顿教义。③ 也即是佛理中涵摄有易教的普适性精神。如其所说的生灭义，即是易道的变易之理。不生不灭之真相，即是不易义，而不变随缘，随缘不变，则可与简易之理相参。就华严宗来说，真空观，相当于不易义。理事无碍观，相当于变易义。周遍含容观，相当于简易义。易即可以被理解为一真法界。④

马一浮是致力于极深研几之人。洁静精微的易教所显明的义理，在他看来是存在佛教的教义之中的。就“洁静精微”四字言即可以表明其义。“洁”是指不受杂染诸惑，即是无垢义。“静”是指常驻正念，无诸般攀缘杂虑，即不迁义。“精”指能够参透一切法相，即真实义。“微”则指见诸相非相，即深密义。只有透彻见悟了这四点才能算是有得于易教。他言：

---

① 马一浮：《复性书院讲录》卷六，载刘梦溪主编《中国现代学术经典——马一浮卷》，河北教育出版社 1996 年版，第 388 页。

② 同上书，第 389 页。

③ 马一浮：《复性书院讲录》卷二，载刘梦溪主编《中国现代学术经典——马一浮卷》，河北教育出版社 1996 年版，第 167 页。

④ 马一浮：《复性书院讲录》卷六，载刘梦溪主编《中国现代学术经典——马一浮卷》，河北教育出版社 1996 年版，第 378 页。

洁静是止，精微是观。止用艮，动亦定，静亦定也。观用巽，见万物之洁齐也。一切行门用震，一切言教用兑，建化利物用离，万物相见显诸仁，大悲也。会己归寂用坎，万物所归藏诸用，大智也。此即顺乾坤性命之理，得乎易简之德者也。如此方可立人之道。①

止观之说所彰明的也是洁静精微的易理，大悲大智中皆含于坎离震兑的教义，可以归本于乾坤性命之道。因此可言“孝悌、忠恕是一事，出入是一时，菩提、涅槃是一性，尧舜孔佛是一人”②，孔子所宣扬的易教中涵摄了佛教的大义。

概言之，相较于佛理言，易理具有其普适性，易理遍在于佛理之中，因而可相通相合，佛教教义与儒家的礼乐教化并不相悖，“乐是文殊妙智。礼是普贤万行。”③ 他在《三易略义》中较为简明的将易理与儒教、佛理融入一体，以易解儒佛，将儒佛之精神皆看作是对易理的诠解。他认为不易是指体大，成就涅槃德，显法身，在儒家言是指天命之谓性，它不生不灭，是指位而言，以诚而通之。变易是指相大，成就解脱德，显应身，在儒家言是修道之谓教，生灭之所，是气之聚散，万物资始，乾道变化。简易是指用而言，成就般若德，显报身，在儒家言是指率性之谓道，不变随缘，随缘不变，指德而言，是诚之源，诚之立。不易相当于无极而太极，变易概指动而生阳，静而生阴，至简易则复明阴阳一太极，太极本无极。④ 其实如前所述，六艺之教终于易、源于易，而六艺之学又可以统摄一切学问，作为六艺之源之终的《易》中当然存在普适于儒道释三教的义理。1943 年马一浮作《法性颂》一篇：

---

① 马一浮：《复性书院讲录》卷六，载刘梦溪主编《中国现代学术经典——马一浮卷》，河北教育出版社 1996 年版，第 431 页。

② 马一浮：《希言》，收录于《蠲戏斋杂著》，《马一浮集》第一册，浙江古籍出版社、浙江教育出版社 1996 年版，第 833 页。

③ 马一浮：《复性书院讲录》卷六，载刘梦溪主编《中国现代学术经典——马一浮卷》，河北教育出版社 1996 年版，第 388 页。

④ 马一浮：《三易略义》，收录于《蠲戏斋杂著》，《马一浮集》第一册，浙江古籍出版社、浙江教育出版社 1996 年版，第 817 页。

> 《易》无体，物之理。神无方，变化行。有成形，生不生。堕方所，夷为阻。理既得，用其溥。穷神化，无今古。若有疑，问尼父。①

易道所倡扬的义理即是法性之所在，它周流六虚上下无常，无体无方，它遍在于古今中外的一切文化中，昭示出极深研几、崇德广业、开物成务的进德修业的内圣外王进路，具有其越超时空的价值。

马一浮的易学进路与熊十力相比显然是更为传统的。熊氏的易学方法是以西学本体论的形式重构易学架构，将现代性的问题融入易理之中，其内容和参照系都有了较为明确的转换，他所要解决的问题是直指中国现代社会及西方社会的弊病，力图从对易学史梳理、易学体系的构建中开出中国的科学、民主乃至社会主义的现代理念。马一浮与熊十力的书信往来及逸事中可以看出，他对熊氏的观点还是赞同的，甚至是推崇有加的，“盖确然有见于本体之流行，故一皆出自胸襟，沛然莫之能御”②。“唯有以见夫至赜而皆如，至动而贞夫一，故能资万物之始而不遗，冒天下之道而不过，浩浩焉与大化同流，而泊然为万象之主。斯谓尽物知天，如示诸掌矣。此吾友熊十力之书所为作也。”③ 但马一浮关注的并不是重新建构起本体论以论证传统中有无科学、民主等现代理念，而是传统中是否存在越超时空的普适性价值的问题。他将中西学术、人类文化从逻辑上皆归于六艺，就是要从六艺中，进而从《易》中找寻可以支撑世界的普适性理念。《易》所倡言的性命之学，进而展开至性修不二的实证工夫，都被他理解为遍在于一切学术中，在逻辑上应该指导一切文化的思想核心之所在。因此他才能在气度上彰显出一种博大

① 马一浮：《法性颂》，《杂著·其他》，《马一浮集》第二册，浙江古籍出版社、浙江教育出版社1996年版，第1256页。

② 马一浮：《蠲戏斋文选·新唯识论序》，载刘梦溪主编《中国现代学术经典——马一浮卷》，河北教育出版社1996年版，第678页。

③ 同上书，第677页。

胸襟，发出用中国文化影响甚至导引世界文化的论断，以此表明了易学的现代意义，进而挺立了传统的现代价值。

三　结语

经过以上分析，马一浮易学思想可以归列为如下六点：

1. 就马一浮的易学进路而言，他是从凸显《易》中所含有的普适性价值的角度彰显易学的现代意义。其具体的论述是在六艺视域中展开。他将天下学术收归于六艺，认为六艺中含摄可以指导一切学术、文化的普适性理念，天下之一切学术、文化也都可以于六艺中获得启示。进而他将六艺之学归于《易》，就易学之地位而言，马一浮认为《易》在中国学术乃至世界学术中处于“体”之位置，它是核心之核心。易教所倡言的义理当然有其越超时空的普遍性价值。而这些价值在马一浮看来，主要于《十翼》中彰显而出。立足于中国传统，马一浮为天下学术、文化刻画出这样一条逻辑上的谱系，即：天下学术—六艺之学—易学—《十翼》。马一浮通过中西学术的比较，以为世界文化寻求共性的视角，在《易》中确立了世界文化的基本观念。他认为易教所阐发的义理，不仅可以指导国人亦可以改变世界。通过对易理的普适性价值的强调，马一浮完成了他对易理的新阐释，从而为易学找到了现代意义。

2. 从《易》所彰明的普适性价值而言，他认为易道所显明的性命之理即具有越超时空的价值。他以心外无易的命题保证了易道中存有普适性价值的可能性，进而将这一价值归结于性命之理，并通过理气关系将性命之理落实于性修不二的工夫论中。在马一浮看来，中西学术之差别即在于中国学术在求真的过程中有其道德的指向性，因而不会囿于一偏。同时他也依据性修不二之理，强调任何学术的修习都应有益于心性道德的培养，也就是说要有其价值判断。就当时之学术研究的情形而言，国内治西学者却大都放弃了中国学术的特色，以西学的方式研究中国学术，而没有注意到以《易》为首的六艺学术的重点不在于知识的累积，而在于道德提升，经由极深研几，崇德广业，以开物成务。欧洲哲学也是背离了道德的指向，因而问题百出。所以中西之一切学术皆应反观于《易》，从《易》中获得新的启迪，以开出新的“意义”世界。

3. 从其对疑古派经传晚出说的回应来看，马一浮认为所谓文王周公演卦系辞的说法并不可信，但孔子晚年系《易》还是可考的，时间大概是其70岁时，《十翼》即是孔子所阐发义理的完整存留。所以易道之真精神当是存于《十翼》之中。在孔子之前，易只是掌于太卜之手，并不是以道德教化为主。真正将《易经》引向德教有迹可循之人就是孔子。易教，也就是在《十翼》产生后才被发扬光大的。而疑古派的历史研究方法，在马一浮看来，并不可行，他直斥之为不可救药。因为在他看来，易学是活生生的，有其生命力的，也即是易教中含有超越时空的普适性的价值。而西化派、疑古派的研究方法是以一种历史的考据法，将其仅作为一种博物馆中的文本进行整理。古史辨的进路在马一浮看来，本质上即是西学的路子，因而离道甚远。

4. 就其将天下学术原于易、终于易而言，马一浮的论证方式是带有本体论意味的。他试图为世界文化找出逻辑上的核心基础也就是“本体”所在。本体是一，遍在于一切学术中，一切学术皆归于本体，终于本体。《易》就是马一浮论证而得的文本上的天下学术的本体。世界上的一切学术皆可以归入于《易》所倡导的普适性价值。而《易》之核心又在《十翼》。可以说马一浮的论证方式是一种探本求源的本体论方式。从马一浮对易学内容的阐发中，我们很难找到西方学术对其思想的影响，但就其对中西学术这种总结中我们还是能够体会到西学哲学本体论思维模式在马一浮思维方式上所留下的一点印迹。

5. 虽然就中西学术判教过程中，马一浮思维方式有本体论的意味，但一落入对易学具体内容的探讨，则其方式则完全是中国传统方式。他并没有引入本体论、宇宙论、人生论等方式一如胡适与冯友兰那样分割易学，而是从体用、理气、道器、性修的角度，以“十大”为核心理念，从儒道佛三教的对比中彰显出易学的特色。同时又以易学中所彰显的心性之学，批评西方哲学的物我二分的对待观念，对西化派及古史辨派马一浮也有过不客气的指责。在此点上，他与熊十力的观点基本是一致的。

6. 就马一浮所发挥之义理而言，马一浮的易学思想表现出浓厚的宋明理学的味道，他力图从易学的角度合会朱陆。马一浮认为心外无卦，心外无象，心外无易，易道所昭示之理其实即是心之理。学易之目的不在于增加知识而是要通过《易》所指出来的崇德广业之道以修行淬炼，提升人生境界。在他看来，易道所教本质即是一个行仁之道。他言太极象心，万象变迁皆是因心而动。马一浮显然不是从生成论的层面提出这一论断，在他看来天地万物之意义皆是由于人的存在而被赋予，吉凶悔吝亦是因心之动念而产生。卦爻象所昭示的不是外在客观存在的物象，而是被赋予了人的主观（心观）的物象。所以说观象即是观心，心外无象。性命之理，在他看来，最终必会落实于性修关系之中。穷理尽性至命一语，即暗合了性修的合一。所以不可以执性废修，亦不能修而不知性。概括来讲，就形上层面而言，全理是气，全气是理，而理归本心。就人性论言，全情是性，全性是情，就工夫论言则全性起修，全修在性。从本体观至人性观至工夫论，马一浮保持了思想上的逻辑一贯性。

综上所述，马一浮解易进路重在寻求《易》中的普适性价值。他将天下学术归入六艺，进而于六艺之中突出易学的本体地位，阐述其遍在一切学术的越超时空之价值。就《易》与其他五艺的关系看，易为体，其他五艺为用，原与终的作用被赋予《易》，从而表现出一种本体论的倾向。通过对《易》中普适性价值的彰显，马一浮重新树立了易学的思想史地位，并为其找到了存在的现代价值。在马一浮看来，以易为基础的六艺之道是向前的、普遍的、平民的、平等的，是真美善的，是活生生的，是有着生命力的。所以不能以纯历史文献学的角度研究它。马一浮通过对《易》之地位作用的分析，以儒学为本位判定了儒道释三教的地位，又站在传统的角度，从理论上解决了传统学术与西学的关系问题，进而树立起学术的自信，以自己的行动鼓舞起民族自强的信心。可以说，马一浮的六艺论，在当时是一面高举的传统文化大旗。但我们亦应注意到，他的解易方式还是比较传统的，其易学思想对西学的融纳并不突出，而多是从传统内部入手，从儒道释三教的对比中，表明易道中心性之学的普适性，只是以一种曲折的方式关注到了现代性的问题。以易学融纳现代性问题，进而凸显易学的现代价值的任务主要是由熊十力来完成的。

第二章

从现代性解易：熊十力现代价值视域中的易学重建

熊十力之易学，是由切身体验而来，其言“唯余少时革命，三十五岁后，始专心治学，务为强探力索、不惮艰苦”，① “余年四十以前，于儒学独无甚解悟，及深玩佛家唯识论，渐发其短不当墨守而求真之念益迫”②，可以说，熊氏之学问进路是先斥儒学而游于佛，后证于儒，合儒道佛而归宗于易。他认为佛教之进路是逆生生之流而行，以一心宏愿，不惜平沉大地，粉碎虚空，以建立清净之地，但“其于至空而大有、至寂而大生之德用，却从不道及，终是见地有偏蔽在”③。而道家守虚静，而不敢为天下先。儒家的进路却是以《大易》为代表，“惟顺其固有生生不息之几，新新而弗用其故，进进而不舍其健，会万物为一己，于形色识本性，流行即主宰，相对即无对”④。因此，他认为易之本意即流行、即变化，《易经》亦即是变经，乾坤皆是一健，体用并即是一元，翕辟而变。熊氏择取了《周易》中“变”的观念，以此为核心展开论述。宇宙即是乾元本体变生不息的过程，大化流行，生生而不已。熊氏将宇宙本体的变易理解为“生生”，将生生之德诠解为“仁德”，进而将

---

① 熊十力：《新唯识论》（删定本），《熊十力全集》卷六，湖北教育出版社2001年版，第5页。

② 同上。

③ 同上书，第6页。熊氏认为，空宗所领悟之本体，是从虚寂处言，对人生之意义持一种否定之态度，因而其所参悟之体遂成无用之体，宇宙之变生也无法从此体之参悟而得以透解。熊氏之对空宗的短处的界定当然有其现实的意义。熊氏之目的，是欲求一真论救治国民之弊病，而“佛学无论若何高远，而其出世之宗教精神，终无可振起衰疲之族类”。（同上书，第11页。）因而不能解决熊氏现世的关怀问题。

④ 熊十力：《原儒》，中国人民大学出版社2006年版，第88页。

“仁德”解释成“健德”，乾元本体变生不已之进程，即是健德流行不息之进程。所以在熊氏看来，宇宙即是一个充满生机的乾进演化的过程。人生而立于天地之间，当本乾元之德体认天命之流行，进而证体悟体。

那么相较于传统易学，熊氏之易学思想新在何处呢？艾耶尔说：“哲学的进步不在于任何古老问题的消失，也不在于那些有冲突的派别中一方或另一方的优势增长，而是在于提出各种问题的方式的变化，以及对解决问题的特点不断增长的一致性程度。”① 熊氏易学思想的新即是在于从新的角度即以西方哲学作为参照系的角度，新的问题即科学民主自由等现代社会所关注和研究的问题，对传统经学尤其是易学思想做出梳理。他所突出的是易学中涵摄有对现代问题的解答，可以从易学中导出现代社会所高蹈的理念。也即是易学可以在关注天人性命的形上问题的同时，能从极高明的天人之学中开出形而下的科学民主自由等理念，从而与西方观念相契合，并且补其不足，凸显传统的人文价值关怀，解决人生问题，安顿现实心灵，从而完成“极高明而道中庸”的进路。

> 他对《周易》《春秋》《周礼》及《礼运》等儒经的独特解释以及对历代政治学术的评论，几乎全是围绕民主革命和自由平等社会理想的设计这一主题。②

熊十力的用意是要在学理上将自由平等民主等理念根植于传统之中，从而挺立传统的价值。熊氏的这种易学进路对其后学的影响是深远的。在他之后现代新儒家的“内圣外王”的理念架构及“返本开新”的方法论，皆可以说是在其新易学的推动下演进生发而来。如何从心性修养的内圣中开发出科学、民主的外王成为其后的诸多钟情于儒家的学者思考的问题。如其弟子牟宗三即是打出返本开新的旗号，通过良知的坎陷，意图从内圣开出科学民主的新外王。而

① 艾耶尔：《二十世纪哲学》，上海译文出版社 1987 年版，第 19 页。

② 萧萐父：《纪念熊十力先生诞生一百周年学术讨论会开幕词》，《熊十力全集》附录下，湖北教育出版社 2001 年版，第 896 页。

这种对科学民主等问题的关注，在马一浮的易学解读中并不突出，他还是主要限于心性修养的问题，并以此作为易学的普适性价值，通过对易道中心性理论的普适价值的阐释，挺立《易》之地位。而熊十力在关注心性问题的同时，明确将科学、民主、自由、平等乃至社会主义等现代话题融入易学之中，通过对易理的新阐释彰显出对人生价值、意义世界的肯定，于易学中接纳现代性的观念，以此来表明易学的现代价值和历史意义。可以说对现代性话题的回应是熊氏解易最为突出的特色。

熊氏以易为六经之首，认为大易之道可以包融科学，导出当今之政治民主。在他看来，中西相较而言，人有之的，传统经典已有，人无之的，经学中亦有。易学的独到处即在于，其中不仅存在科学民主的因素或观念，还具有可以穷理尽性以至于命的心性修养功夫，可以安顿人的心灵，解决人生意义的问题。这正是易学与西方哲学、宗教、科学的不同之处，也是传统的价值所在。但熊氏新易学的构建所面临的主要问题，并不是分析心性修养的内圣学与西学主客二分如何不同，这在马一浮那里已经有了较完善的回答，而是如何从被认定为倡导男尊女卑、三纲五常的易学中开出科学、民主、平等、自由等现代价值。本书即以此为视角考察熊氏如何从现代性角度诠解易学以构建新的哲学体系。

熊氏的易学思想集中体现于《体用论》《明心篇》《乾坤衍》《原儒》《读经示要》《十力语要》《新唯识论》《论六经》以及与友人往来的书信中。《体用论》《明心篇》《乾坤衍》为其晚年之论，与其在《新唯识论》《原儒》《论六经》等文中所述思想相较，其思想更为缜密，立论也更为完善。可以说熊氏之易学体系的建立是有其过程的，如若以《新唯识论》（文言本）作为其哲学建立的标志，那么其后诸论皆是在此基础上的修改，甚至重编。熊氏言"《新论》文言本犹融易以入佛，至语体本则宗主在易，惟绳佛之短而融其长"①。而"《新论》谈体用，在易则为内圣学之方面，于外

① 熊十力：《新唯识论》（删定本），《熊十力全集》卷六，湖北教育出版社2001年版，第19页。

王学不便涉及，此书立言有领域故。尝欲造《大义广传》一书，通论内圣外王而尤致详于太平大同之条理，未知暮年精力遂此愿否?”[①] 其晚年的《体用论》《明心篇》《乾坤衍》遂可以视为易学体系的定论。[②] 熊氏于中国传统哲学中，凸显了易学的重要性，以致归宗于易，为其整合构建自己的哲学体系寻求到了坚实的可靠性。熊氏从儒学的角度考证了《周易》经传的作者、年代、地位、思想，并从现代性的话题入手，重写易学史。熊氏认为“中国哲学思想之正统派即儒家”[③]，而易为儒家精神的集中体现，他进而引入西方哲学、科学、宗教的视角，通过与西方文化的比较，于易学为首的经学中勾勒彰显出科学、民主、平等的内涵。他所构筑的新易学，既不舍传统的精神，希望以易学所表彰的心性修养功夫补充西学的不足，同时又可以解决科学、民主等现代社会主流话语的问题，融入现代价值理念。

近代西方哲学的主流是建构形而上的本体论，他们认为对无限本体的追求是人之天性所在。在西学影响下，熊氏也致力于以本体论、宇宙论的方式说明易学的问题。雅斯贝尔斯说：“哲学所力求的目标在于领悟人的现实境况中的那个实在。”海德格尔也以领悟此在之意义作为本体论的根本问题。本体论或形上学的实质，在现代哲学看来亦不只是对宇宙之本源或本体做一追问，以解决宇宙图式构架的问题，做一种近于科学的研究，而是试图要超越生命的有限性。当人面对世间的偶然与生命的无常，人生之渺小于此无限宇宙的意义不能不成为人所要追寻的问题。人对存在意义的思考，正是基于人生的有限性基础。本体论就是解决这样一种有限达到无限何以可能的问题。而对于超越有限性的方式，中西文化的差异是明

---

① 熊十力:《新唯识论》(删定本),《熊十力全集》卷六，湖北教育出版社 2001 年版，第 21 页。

② 有学者将《乾坤衍》认为《大易广传》的核心部分，笔者赞同此论，因就熊氏的哲学体系看，《乾坤衍》所论述正是合内外而统言之。熊氏在《乾坤衍》自序中亦言该书之第二部广义即是“推演、扩充，以弘广大易之义也”。(熊十力:《乾坤衍》,《熊十力全集》卷七，湖北教育出版社 2001 年版，第 334 页。）这与在《新唯识论》(删定本）所言相同。

③ 熊十力:《论六经》,《熊十力全集》卷五，湖北教育出版社 2001 年版，第 664 页。

显的。熊氏易学本体论重建的努力，正是有感于此。熊氏将体用不二视为其本体论的核心命题，翕辟成变是其宇宙论的致思方向，而天人不二为其人生论的究竟指向，[①] 从而构建出一套从本体论、宇宙论至人生论的完整体系。以这种西方哲学的言说方式，熊十力阐明了易理中的科学、民主观念，彰显了易道对人生价值、意义世界的肯定。

就当今社会看，随着科技的发展，经济的融合，文化的交融，"一种全球眼光和全球意识已经成为当代文化意识的核心"[②]，"天下同归而殊途，一致而百虑"，文化和而不同的社会是美好而令人期慕的，但就目前人类各种类型文化的冲突与融合的过程来看，道路是漫长而曲折的。但一种文化立于现在的民族之林，若保持其生命和活力，则必须回到自己文明的根源处寻求活水源泉。这种回溯应是以当前时代的问题为基础的，应是全球文化视野内的一种全球意识的反观和审视。文明的对话、世界性的沟通，是在知识经济前景下文化发展的一个必不可少的环节。虽然民族文化的复兴运动，首先所要面对和解决的问题是本文化区域内的问题，但一种仅限于回答区域问题而缺乏世界性视野的文明，其发展的前景是不容乐观的。熊氏的新易学体系的构建，就已为新儒学开启了一种世界性眼光，其以"平等心究观古今各大学派"，出入于儒道佛，融会中西，所以其学或称为新儒家、或称为新佛家、或新法相宗、或新陆王学、或新易学[③]，虽然难以某种范式确立熊氏之学范围，但这些称

---

① 熊十力言："《新论》于本体论方面，则以体用不二为宗极。佛家生灭不生灭折成二片，西哲则实体与现象终欠圆融，《新论》确救其失。于宇宙论方面，以翕辟成变为极要。西洋唯心唯物，其短长兹不及论，非心非物，不穷变化之原，余尤恶其矫乱。《新论》翕辟义，盖以流行有象谓之物，流行中有主宰谓之心，自是实际理地。如今人罗素辈之关系论，则宇宙便空洞无生命，尽管精于解析，究是肤浅戏论。于人生论方面，以天人不二为究竟。西哲对此问题，殊不可解决。吾国汉儒言天人，亦是隔截，宋儒亦有承汉人之误，明季王船山更严辨天人层级，其误尤甚。现代人生注重现实，当不感及此，然国际经济问题合理解决，人类究有向上而发扬灵性生活之要求。"（熊十力：《新唯识论》（删定本），《熊十力全集》卷六，湖北教育出版社 2001 年版，第 20 页。）

② 余敦康：《回到轴心时期——金岳霖、冯友兰、熊十力三先生关于易道的探索》，载《内圣外王的贯通——北宋易学的现代阐释》，学林出版社 1997 年版，第 536 页。

③ 萧萐父：《纪念熊十力先生诞生一百周年学术讨论会开幕词》，《熊十力全集》附录下，湖北教育出版社 2001 年版，第 896 页。

谓皆凸显了熊氏之学的新意。熊氏自言，“吾惟以真理为归，本不拘宗派”，[①] 他对哲学定义的界定、对科学性质的分析、对经学意义的阐释以及对大易精神的提炼都体现出了这种全球化的视界。本书即从其易学的角度探析熊氏立言宗旨，虽可能是一孔之见，但也希望能窥一斑而知全貌。

一 以易为尊：重立易学地位

熊十力认为，无论从思想史上还是从现代性上，易学都是处于中国学术的核心位置。易学中不仅存有心性修养等内圣学的精神，从中可以引出科学民主的现代性观念。

（一）《易》的传统地位

就中国思想史而言，熊十力认为儒道之学皆可归宗于易，三玄之学也是以易为本根[②]，中国传统文化之根基在熊氏看来是存在易学中的。

与马一浮一样，熊十力也认为六经统诸子，他言：“友人马一浮讲学国立浙江大学时，其讲词，以六经统诸子。世或议其无有义

① 熊十力：《新唯识论》（语体本），中华书局1994年版，第288页。熊氏40岁后体悟到儒道佛之不同，而归宗于易。但其实亦只是以易学为载体，融摄其他思想，他体会出“六经皆我注脚”的真义，广开视野，求真探玄，实不能以派系而论之。他说：“余之学佛学儒，乃至其他，都不是为专家之业，而确是对于宇宙人生诸大问题求得明了正确之解决。余信从大学派，皆积人积世而演进，虽晦明有时，要各有独到与真是处，不可薄也。”可为明证。（参见熊十力《新唯识论》（删定本），《熊十力全集》卷六，湖北教育出版社2001年版，第6页。）熊氏对于所要建立的新哲学说：“吾主张今日言哲学，当旷览中外，去门户而尚宏通，远褊狭而求圆观。”（《答张通旦》，《十力语要》卷三，《熊十力全集》卷四，湖北教育出版社2001年版，第376页。）以一种开放的心态接受西学，中西古今皆成为熊氏哲学的注脚。

② 熊十力言：“老子‘一生二、二生三’之说，盖本于卦。每卦皆以三爻明变，老氏申述此旨也。庄子尊孔而述老，其学渊于《易》，又不待言。魏晋人推本《周易》、老、庄，谓之三玄，不为无见。”（《十力语要·卷一》，《熊十力全集》卷四，湖北教育出版社2001年版，第33页。）

据，其实一浮所见甚是。”[①] 将诸子之学认定为出于六经，熊氏与马一浮的理解与其说是学理的考证，不如说是对归宗儒家的一种信仰。熊氏言：“晚周六大学派，儒为正统，墨、道、名、农、法，同出于儒而各自成家，各辟天地。”[②] 在熊氏看来，六经广大悉备，天道，人事，物理，无所不存。墨家源自《春秋》《尚书》。道家源于《易》，法家以《春秋》与《礼》为主旨，名家源自《易》《春秋》二经，农家源自《诗经》。[③] 诸子皆是得于六经的一偏而引申阐发，“哲学家皆自鸣一家之学，虽有得于经，固不以说经为事也。”[④] 他引入哲学的概念，认为诸子之学恰似于西方哲学，诸子亦称为哲学家，虽有得于经，但却不见大道。他们皆自认体会出真理，其实不过是六经要义的一部分，并没有直探本体，更没有达到证体悟道的境界。就六经而言，《易》为其本，《诗》《书》《礼》《乐》皆为《大易》《春秋》的羽翼。《易》与《春秋》相较，则

---

① 熊十力：《读经示要》卷二，《熊十力全集》卷三，湖北教育出版社 2001 年版，第 749 页。

② 熊十力：《原儒》，中国人民大学出版社 2006 年版，第 44 页。

③ 熊十力：《读经示要》卷二，《熊十力全集》卷三，湖北教育出版社 2001 年版，第 749 页。以道家为例，熊氏认为“道家元是易之别派”。（熊十力：《读经示要·自序》，《熊十力全集》卷三，湖北教育出版社 2001 年版，第 883 页。）老子之学本是源于《易经》，老子对道的理解即是一种对乾元道体的道家式的解读。“有物混成，先天地生”是假言先天地生，以阐明道体恒常自在，亘古现成，不从他生，即是无灭的。“寂兮寥兮，独立而不改，周行而不殆，以为天下母”是表明乾元道体的无形无象，既能恒如其性，又显现为大用，流行而不已，生生而不息，天下万物皆因乾元道体而产生。熊氏认为老子之学守柔贵雌，虽然大体不失易之旨趣，但与《十翼》相较，也有其不足。熊氏主张乾坤一元，乾坤皆是健德之发用流行，因此相较于老子之说，老学重虚静即是未见得道体的健德流行，因而是偏于一处。“其实，本体现为大用，纯是刚健，故流不已。老子耽虚静，于健德没理会。由此，谈人生，谈治化，便多差谬。”（熊十力：《读经示要》卷二，《熊十力全集》卷三，湖北教育出版社 2001 年版，第 731 页。）就《老子》与《易经》的关系而言，熊氏以老出自于易，显然是受其儒家道统观念的支配，这与冯友兰先生将老子思想的产生列于孔子之后有着相同的理念信仰问题。但熊氏的立说，只是以易经大义立论，未做具体的社会历史等方面的考证。不过其目的不是要对思想进程做一种客观的考察，而且以六经注我的方式，生发出自己的哲学系统。从这点看，熊氏以老出自于易，也是有其思想史上的意义的。

④ 熊十力：《读经示要》卷三，《熊十力全集》卷三，湖北教育出版社 2001 年版，第 876 页。

《易经》是更为重要的经典，它是五经之源头所在。①

就《易》中所阐明的义理看，熊氏将易道归结为“穷理尽性至命”一句。将儒学作为中国哲学的正统，是熊氏出佛入儒归宗于易后的基本观点，“儒学以孔子为宗师，孔子哲学之根本大典，首推《易传》。而易则远绍羲皇”②。进一步言“中国哲学思想，归于《易》所云‘穷理尽性至命’”③。而就儒家言，熊氏认为孔子之学即是内圣外王之学，他以阳明心即理、心即性为圭臬，成己与成物为一本，内圣外王为一致，“穷理尽性以至于命”遂也被熊氏看作是对内圣外王之学最为至简又至深的概括。熊氏反复强调对这一句的认识，他先是从传统解易的理路阐发此命题。他认为理是指至极本原之理，理之在人则为性；理之为万化之大原，流行不息，则为命。穷理是指反躬而自识；尽性是指要实现理之在我者，而使其无所亏欠；至命，则是顺应大化的生生不息，与之为一而不逆行。④熊氏说：

> 《新论》所谈本体，即此理也、性也、命也，名三而实一也。穷也、尽也、至也，则《新论》所云见体，或证体之谓也。……彼乃反诸自身，识得有个与天地万物同体的真宰，炯然在中，《新论》所谓性智是也。⑤

理、性、命三者异名而实同，皆是本然之体在不同主体上之发现流行。穷尽至为功夫之法，是见体证体悟性知命的方法。《易》之为

---

① 熊十力言：“仲尼祖述尧舜，宪章文武，其发明内圣外王之道，莫妙于《大易》《春秋》。《诗》《书》《礼》《乐》，皆与二经相羽翼。此讲特详二经。二经通，而余经亦可通也。议者或谓余实以《新论》说经，是固然矣。夫《易》《春秋》虽并称，而汉人相传，《易》为五经之源，比《春秋》尤尊矣。惜乎汉师乱于术数，宋儒略于思辨。”（熊十力：《读经示要·自序》，《熊十力全集》卷三，湖北教育出版社 2001 年版，第 556 页。）

② 熊十力：《读经示要》卷二，《熊十力全集》卷三，湖北教育出版社 2001 年版，第 747 页。

③ 《十力语要·卷三》，《熊十力全集》卷四，湖北教育出版社 2001 年版，第 353 页。

④ 熊十力：《原儒》，中国人民大学出版社 2006 年版，第 21 页。

⑤ 《十力语要·卷三》，《熊十力全集》卷四，湖北教育出版社 2001 年版，第 353 页。

书，即是阐明此理。所以理通中国哲学，会通传统之精神不可不懂《易》。

总而言之，在熊氏看来，诸子之学皆源于六经，六经之学以易为宗，虽然从哲学史的角度，熊氏的观点缺乏成立的可信性，但就思想史而言，熊氏立论的目的是为凸显儒家的正统，进而彰显易学的地位。当儒学已被定义为落后并且制约社会前进的羁绊，如何重树儒学的现代性，以区别于顽固的保守派及虚无主义的西化派，表现儒学的现实意义，彰显传统的价值成为新儒家们共同致思的问题。熊氏出佛入儒最终归宗于易，正是因为他从自己早期的革命实践和社会经历中体会出儒学健进精神对民族救亡图存的重要性。熊氏将儒道皆归宗于易，并认为易道所彰显的是健德流行的形上观，也因此有了现实的观照。若其分析仅局限于此，则熊十力与马一浮的区别就不甚明了，熊氏之高明处是在循传统理路阐明义理的基础上更进一步，将现代观念打入其中，从而使现代新儒家的解易之路更进一层。

（二）以现代性解读易道

就传统中国哲学而言，本体是指事物之本然状态，如“太虚即气，万物之本体”。体多与用相对，如“无之以为体，有之以为用”。中国哲学中的本体论更多以天人、有无、体用、道器等理念体现，虽然其中亦涵摄西方本体论与本原论的问题，但其主要考量却不在于此，而是通由天道的设定以言论人事人生的问题。熊氏言，“学不究体，自宇宙论言之，万化无源，万物无本。”“学不究体，自人生论言之，无有归宿。”“学不究体，道德无内在根源。”“学不究体，治化无基。”“学不究体，知识论上，无有知源。”[①] 宇宙论、人生论、知识论、道德涵养、治化之基皆从体而出，只有确立了形上之体，立于其上的一切理论才有探讨的可能。这里的本体，就是指形上的天道之理。

---

① 熊十力：《十力语要》，《熊十力全集》卷四，湖北教育出版社2001年版，第7页。

而就西方哲学而言，对于本体也有不同的观点和看法，我们可以这样认为，本体具有双层的意义指向，既作为客观理性分析描述的对象，又是人自身体验的存在，也就是人当下的体验（dasein），在世界内的存在（being-in-the-world）。作为客观考量的本体，在以海德格尔为代表的当代哲学家看来，只是基于客观现实性或工具理性的思考，它对人所面临的生存意义、人内心的存在体验并没有涉及，因而科学主义、逻辑实证主义不能解决人生存在意义的问题。熊氏对于西方哲学的分析，大体是看到了西方哲学科学主义传统所带来的弊病，通过对中西哲学这一层面的对比，凸显以易学思想为核心的经学思想的人文价值。其实就西方哲学而言也是有其人文的传统，雅斯贝尔斯、海德格尔等现代西方哲学家对古典哲学的批判正是西方人文主义传统的发展。

熊氏处于当时的时代，对西方哲学的了解当然不及现代人深厚。他认为就本体论而言，中西方的进路不同。西方哲学中可以由本体论引出科学，从根源处讲西方现代科学的发展可以说是其哲学理念展开而带来的结果。就民主而言，也是因于其哲学中对个体价值的重视而展开。但不能因此就说，易学中没有科学与民主的观念。在易学的发展史中就存在中国的科学、民主等思想的发生、演进的过程，这些观点熊氏通过对易学史的重写诠释出来，笔者将在第二节详述。

在熊氏看来，在科技日益繁杂的今天，简单的否定科学抱守经学是不行的，他的进路是要证明经学本就包融有科学。他言："夫经学之于科学，本有可融摄，而不待强为凑合者。大学之教，注重格物，其源甚古。易之为书，名数为经，质力为纬。自然科学，靡不包通。而制器尚象，则工程技术，于是造端。"① 自然科学的发展可于易学中得到启示，经学与科学在熊氏看来本就存在可以相通的精神，因而大可不必对传统一概否定，去主张完全西化，而应于传统中寻求智慧的所在。熊氏当然不是抱残守缺之人，他对经学的认

① 熊十力：《读经示要》卷二，《熊十力全集》卷三，湖北教育出版社 2001 年版，第 726 页。

识，特别是对《周易》的认识，已经脱离了传统解经的视角，而是将传统的经学变成了一种融通科学、民主的工具，以此来证明传统文化的活力所在。

从自然科学的视角，熊氏看到了易学中存在科学精神。如他对易之阴阳观念的解释：

> 易之阴阳，其义无所不在。如就自然科学言，阴则为质，阳则为力。六十四卦，以阴阳错综，明宇宙万象之律则。而其究极之义，则阴亦阳之凝成，并非离阳而别为实有。即宇宙唯是能力而已。自然科学之理论，何能外此。①

物质与力皆可用以重新诠解阴阳观念，自然科学的理论也即不在易道之外。单就《易》所阐发的义理而言，如前所说，他认为易学之核心命题当在“穷理尽性以至于命”一句，在此性命之理中也存在中国式的科学观。穷理之功，当然也可解读成对科学的追求。因此当我们重读《周易》时就不能仅以心性修养的性命之学观照易理，而是要放开胸襟于其中读出科学的精神。他说：

> 六经浩博，而大易尤为奇特。五经皆与易互相发明，《易传》肇于孔子，本富于科学思想。而汉儒以阴阳家言乱之，全失十翼之旨。西洋科学输入，而后圣人智周万物，道济天下之实，可得而窥。学问之事，先圣见其大，后贤造其微。孰谓经学、科学如柄凿不能入哉？治经，而后见其为科学之导源。此必须读经者一也。②

传统义理派读经之目的在于明了其中的微言大义，通经以致用，由心性之修养而希贤希圣，进而平治天下以求外王之功。熊氏之读经与此相较，已然有了现代性的转换，即读经要带有当今科学民主之

---

① 熊十力：《读经示要》卷二，《熊十力全集》卷三，湖北教育出版社 2001 年版，第 727 页。

② 同上。

视野，通过对经义的了解，明了经学与科学的关系，知道科学并不是经学之外的事，甚至经学、易学皆是科学的发源之端。

从社会科学看，熊氏也认为易学中存在民主自由的理念。他说："群变，谓人群事变。"[①] 易经是讲变化之书，于变中寻求不变之治世原则。易学绝不是只讲天道之书，而是因天道以明人事，最终指向是要落实在人文化成上。

> 易曰"裁成天地之道"，明非因任自然而已。贵以人治，裁正天行。曰"辅相万物之宜"，而相助为理。非可有独裁者，孤行其是，宰制万物，而纵其大欲与野心也。此自由之极也。[②]

自由不是孤行其旨，宰制万物，而是要因顺自然之理，参与天地之变化。能够裁成天地之道，与地参，才是自由的极致。那种将自然做客观的物我对待，以图穷尽自然之理，宰制万物的观念，熊氏是不赞成的。但我们亦不能否认易道中涵摄有自由的理念。就民主而言，熊氏认为乾卦《文言》"亢龙有悔，穷之灾也"中所言"亢者，居上而不能下之意。龙为人君之象。有悔者，不安之谓。独夫统治天下，其势已穷，灾害将至也"[③]。封建帝制并不可长久，民主之制才是长久之道。熊氏富有现代性的解读为易学注入了新意。在他看来，自由、民主、平等是易学中本就涵摄的内容，是孔子所要倡扬的微言大义，只要不合于这些观念的论断都是后人窜杂进易道中的。他说"昔人多信《易经》最可靠，余以为《易经》被窜乱处当较少，而亦非绝无秦汉间人窜乱者"[④]。如《系辞传》中的"天尊地卑，乾坤定矣。卑高以陈，贵贱位矣。动静有常，刚柔断矣"一句，在熊氏看来，即与易之主旨相违背。传统之讲法，认为天尊地卑即言上尊而下卑，君尊臣卑，父尊而子卑，男尊而女卑。

① 熊十力：《读经示要》卷二，《熊十力全集》卷三，湖北教育出版社 2001 年版，第 727 页。

② 同上。

③ 熊十力：《原儒》，中国人民大学出版社 2006 年版，第 94 页。

④ 同上书，第 69 页。

但熊氏认为这是后儒窜入经文的一句，他说：

> 《论语·里仁篇》："定公问君使臣，臣事君，如之何？"孔子对曰："君使臣以礼，臣事君以忠。"详玩孔子之意，则君与臣在人格和道义上纯属平等。君不以礼使臣，则臣当反抗无道之君，不以奴颜婢膝为忠也，何至以君尊臣卑为一定之分乎？且《革卦》明明主张革命，若尊卑有定分，臣民可行革命之事而弑其君乎？故知其背叛《易》义也。卑高云云，与上语同义，无须复驳。①

按熊氏的分析，君臣关系在道义与人格上，两者是平等的，各守其礼相对相待，本没有君为臣纲之意，而且君臣的地位是可以相互转化的，革卦之意就是说此。就夫妇关系而言，"乾阳坤阴，故乾有夫象，坤有妇象。男女平等者，言人道不宜相凌也。夫自正以率妇，妇执顺以相夫，则夫妇之伦所当然也。"② 男女地位也是平等的，夫妇亦是各按其理行事，不存在地位上的尊卑。而汉宋诸儒皆是于易中寻求一种等级差别的合理依据，这并不是易学所要彰显的义理，因而亦有厘定其学说的必要。客观的言，《易经》中丰富的治世经验当然可以为当代社会的治理提供思想的参考，但熊氏的观念更为激进一些，他认为易中所包含的理念实是当代社会科学民主的源泉，只是因为后人被杂说所乱，无法理解其中的真意，而西方科学民主观念的传入正是开启了对易学理解的户牖，人们可以以此窥见易学的博大精深。

概言之，熊氏将科学民主理念赋予易学以证明其现代性。在他看来，由于历史的原因《大易》中的科学、民主的理念被遮掩不现，那么就有必要对易学史的发展做一种梳理的工作以澄清历史。其实与其说熊氏是完成一种历史的澄清，不如说他在做一种易学新义理的阐释。他要以易学融纳科学、民主等理念，构建出一套新的

---

① 熊十力：《原儒》，中国人民大学出版社 2006 年版，第 70 页。

② 熊十力：《读经示要》卷三，《熊十力全集》卷三，湖北教育出版社 2001 年版，第 868 页。

哲学体系。他认为易学中存在科学、民主等理念，但易之价值要远超于此，即“哲学虽不遗理智，毕竟当超理智而趣入德慧”。[①] 按当代哲学家德里达的说法，科学只是一套具有临时性的有限的符号系统，只是一项人类表现的方式，而绝不是唯一的、最后的方式。熊氏之观点虽未达到这样的高度，但确然点出了人类精神的追求当不能仅限于科学的一面，而是要超越其上。他的工作就是要建立既能安顿心灵，又可以彰明科学、民主等现代价值的新哲学。

这种哲学的蓝本，在熊氏看来，即在易学之中。如前所说，穷理可以被认为存在科学的因子，那么尽性至命之学则正是中国哲学特殊于西方哲学之处，熊氏言：

> 西洋哲学家谈本体者，只是驰逞知见，弄成一套理论，甚至妄以其理论即是真理，而真理被他毁弃。须知，哲学不当以真理为身外物而但求了解。正须透悟真理非身外物而努力实现之。圣学归本尽性至命，此是圣学与世间哲学根本区别处，哲学家不可不勉而企也。[②]

《大易》的穷理尽性至命，凸显了儒学与西方哲学的不同，道问学从其入手处开始就有了分化。虽然易学中亦有科学，但科学之上尚有对性命之理的追求。其实就儒家传统而言，穷理与尽性至命之学在思想史上也是存在发展历程而展现为不同的侧重点。熊十力认为汉人之学是侧重于量智之学，宋儒之学，“求仁之功殊切，而尚智之用未宏”[③]。求仁之学，熊氏认为即是性智之学，他所作《新唯识

---

① 熊十力：《读经示要》卷三，《熊十力全集》卷三，湖北教育出版社2001年版，第731页。

② 熊十力：《原儒》，中国人民大学出版社2006年版，第23页。

③ 熊十力：《十力语要》，《熊十力全集》卷四，湖北教育出版社2001年版，第12页。但就汉代易学而言，虽然有其构建宇宙体系的倾向，汉代易学思想中也多吸收了当时的科学历法知识，但这种倾向背后却有着深切的社会人文关怀，因而不能将汉代的哲学简单地与科学相比附（可参见笔者《京房易学的目的——以汉代政治、经济、自然、科学为背景》，《兰州学刊》2007年第10期）。熊氏相较于冯氏在更深的层次上关注到了这一问题。

论》即是要重新整合性量的问题，而将学问之道归于证量，他言："学必归于证，方是《大学》所谓知止。"① 理智思辨皆属于量智的范围，然却不能解决人生的全部问题。所以中国传统的尽性至命之学仍有其存在的价值和意义，熊氏进而认为，哲学应是就此进路而发展。熊氏言："哲学之为学，是阳明所谓知行合一之学。若知而不行，必非真知。不足谓之学也。"②

按熊氏的分析，儒道之学皆可归宗于易，而易之精神在"穷理尽性以至于命"一句。以西洋哲学为参照，穷尽至命之学自其入手就与西洋哲学有着不同的致思方向。穷理之学虽可涵摄西方的科学，但却不限于此，而是要通由研究转入证道，求在己者，所以尽性至命之学可以作为西方哲学的补充。如果以哲学来表述思想，那么在熊氏看来，最完善的哲学，应是以易学为补益的哲学，即在哲学理性分析的层面加入心性修养的见体明体证体悟道的工夫，以使形上之高明而能下摄形下之人世。他认为西方哲学是一种以科学精神为主导的思辨，"大概与科学同其态度，即努力于向外追求，及持论能以逻辑精严制胜而已"③。西学哲学的这种科学精神与经学的穷理尽性至命的主旨是可以同处于一种新的哲学之中的。所以熊氏言：

> 哲学若止于理智或知识之域，不能超理智而尽性至命，则谓离理论科学，而尚有哲学存在之余地，亦非吾侪所许可。余以为经学要归穷理，尽性，至命，方是哲学之极诣。可以代替宗教，而使人生得真实归宿。盖本之正知正解，而不杂迷情，明乎自本自根，而非从外索。是学术，不可说为宗教。是哲学，而迥超西学。非宗教，而可代替宗教。经学之特质如是，

① 熊十力：《十力语要》，《熊十力全集》卷四，湖北教育出版社2001年版，第8页。

② 熊十力：《读经示要》卷二，《熊十力全集》卷三，湖北教育出版社2001年版，第724页。

③ 同上书，第730页。

焉可持科学万能之见，以屏斥经学，谓其绝而不可续哉。①

熊氏以经学为基础，对哲学的内涵重新做了诠解，哲学的研究领域不能限制于科学的界限以内，而是要寻求超越，以穷理尽性至命为其主要指向，安顿心情和精神，即“哲学虽不遗理智，毕竟当超理智而趣入德慧”。② 这种经学式的哲学，与宗教和西方哲学是有着根本区别的，“宗教之上帝，是任迷妄之情，以索之于外也。西洋哲学谈本体者，共猜度构画，亦是外索”③。经学是向内溯求，以通内外，合天人。所以经学是不是（西方）哲学的哲学，是不是宗教的宗教。经学式哲学成为熊氏所构建的新易学的最为突出的特色。

综上而言，熊氏认为不仅从传统上讲以易为尊，即使从现代性上讲，易学亦有其价值。相较于马一浮，熊氏已不再限于传统心性学的领域，而是花大工夫，将现代的科学、民主等理念融入其中。他从易学中找到与现代性相融的内容并引而发之，以证明易教所倡扬的理论中本就含有现代性的话题，科学、民主、自由并不是外来的精神。他进而超越其上，将现代与传统熔为一炉，希望构建出一套经学式哲学的体系。熊氏将科学、民主直接赋予易理以证明其现代性的理路，相较于其后学牟宗三的良知坎陷、三统之说显然是过于简单了，但熊氏的发轫之功却不能因此而被抹杀。

二　重写易学史：凸显儒家道统

熊十力作为现代新儒学的开山之人，面对疑古学派对易学神圣性的否定，他一一做了回应。他对《周易》经传之成书年代、历史地位都做了较为细致的考察，并以科学与民主等现代价值为价值标准，重新梳理了易学史。熊十力将孔子思想一分为二，进而将易学

① 熊十力：《读经示要》卷二，《熊十力全集》卷三，湖北教育出版社 2001 年版，第 731 页。

② 同上。

③ 同上。

的发生发展史一分为二，孔子易与文王易被区别对待。孔子易中所宣扬的大同理想被熊氏认定为孔子的晚年定论，科学与民主的观念被赋予其内，而文王易被熊氏指责为孔子早年的小康之教，一切封建礼教都被归于其中。以此方式熊十力重新树立起孔子的大旗，展现出易学的现代意义，进而重新确立了儒学的现代地位。

（一）伏羲画卦、孔子系辞

传统文化与现代文化的对立，中国文化与西方文化的剑拔弩张，造成了中国传统价值的失落，道德的沦陷，出现了自鸦片战争起而漫延的文化危机。新文化运动所要做的就是对中国文化在新时代的走向进行抉择，如何回应西方强势文化的挑战成为这时思想界讨论的主要问题。就思想界而言，文化的保守主义与西化派并行。可以引入冯友兰对史学界现状的划分对思想界的情况做一分析。冯友兰言当时的史学界分为三派，即信古、疑古和释古，不加考证地信从古人是抱残守缺的残余势力，疑古与释古却是史学所必经的两个阶段。疑古的工夫就是审查史料。[①] 信古派大概相当于纯粹的文化保守派，疑古派可以被粗略地看作一种文化的虚无主义，释古派可以理解成一种中和的文化保守派。以顾颉刚、钱玄同、胡适、李镜池为首的疑古派兴起于五四时期，活跃于20世纪二三十年代，就儒学而言，疑古派的做法是通过疑古、辨伪和考信，论证所谓儒家的尧、舜、禹、汤、文武周公的道统，不过是一种层累的历史观所关照的空间，并不是一种客观的实存，进而打落传统的神圣性，为对西方文明的接受敞开怀抱。顾颉刚言：

> 我们要使古人只成为古人而不成为现代的领导者；要使古史只成为古史而不成为现代的伦理教条；要使古书只成为古书而不成为现代的煌煌法典。这固是一个大破坏，但非有此破坏，我们的民族才能得到一条生路。我们的破坏，并不是一种

① 冯友兰：《三松堂学术文集》，北京大学出版社1984年版，第410页。

残酷的行为，只是使它们各自回复其历史上的地位。①

古史辨派通过对古史的考证，将古人、古书的意义只限定在一定历史的时空，从而使上古史事之间不可动动摇的关系松动开来，在当时的史学界、思想界皆产生巨大的冲击力。胡适言，“此书可以解放人的思想、可以指示做学问的途径，可以提倡那深澈猛烈的真实的精神。”② 可以说古史辨反传统的疑古精神中所表彰的是一种五四的革命精神，即是要打破经学的神圣性，还原其历史的真实性，“从圣道王功的空气中夺出真正的古籍”。③ 但这种学问的进路在现代新儒家看来却是行不通的。如上在第一章所言，现代新儒家认为传统并不是死物，其内有活的精神流传下来，以马一浮的观点来看，即是传统中有普适性的价值，具有鲜活的生命力，不仅可以指导国人，亦可以影响世界。以一种对待文献的考据法，处理思想史的问题，在他们看来显然并不能为现代社会提供助益，而只会使研究者成为西化的奴隶。马一浮直斥其不可救药。

就《周易》而言，《周易》因其在中国思想史中的特殊地位，自然也是古史辨讨论关注的焦点，顾颉刚、钱玄同、胡适、李镜池等皆从新史学的角度发表过关于《周易》经传的证伪之作，“这些考辨，毫不留情地把《周易》拉下了经学的神坛”。④ 他们对《周易》经传的著者、产生年代、内容性质等等皆发出质疑，提出了不同于传统的观点，在易学界引发了关于《周易》经传考证的大讨论。顾氏言，“用了汉以后人的眼光来看它（周易），其是最古的而且和道统最有深切关系的一部经书。”因为按照传统的易学观，伏羲画卦，神农或伏羲、文王重卦，文王或周公系辞，孔子作传，即是“人更三圣，世历三古”。“所有的经和传都出于圣人的亲手之

① 顾颉刚：《古史辨》第四册序，上海古籍出版社 1982 年版。

② 顾颉刚：《古史辨》第二册，上海古籍出版社 1982 年版，第 334 页。

③ 顾颉刚：《古史辨》第三册序，上海古籍出版社 1982 年版。

④ 杨庆中：《二十世纪中国易学史》，人民出版社 2000 年版，第 61 页。按杨先生的统计，在《古史辨》第三册上编中，收录了 1926 年 12 月至 1929 年 12 月顾颉刚、钱玄同、胡适、李镜池等八位学者有关《周易》研究的论文共 16 篇。这不能不说是一个关于《周易》研究丰产的年代。

笔，比了始于唐虞的《尚书》还要古，比了‘三圣传授心法’的《尧典》和《禹谟》还要神圣”。[①] 而汉人的这些观点则主要源于《系辞传》，《左传》《周礼》《史记》也提供了可以佐证的论断。但顾氏认为，这些书皆是出于战国秦汉间，而其时之人的言论“是最没有客观的标准的，爱怎么说就怎么说，所以大家在这种书里找寻著作《周易》的证据，说来说去，总不免似是而非”[②]。因此并不能证明《周易》其书的传承，顾氏的做法是通过周易卦爻辞中的故事研究来推断其成书时间。他认为，卦爻辞皆不应是文王所作，它的成书年代当在西周初，概为卜官之类人所著，其本质只是一部卜筮之书。《易传》亦非孔子所作，而是成书于战国末至西汉末，孔子是否研读过《周易》还是个值得怀疑的问题。经传所体现的是两种不同的古史观，因而以传解经是不合适的，主张经传分观。圣人观象系辞皆是不存在的。古史辨的用意是既然《周易》是众经之首，有着超然神圣的地位，那么通过新史学的考据论证，将其道统的神圣性打落，自然可以将儒家所构建的神话抛入历史的垃圾堆中。他们主张还原历史，其本质也就是在对历史的否定中为西学的接入扫清历史的障碍。所以胡适才言《古史辨》一书是有革命性意义的。其实按现代解释学的观点，疑古学派及西化派也是在“西学视界”中观照历史真实，他们所还原的历史也是带有以西学为主的偏见的。

如果按照冯氏的分法，熊氏当然不属于顽固的保守派，熊氏以一种世界性的视角，于传统中寻求现代社会所关注的问题，如科学、民主、自由、平等等理念。他更不是疑古派，对于儒家的道统熊氏是以继承者的身份，考证厘析，因而对于古史辨派，熊氏是持批评之态度的，他说：“今时士习，竞尚疑古，遂有谓《大易》非孔子所作者。此实好异太过。”[③] 他认为否认孔子与易之关系，是一种标新立异的行为。他注意到了这种否定所带来的现实影响，如果

① 顾颉刚：《周易卦爻辞中的故事》，载《古史辨》第三册，上海古籍出版社 1982 年版，第 1 页。

② 同上。

③ 熊十力：《读经示要》卷三，《熊十力全集》卷三，湖北教育出版社 2001 年版，第 862 页。

不做反击则儒家道统的可信性必会大打折扣，甚至建立在道统之上的传统价值观念都会失去说服力。如果说新文化运动只是从意识形态的角度打倒孔子的外在的形象，而后五四时期的疑古派则是在学理上进一步扫落儒学的崇高。这两者在熊十力看来都是过犹不及的。孔子思想需要剥离剖析，《周易》之历史意义、现代价值亦需要从孔子思想的分析中重新树立。因此对孔子思想进行梳理，进而重写易学史就有了现实的必要性。

客观地说，顾颉刚所开启的新史学，对于历史的研究，自然有其意义。顾氏的经传分治说、《周易》成书年代的考证至今仍有其说服力，但这种对传统的疑古甚至否定，也有过勇之嫌。王国维即言："今人勇于疑古，与昔人之勇于信古，其不合论理正复相同，此弟所不敢赞同者也。"[①] 熊氏站在儒家的立场回应疑古学风，通过对文本、义理的分析，以一种判教式的易学史梳理，力图维系儒家诸圣与《周易》的关系，重新确立《周易》的经学地位，进而确立儒家文化的时代价值。

针对疑古学派的《周易》经传晚出说，熊氏站在儒家的立场，通过对比先秦经典，重新确立了孔子与易的关系。他认为就《易经》之产生来看，伏羲画八卦并因而重之，重卦之人当是伏羲。所谓文王重卦，只是汉代学人因为文王创立不同于夏商的占筮新法，推演卦爻，无异于重卦之功效，所以将重卦之功归于文王，其实重卦之人并非文王。[②] 熊氏紧接着指出，汉儒之所以将重卦之功归于文王是有其现实政治目的的，"文王重六爻，盖小康之儒以拥护君统之邪说，窜乱孔子之《周易》。欲假托文王以抑孔子耳"[③]。

---

① 王国维：《致容庚》，《王国维全集·书信》，中华书局1984年版。

② 熊十力言："大抵伏羲画八卦，因而重之。为六十四。此本自然之数，不必自文王而始重之也。但文王占法，当别有发明。即卦爻取义，有异夏、殷二易而其功等于创作，故以重卦归之文王。《史记》云：'文王演三百八十四爻。'扬雄云：'文王附六爻。'盖自文王新创占法，而三百八十四爻，遂无异为文王所创演，此文王重卦之说所由始也。"（熊十力：《读经示要》卷三，《熊十力全集》卷三，湖北教育出版社2001年版，第862页。）

③ 熊十力：《乾坤衍》，《熊十力全集》卷七，湖北教育出版社2001年版，第335页。

熊氏的手法是将现代的民主、自由等理念赋予孔子易中从而挺立孔子为代表的儒学。而君统帝制等专制观念则被其认为是汉宋学者杂入孔子思想之中的理念，不是孔子思想的真义。文王易就是汉宋诸儒所抬出的压制孔子的伪说，被熊氏认定为汉人贬孔宣扬君统帝制的说辞。可见自熊氏对《周易》经传考查之始，他就开始围绕如何于《易》中安顿现代价值进行思考。伏羲是否画卦重卦，这并不是可以确考的，熊氏也只是为儒家道统信仰确立一个易学的开端。对于顾氏通过周易卦爻辞中的故事所得出的《周易》成书年代熊氏并未加以反驳，以论证其非。而是将伏羲易作为《易》之开始（参见《孔子易的产生》一节），但对于自文王而孔子之传承却做了以现代价值为标准的判定。他将孔子一分为二，50 岁之前的孔子并未对易有深彻洞解，所习所传为小康之学，以封建礼教为其学说的核心。50 岁后，孔子深研易道，阐发出大同理想，主张科学、民主，重视人生价值，这才是孔子思想的最终定论。他认为五四时期新文化运动所要打倒的孔子，并不是真孔子，而是后人，特别是汉宋学者承继小康之学所树立的伪孔子，或者说是 50 岁前思想尚未成熟之孔子。这个假孔子倡导专制，维护帝制，以小康社会为现实的政治目标。但真正的孔子却是通过以《周易》为首的六经，提倡大同社会的理念。[①] 孔子的真精神主要存在于《周易》经传之中。因此在他看来，现代社会倡导的科学、民主并不与孔子思想相违背，他所要做的工作就是将被历史掩埋的真孔子拯救出来。熊氏即

① 小康与大同，是熊氏区分孔子前后期思想的标志，也是区分真假孔子的标志。“小康者，以礼义为纲纪，止上下之分，别尊卑之等。贵贱有不可逾之阶，居上层者世守其位。天子以天下为私有、诸侯以国为私有、大夫以邑为私有，是谓三层统治。大多数庶民劳力生产，供奉其上。居上者取之有制，毋更苛虐。庶民聊可自给，得以粗安，是谓小康。古圣王既立小康之规模，已定群制、成群俗，于是一切学术思想，皆依缘此等群制、群俗而发展。”（熊十力：《乾坤衍》，《熊十力全集》卷七，湖北教育出版社 2001 年版，第 335 页。）大同则是共和理想，甚至是社会主义。“孔子倡明大道，以天下为公，立开物成务之本。以天下一家，谋人类生活之安。此皆依于大道而起作为，乃至裁成天地，辅相万物。”（熊十力：《乾坤衍》，《熊十力全集》卷七，湖北教育出版社 2001 年版，第 337 页。）大同之说，源于《礼记·礼运》，在熊氏看来，此皆孔子晚年之新思想。凡是符合现代社会的理念，如自由、民主、平等、革命等皆被认定为真孔子的思想。反之则被认为后人篡乱孔子思想所造出的假孔子的理念。可以看出，熊氏之区分视域已不再限于传统的心性道德的论证而是从现代社会所关注的问题入手，为孔子重塑金身。

是以此方式，重新立起了孔子的旗帜。

而就古史辨派言，孔子与《周易》的关系是不可以确考的，易传的产生甚至也与孔子没有关联。钱玄同言："汉《高彪碑》，'恬虚守约，五十以学'，即从《鲁论》。我以为《论语》原文实是'亦'字，因秦、汉以来有'孔子赞易'的话，故汉人改'亦'为'易'以图附合。"[①] 顾氏同意其说法，他言："以前的人有说孔子作卦爻辞的，有说孔子作易传的，实在都是渺茫得很。"[②] 因而孔子与易之关系，就成为现代新儒家不得不直面明析的一个问题。对于古史辨派，以"易"为鲁论"亦"论，熊氏从两个方面做了反驳：

1. 其言："《世家》称孔子晚而喜《易》，与《论语》'五十学易'之言适合。且证以志学一章，学易之年，即是知天命之年。是则孔子由学易而深澈道体，年已半百。"[③]，认为五十始学，显然与《论语》中"吾十有五，而志于学，三十而立，四十而不惑，五十而知天命，六十耳顺，七十从心所欲不逾矩"及"十室之邑，必有忠信如丘者焉，不如丘之好学也"等句相违。孔子好学当自从少始然，并非五十始志于学。[④]

2. 性与天道之言，以《易》言之最为详尽。子贡虽说"夫之文章，可得而闻也。夫子之言性与天道，不可得而闻也"，但此正是闻道之言。孔子当以易学谈论过天道与性，否则则有见道不传之责。"夫子岂忍閟此理，而不欲垂文字以示后人乎？故史迁作《世家》，称孔子序彖、系、象、说卦、文言。明夫子实作《易》。"[⑤] 但"今之后生，妄翻古史成案，不信孔子作易，私心立异，遗害学风，不可不戒也"[⑥]。对古史辨派的疑古做法，熊氏显然是反对的。

顾氏除以"易"与"亦"否认孔子与易的关系外，还以孔子天命观与易传天命观之不同，认定孔子与易传并没太多牵连。顾氏认

---

① 钱玄同：《古史辨》第一册中编，上海古籍出版社 1982 年版，第 75 页。

② 顾颉刚：《中国上古史研究讲义》，中华书局 1988 年版，第 153 页。

③ 熊十力：《读经示要》卷三，《熊十力全集》卷三，湖北教育出版社 2001 年版，第 865 页。

④ 同上书，第 866 页。

⑤ 同上。

⑥ 同上。

定《论语》中的孔子所说的天是一个有意志的上帝，是一个主宰之天。而《易传》中的天是一种自然主义的天。① 李镜池在其《周易探源》中也言："我们可以肯定地说，《易传》不是孔子作的。……易传的思想，跟《论语》所载的孔子思想不一样，证明它不会出于孔子之手。孟子私淑孔子，极力为孔子宣传，但他也只说孔子作《春秋》，不说孔子著《易传》。"② 而熊氏认为《周易》《中庸》《论语》中的天命观，是趋于一致的，皆是自然主义的，没有后世那种超验性的宗教意味蕴于其中。他说：

> 学者识得天命原是自家真性，至富而备万理，至刚而涵万化，至大而藏万善，至尊而超万有。其生生之盛，而含德之厚如此，吾人所当恭谨奉持，克全本分。而毋拘形骸，逞迷妄，以自丧其真性。③

他分析了《无妄》卦的彖辞、《中庸》之"天命之谓性"、《论语》的"五十而知天命"三句，认为《无妄》彖辞首言动而健，次言"刚中而应"，再言"大亨以正"，正是为阐明本体流行，不待外求，本心即是本体，本体即是天命，"无妄之言天命，即是本体。反己体之自见"④。而《中庸》"天命之谓性"一句所讲之天命，亦是就本体而言之。本体无声无臭，为人与万物所同具，因而称之为天。以其流行不息，则谓之命。⑤ "故天命，非超脱吾人而外在者

① 顾颉刚：《中国上古史研究讲义》，中华书局 1988 年版，第 156—157 页。

② 李镜池：《周易探源》，中华书局 1978 年版。

③ 熊十力：《读经示要》卷二，《熊十力全集》卷三，湖北教育出版社 2001 年版，第 717 页。

④ 同上书，第 716 页。

⑤ 熊氏言："天者，宇宙本体之目，非谓神帝也。……命者，流行义。维天之命者，言乎本体之流行也。……天命者本体之目，本体具万善，至美者也。民，犹言人。夫人皆秉天命以有生。即秉天命以有生。即秉至美之理，以成为人。故可就此至美之理在人而言，则曰性。"（熊十力：《读经示要》卷二，《熊十力全集》卷三，湖北教育出版社 2001 年版，第 716 页。）天命性实则是一理，只是相对于不同对象有不同之称谓而已。

也。"[①] 天命并不是超越于人之外的独立存在。熊氏认为，孔子自言五十而知天命，即是悟得此种境界。他也因此断定孔子学易当在五十岁时。[②] 在熊氏看来，孔子自五十而学易，与门下弟子谈论探讨过易学。性与天道之言皆多是通过易学阐述生发出来。可以说孔子与易一定发生过密切的关系。[③]

为了进一步确立孔子与《易传》的关系，熊十力将《论语》的核心思想与《易传》的精神相对照，认为从核心的形上理念如仁、德、性命、易等到形下的治民富国行政之策两者都有相似和相同之处。[④] 而《周易》之产生显然是早于孔子的年代，所以可以认为孔子一定是学易并于易中得到启示。《易传》中的内容一定有一部分出自于孔子的思想，或者是其亲手所著。但就《系辞传》而言，熊氏也认同了顾氏的说法，认为其非孔子所著，而是出自于孔门后学。按熊氏分析，孔子虽未作《系辞传》，但卦爻辞的定稿的确是出自于孔子之手，而并非成于卜筮之官。

熊氏区别了系辞与系辞传。他认为，卦爻辞为孔子所系，而《系辞传》是孔子之弟子所作。东汉之古文经学家，多以伏羲画卦，文王演之，而周公系辞。西汉的今文学家却皆不如是，他认为："孔子之学，今文家多得其传，故当征信于西汉。"司马迁所处时代

---

① 《新唯识论·明心上》。

② 熊十力：《原儒》，中国人民大学出版社 2006 年版，第 19 页。

③ 当代学者李学勤先生认为，"虽然有作'亦'的异文，实乃晚起，与作'易'的本子没有平等的价值"（李学勤：《周易经传溯源》，中国社会科学出版社 2007 年版，第 62 页），他已从字义考证的角度作了较为令人信服的考察。所以笔者亦认为"五十以学易"可以作为孔子与《周易》有直接关系的实证。

④ 熊十力言："易乾为仁，而《论语》即以仁立教。易于变易见不易，而《论语》川上之叹，即是其旨。易曰'君子以自照明德'，而《论语》首言学，学者觉义，与自照明德义通。易之为书，逻辑谨严。而《论语》曰'知之为知之，不知为不知，是知也'。又曰'必正名乎?'可于两书，见其精神一贯。易名万物资始乾元，各正性命。而《论语》曰'人之生也直'，即本其义。孟子继孔而言性善，其根柢亦在是也。易言开物成务，裁成天地，辅相万物。而论语言治，既庶必富。既富必教。其答《子贡》问政：'曰足食、足兵、民信之矣。'皆通于易。足食、足兵、民信三者，是言立政规模，其实施之曲制法度，要在因时制宜，故不虚拟也。足食之原则云何？证以《论语》'患不均'之言，及一部《周官》大意，则孔子注重社会主义及生产发达可见。此与易之开物成务等意思正合。"（熊十力：《读经示要》卷三，《熊十力全集》卷三，湖北教育出版社 2001 年版，第 867 页。）

较早，所言当较为可信，他言孔子“晚而喜易，序彖、系、象、说卦、文言”应该有文本古籍的依据。熊氏认为，这里的系，即指的是卦辞爻辞。

1. 他引证皮锡瑞与王肃的材料。“皮氏谓今之系辞上下篇，古以为系辞传”。[①] 而“《释文》王肃本有传字，盖古本皆如是”[②]。由此熊氏认为，“系辞传，非即系辞，而系辞之必为卦辞爻辞无疑。”[③]

2. 证之以今本《系辞传》内容。《系辞传》中有“圣人设卦观象，系辞焉以明吉凶”。“圣人有以见天下之物，而观其会通，以行其典礼，系辞焉以断其吉凶，是故谓之爻。”熊氏言：“据此诸文，明是指卦辞，谓之系辞。”[④]

3. 周公作爻辞，不足为据。《左传》所记“韩宣子适鲁，见易象云，吾乃知周公之德”。熊氏认为，此处不是言周公系辞，而是认为周公能够从易象中悟出修德进身之理。周公系辞说并没有文本、思想史上的证据。[⑤]

由此三点，熊氏认为卦爻辞当为孔子所系，但在孔子之前，卦爻也应有辞存在，“二帝三王之世，当有卜辞流传，孔子作卦爻辞，容有的采取。然一经孔子之手，便赋以哲学意义，而非卜辞之旧矣”[⑥]。孔子对易的诠释将易学引向了哲学的层面，体现出科学的因素、民主的价值。熊氏的孔子系辞说在一定程度上兼容了古史辨派对儒家与易之关系的质疑。可以承认，卦爻辞在其根源上是出于卜筮之官，但也不能因此就否认卦爻辞未经过孔子之手的删定。孔子虽未作系辞传，但认定孔子删定系辞应可以讲得通。

概言之，熊氏认为今本之《系辞传》为孔子弟子所著，孔子作卦爻辞即是系辞，然后又作彖、象、文言以说明其含义。“然义蕴无穷，固有书不尽言，言不尽意者。其与弟子讲说之际，必有口义

① 熊十力：《读经示要》卷三，《熊十力全集》卷三，湖北教育出版社 2001 年版，第 864 页。

② 同上。

③ 同上。

④ 同上书，第 865 页。

⑤ 同上书，第 868 页。

⑥ 同上书，第 865 页。

流传。七十子后学转相传习，或复加以推演，遂成《系辞传》。”①《系辞传》是孔门后学依循孔子解易的思路，经由一段时期的丰富发展而来的。所以可以说“《系辞传》虽非孔子亲制，而其大义微言，要皆出自孔子”②。总之孔子系辞，即作卦爻辞，《系辞传》虽非出自孔子之手，但却是孔子思想的延续，孔子与易学是渊源有自的。因而疑古派试图将《周易》经传退却儒学外衣的做法，在熊氏看来并不正确。

以当今的出土文献言，特别是从1973年出土的马王堆帛书中的《要》篇等看③，孔子与易之关系应是可以确定的。熊氏之论断，虽然没有出土文献的佐证，其本身也是以一种儒家道统维系者的身份于思想史中寻求证明，但就孔子与易之关系而言相较疑古派却更为可信些。从以上分析中，可以大致理出熊氏重写易学史的理路。针对古史辨的观点，熊氏将孔子与易的关系重新确立下来，并将系辞之功归于孔子。他将孔子思想一分为二。孔子早期小康之教与晚期大同理想被区别对待。孔子易被其认定为孔子思想最为核心的表达。通过对《周易》成书年代的考察，熊氏描绘出了孔子的新形象，突出了孔子易的特殊性，重新为易学找到了能够存于现代社会的理论支点。

（二）孔子易的产生

传统易学史的梳理是从象数派、义理派的分歧出发，研究各个时代的特点。熊氏易学史的考查重点却不在此。就象数与义理言，熊氏推崇义理，以易为穷理尽性至命之性命之学，郭齐勇先生言熊氏不喜象数④，其实熊氏对义理与象数的分歧并不重，他认为象数与义理是不可分的，即使是孔子创易之时也吸收采纳了术数的知识。他更言，系辞皆象。但汉易对象数过于偏重，以至忘却了象数

---

① 熊十力：《读经示要》卷三，《熊十力全集》卷三，湖北教育出版社2001年版，第866页。

② 同上。

③ 1973年，马王堆帛书，《要》篇中有孔子“老而好易，居则在席，行则在囊”之言，又有大段孔子与弟子谈易之论，可以说孔子与《周易》应是确实发生过关系。

④ 郭齐勇：《熊十力思想研究》，天津人民出版社1993年版，第241页。

之目的在于悟通义理，而于卦爻象中求知识，自然是不可取的。他言汉易“曲意穿凿，劳苦而无功，繁琐而无理”。因而不被其所赞同。熊氏认为，“孔子集夏、殷之长、演文王之绪，而成《周易》大典，可谓美且备矣。”① 即孔子博采象数与义理，与“史巫同途而殊归”，赋予易学以新的理念，从而使易道摆脱了巫术筮占的层面，形成了孔子易学。但孔子易在其流传过程中却被后世之思想掺入而渐失其本真。熊氏解易的高明处即是从现代性角度入手，对孔子易之产生流传进行了一种思想史式的解读，以凸显孔子易的不同。他的易学史梳理，虽也从象数、义理入手，但已然跳出了传统的圈子，而是围绕如何肯定易中的科学、民主等理念展开，成为一种哲学诠解式的写作。

熊氏认为，易学当始于伏羲。“夏曰连山，殷曰归藏，周曰周易”，传统的认识为夏因循伏羲易，殷遵循黄帝易。连山首卦为艮，归藏首卦为坤。熊氏以为，这种说法是缺乏理论根据的。他说：“伏羲作八卦，重六十四卦。其首皆以乾坤。故曰乾坤定矣。何得又首艮。”② 他从于令升之说，认为所谓的艮为首，是指四时首春而言，春始于寅，按先天方位图，当东北艮位，艮成终，亦成始，因此为连山首艮。归藏首坤，熊氏采用的是徐敬可的观点，以十二辟卦，子时复卦实受气于亥坤，由坤而乾，完成阴阳之消息，所以称为坤乾，也不是讲六十四卦以坤为首。他认为《连山》《归藏》皆是伪书，“窃意《归藏》一书，当是六国时阴阳家或道家之徒所杂集。”③ “汉人或杂拾道论而成《连山》。”④ 所以易学在熊氏看来，当是始于伏羲。⑤ 画卦重卦都是伏羲之功。

---

① 熊十力：《新唯识论》删定本，《熊十力全集》卷六，湖北教育出版社 2001 年版，第 19 页。

② 熊十力：《读经示要》卷三，《熊十力全集》卷三，湖北教育出版社 2001 年版，第 868 页。

③ 熊十力：《乾坤衍》，《熊十力全集》卷七，湖北教育出版社 2001 年版，第 475 页。

④ 同上书，第 475 页。

⑤ 熊十力言：“取八卦以属八方，即以属四时，又取十二卦以属十二月，以为消息。于重卦序卦之外，别取一义。以始艮终艮，而目之为连山。以始坤终坤，而目之为归藏。与五运六气说相为表里。后世谶纬术数之家多本之。”（熊十力：《读经示要》卷三，《熊十力全集》卷三，湖北教育出版社 2001 年版，第 869 页。）

在他看来自伏羲始，易学就分为两种不同取向，“伏羲之卦，明人道者也。《连山》《归藏》，明术数者也”[①]。可以说，人道之易与术数之易，开始是并行，而各自为用。术数家于伏羲易中取求筮占之道，而孔子却受伏羲易的启发，发明独创出天下一家的大同社会的理念。[②]

就夏时商周三代言，因其时代之特点而各有不同。夏商之时术数易流行，伏羲易潜隐。[③] 易的作用，在夏商之时，主要是卜筮占验。至周时才变夏商的术数易而取用伏羲明人道的理路，熊氏言：

> 文王专取伏羲之卦，而系以辞。指之曰元亨利贞，曰吉凶悔吝厉无咎。而阴阳术数之丛杂，一概屏之。周公制官，以连山归藏，存诸太卜。亦卜筮之占，可参用之而已。[④]

他认为，相较于周来说，夏商之易更重于术数的占筮。文王周公取重于伏羲易讲天道人伦的传统，将易学渐引向义理德教的层面。但晚周占卜盛行，“易学之滥于术数也滋甚”[⑤]。孔子创易系辞，易学术数占卜之术才被真正放到了次要位置，他言：“至孔子序象、系、象、说卦、文言，而后易始离术数，乃纯为哲学界之高文典册。七十子后学，大抵承尼山之绪。”[⑥] 孔子易因而产生。

如前文所述，熊氏认为孔子系辞，系辞传虽非孔子所著，但孔

---

① 熊十力：《读经示要》卷三，《熊十力全集》卷三，湖北教育出版社 2001 年版，第 869 页。

② 熊氏言：“易学始于上古伏羲作八卦，术数家即宗之，以为占卜之经典，至孔子作《周易》，则依伏羲八卦，而发明自己独创之义。”（熊十力：《乾坤衍》，《熊十力全集》卷七，湖北教育出版社 2001 年版，第 475 页。）各家以伏羲易为资源，而各取所需，各成其道。

③ 熊氏指出：“夏殷以来术士之说行，而伏羲之卦象，渐失其本。殷人尚鬼，盖更有甚者。其季世之人，第知六十四卦，为占验灾祥之用，而不知其为天道人伦之学。”（熊十力：《读经示要》卷三，《熊十力全集》卷三，湖北教育出版社 2001 年版，第 870 页。）

④ 熊十力：《读经示要》卷三，《熊十力全集》卷三，湖北教育出版社 2001 年版，第 870 页。

⑤ 同上书，第 872 页。

⑥ 同上书，第 870 页。

子删定卦爻辞，作彖、象、说卦、文言，与门下弟子论易，从而使孔子易可以口传心授。孔子作易之目的是于其中寻求古之格言，道德之遗教，把易学引出术筮的层面，以发明新说。在熊氏看来孔子易是承伏羲义的传统，但其“虽为创作，要非无所本于古之为术数者”①。孔子在对《周易》诠释时，对术数易也是有所借鉴的②。因为就术数本身而言，亦有其可取之处，术数家多是掌管天文历法的义和之官或是史官，他们的长处是通晓天文，深察物变，其不足是以天文物变妄臆人事的灾祥。孔子正是见其所长，屏其所短而作易。熊氏言：“易辞皆象，必采自夏、殷、西周以来之卜辞，及筮法等记载，决不容疑。但易之辞，虽原本术数，而其取义，则与术数家意思截然不同。”③ 孔子作易，即是对之前的易学象数与义理皆有所损益而来，孔子依旧古之卜辞及筮法加以修正，而别赋以新义，遂成其一家之学。“卦爻则羲画文演，辞则依据夏、殷、西周以来诸术数家之卜辞及筮法所记载。其义则孔子所创发也。”④ 在熊氏看来，“信而好古，述而不作”只不过是孔子的谦虚之词而已。

如上而言，熊氏认定，孔子自50岁始，深究于易，而渐悟大同之道，因而产生了其学术的转向。按熊氏的分析，50岁之前，孔门所教是小康礼教之学，50岁之后，孔子所谈是大同理想之教。熊氏言：

> 上考孔子之学，其大变，盖有早晚二期。而六经作于晚年，是其定。早年思想，修明古圣王遗教而光大之，所谓小康礼

---

① 熊十力：《读经示要》卷三，《熊十力全集》卷三，湖北教育出版社2001年版，第875页。

② 熊氏说：“盖八卦广大悉备，其理不外以象与数求之而已。八卦与九章相表理，不解数，则无以明其蕴。而一卦之成，一爻之变，皆有所取象。……非通象，又何以得其旨乎！孔子作易，其辞皆象，而根于数理。象数之传，必得之夏、殷、西周以来诸术数家，此断然无疑者。”（熊十力：《读经示要》卷三，《熊十力全集》卷三，湖北教育出版社2001年版，第873页。）象数与义理本就不可分开，能否洞解易道，主要在于能否透过象数而通达义理的层面。辞变象占四圣道，是缺一不可的。

③ 熊十力：《读经示要》卷三，《熊十力全集》卷三，湖北教育出版社2001年版，第875页。

④ 同上书，第862页。

> 教，晚年思想，则自五十岁读伏羲氏之易，神解焕发，其思想界起根本变化。①

孔子受伏羲易影响，而转小康之学为大同之教，从而学术思想发生转变，“于是首作《周易》《春秋》二经”。以易为首的六经之学即是孔子在晚年的定论，熊氏认为这时，孔子已经摆脱了先圣哲人主要是文王所开启的小康礼教之学，而于伏羲易中体会出了天下一家的理念，内圣外王之道。孔子易所要阐发的易理就是天下为公，革命进取的精神。熊氏把孔子一分为二，刻画出两个思想迥异的孔子。一切封建礼教之学，都被其归入孔子早期的思想，孔子此时只是承接文王学说，演绎的是文王之道，文王易在熊氏看来是维护封建帝制的代表之作。晚期的孔子，准确地说，在熊氏看来，即 50 岁后的孔子，已经超越了文王学，而发明创新出一套富有现代理念如科学、民主、革命等的新学说，孔子易是其后期的代表之作。

但在历史的长河中，晚期孔子的思想并没有在中国发扬光大，其因在熊氏看来，是孔子易的传承出了问题。按熊氏之分析，孔子在世时，其门下弟子就已有派系之不同，他言：“孔门弟子之分派，最初由狂简与顽固两种人，对于孔子早年思想及晚年思想，取舍相反，遂为不同的两派。”② 继承其晚年思想的狂简派与继承其早年思想的顽固派，各禀其说而争议。狂简派以“大道之行，天下为公”为立言旨趣，故称其为大道派，而顽固派继承了孔子早期的小康礼教的思想，称为小康派。孔子易所彰显的天下一家的大道学说被小康礼教所遮蔽。

（三）孔子易的传承

孔子易本为大道之学，倡言天下为公，但在两千多年的封建统治中却被诠解成小康之学，以其为封建帝制论证。熊氏希望通过对

---

① 熊十力：《乾坤衍》，《熊十力全集》卷七，湖北教育出版社 2001 年版，第 325 页。

② 同上书，第 381 页。

孔子易流传情况的考证，证伪两千年流行之为帝制论证的易学并非真孔子学，凸显真的孔子易，从而重新塑造孔子之形象，挺立易学所代表之儒学。在熊氏看来，孔子易在春秋战国、两汉、魏晋、宋元明清等时代或隐或显，地位或重或轻，虽皆未失其传承，但被篡乱之处却越至严重，以致汉宋儒家所传之易学皆成伪学。他以一种孔子易的卫道者姿态评论易学史上的诸家易说。

熊氏认为，小康之儒，非不知易，他们以小康之礼教窜乱大道的目的是为了维护封建帝制。如《孟子》言仁义，即与易所说的“立人之道，曰仁与义”相合。易道主随时处中，而孟子亦以时之圣者称孔子。易主张大人与天合德，孟子亦讲成其大者之道。孟子讲尽心知性知天，存心养性事天，修身立命，与易的穷理尽性至命之学相通。焦循言孟子“皆所以阐明孔子之学，而吻合乎伏羲、文王、周公之旨。故孟子不明言易，而实深于易”[①]。熊氏认为焦氏所见甚卓。荀子主张礼治，隆礼重法，与易所说的裁成天地、辅相万物之意相契，亦是深体易道之人。“孟轲、孙卿二氏，皆得孔子易学之正传。”[②] 但熊氏认为，虽然孟荀皆是孔子易的传承者，但此二人却是小康派之巨子，“贪求复古，而内心不以孔子之革故、创新为然”[③]。因而孔子晚年富有创新性的大道之学未得发扬于世。

就战国当时之思想背景而言，术数易流行亦广，这也影响了孔子易的流传。熊氏把《汉书艺文志》上所记的阴阳家、五行家、蓍龟家、神仙家、数术家、杂占家、历谱家统称为术数家。术数类诸家学说，虽经过秦火，但却较多地得到了保存。可见在熊氏看来，春秋战国时期，术数易与义理易仍是并行发展。孔子作易，其立意即是要远绝术数，发挥易中的人道教训，阐述哲学思想。但术数易渊源甚远，发展亦广。其实，当时通易者必对术数有所研究，孔子亦言“吾百占而七十当”。经过秦火焚书，以致到了汉代，术数易

① 《易通释叙目》。

② 熊十力：《读经示要》卷三，《熊十力全集》卷三，湖北教育出版社 2001 年版，第 871 页。

③ 熊十力：《乾坤衍》，《熊十力全集》卷七，湖北教育出版社 2001 年版，第 340 页。

反占据主流。按高怀民先生的结论，“汉兴儒门《易经》的得以保全，是由于披着筮术的防护衣，侥幸度过了秦火之劫。”① 作为儒家易的经典如系辞传等亦可能被焚，而术数易学家与孔子易之间不过是一块牌子的问题。

以熊氏看来，孔子死后，儒分为八，孔子易学即已开始被其后人篡改，“改窜之祸，非独不始于汉初，亦不始于吕秦之世，盖始于六国之儒”②。儒分为八，八儒皆认为自己所谈为真孔子，实是“各派必将孔子之六经，各就其所取与所舍者，尽力改窜。发扬其所取之部分，必删削其所舍之部分，以为其自称真孔子实证”③。真假孔子之争，孔子易真伪之争实自此就已开始。小康学派专主帝制礼教，为私；而晚期孔子志于大道，为公。公私分明，所以小康之儒所诠释的孔学已不能算是孔门的正宗。熊氏这种二分式的划定，标准明确，态度分明，只有倡扬大道之学的孔子才是真孔子，小康之学在他看来早已被孔子扬弃掉了。

至汉代，因为天文历法物理之知识的发展丰富，因而术数易得以流行发展。汉易传承亦象数派与义理派皆有，只是术数易渐占主流，遂使孔子哲学易思想被遮蔽不明。他言，“孔子之易，其源出于术数。故传易诸家，每取术数为说，而失孔子创作之旨。”④ 所以对于汉易，综合来看熊氏是不重视的。熊氏所要做的即是于汉易中考证孔子易之流传，寻求义理传承的线索，稽古以为知新之助。他综合《史记仲尼列传》与《汉书儒林传》的记载，排列了孔子易官方易学的传承：

> 孔子—鲁桥庇子庸—商瞿子木—馯臂子弘（弓）—周丑子家（周子家竖）—孙虞子乘（光子乘羽）—田何子装（田子庄

① 高怀民：《两汉易学史》，广西师范大学出版社2007年版，第5页。

② 熊十力：《乾坤衍》，《熊十力全集》卷七，湖北教育出版社2001年版，第340页。

③ 同上书，第341页。

④ 熊十力：《读经示要》卷三，《熊十力全集》卷三，湖北教育出版社2001年版，第886页。

何）—东武王同子中、雒阳周王孙、丁宽、齐服生。

东武王同子中—杨何

丁宽—田王孙—施仇—孟喜—梁邱贺

熊氏以为，汉易自商瞿后学即已经不再遵守孔子易以经解经的理路，至丁宽时，其学已多杂以术数灾异之说了。丁宽之易，与焦京之易皆已偏于象，滞于数，无法发挥孔子之义理了。所谓田何为孔子易之正传，实已与孔子多不相干。“世儒不究孔子之易，宜其于正传别传，妄分轻重，而不知夫二得俱失也。”① 他说：“孟喜先已得易家候阴阳灾变书，延寿所得隐士说，《汉书》谓其托之孟氏，不相与同。想亦大同小异，不必甚殊，以其俱明灾异故也。”② 焦京之易与孟喜之易已体现出了象数易的基本特色，汉易所谈论的基本范畴，如卦气说、纳甲说等皆已成型。所以虽然施孟梁邱为孔子易之后学，但也已失去了孔子哲学易的纯正。究其原因，按熊氏的分析，其一，“孔子作易，本因术数家言，而予以改造，成立己义。”③ 商瞿传易尚能守师说，以义理教人，而其再传、三传弟子，因其才力、心智、社会文化背景的不同，渐失孔子易之真。其二，熊氏认为，术数易本与孔子易并行，且至汉时发展更为壮大。商瞿之后学，多受术数影响，孔子易不能满足学者发挥见解的需要，自然会寻求象数，穿凿成说。但总而言之，熊氏认为汉代经师约有四点值得后世学习与借鉴，一是保存古义，功不可没。二是服膺经训，确立信条，躬行甚笃。三是通经致用。四是西汉诸儒，尊信经义，期以见行，为信仰而杀身成仁，堪为后儒之楷模。④

与官方易学相对，两汉易学传承孔子家法的，尚有一脉即费氏易。费氏易不立于学官，为民间传易。《汉书儒林传》言：“费直，

① 熊十力：《读经示要》卷三，《熊十力全集》卷三，湖北教育出版社 2001 年版，第 878 页。

② 同上书，第 877 页。

③ 同上书，第 877—878 页。

④ 熊十力：《读经示要》卷二，《熊十力全集》卷三，湖北教育出版社 2001 年版，第 815 页。

字长翁，东来人也，治易。为郎，至单父令，长于卦筮，亡章句。徒以彖、象、系辞十篇、文言，解说上下经。琅玡王璜能传之。璜又传古文尚书。"① 《后汉书》亦言："东莱费直，传易。授琅玡王璜，为费氏学。本以古字，号古文易。"② 两相对照，熊氏认为，费氏虽精于卜筮，但解说经义却皆以彖、象、系辞、文言为本，恪守孔子易。"费氏大概不满于当时易家之违失圣意，故孤守经文，以救其弊。"③ "费氏亡章句，只持守孔子之经文，而以经解经，不更以术数家乱之，不逞臆立说，此其态度谨严，乃传经之正轨也。后儒唯王辅嗣一人，确承费氏家法。"④ 费氏易至王弼终又开出新花，占据易学主流。这样两汉易学虽然以术数易为主，但孔子易的传承并没有失去，而是以民间易的形式存留了下来。

如上而言，熊氏对术数本身并不反对，但对于只依术数解易却是不认同的。从熊氏的著述中可以看出，熊氏对汉易象数理论亦下过工夫研究。《读经示要》卷三中，他对孟喜、京房、荀爽、虞翻、郑玄等象数易的基本理论进行梳理，以求见象数易之大体。熊氏言："汉诸易家之说，不外采术数家占验遗法，而加以推演。以附会孔子之易。其于孔子本旨，殊少会心。"⑤ 孔子易，虽亦采用卜辞，其辞皆象，但只是假象以显此理，而术数家却是囿于象数。如乾象为龙，以龙为神变之物，只是假龙之象阐明生生不息健动向上之理，术数家却只是见象而止，不明其中义理。"善为易者，得孔子所以取象之意，而冥会至理，即无所事于象矣。"⑥ 得易忘象，在熊氏看来，王弼扫象之举，正是遥会圣心，发明大易之举措。他认为王弼之特点就在于"知象而扫象"⑦。象数始终是易学发展所不能抛弃的部分。按杨庆中先生的解释，易学的诠释空间，正是通过卦

① 《汉书儒林传》。

② 《后汉书》。

③ 熊十力：《读经示要》卷三，《熊十力全集》卷三，湖北教育出版社 2001 年版，第 879 页。

④ 同上书，第 882 页。

⑤ 同上书，第 907 页。

⑥ 同上书，第 882 页。

⑦ 同上书，第 883 页。

爻辞之间、象数与义理之间的张力展开，两者离弃任何一方都不可。[①] 但王弼易学，熊氏依乾元本体理论观之亦认为其与孔子易之本义有不体贴之处，他说："王辅嗣虽扫象数，而纯本老氏虚无之旨，不悟刚健与创新之盛德，其于孔门外王之道，尤漠然未足闻焉。"[②] 所以王弼扫象，虽然以期恢复义理之学，但却以玄解易，偏于老庄影响，过于空寂，且未能体悟孔学的外王之论，因而在熊氏看来，亦尚有需改进之处。

总之，熊氏认为，汉代易学中孔子所倡导的解易进路几近淹没于象数易的海洋中，虽有费氏易一脉流传，但就整体而言孔子易却又进一步被改窜。就义理的层面，孔子所倡导的大道（大同之教），被汉人的小康之学所取代。他言，汉人之传经"几乎完全是小康思想。此乃小康派所改窜之伪五经，实非孔子五经之真本也"[③]。熊氏断言："汉宋群儒，以易学名家者，无一不是伪学。"[④] 术数易已然成为小康之学的代表，"术数之易完全以帝王之教条为宗，其起于夏、殷二代之际，至西周而益厉乎"[⑤]。孔子易的大道因而被遮蔽不明。

宋明易学，按熊氏的见解，是承王弼易学而来，熊氏将宋学分为五期，肇创时期，其人为周子、二程、横渠、尧夫，而以"伊川年事较轻，吸收较广，讲学著书较久，受患难较深，刚大不可屈挠之气，亦感人最深，故为学者所宗"[⑥]。完成时期，朱子集其大成。初变时期，阳明发明致良知之学，"令人反己，自发其内在无尽宝藏，与固有无穷力用，廓然竖穷横遍，纵横自在。……宋学至阳

---

① 杨庆中：《周易经传研究》，商务印书馆 2005 年版。

② 熊十力：《读经示要》卷三，《熊十力全集》卷三，湖北教育出版社 2001 年版，第 996 页。

③ 熊十力：《乾坤衍》，《熊十力全集》卷七，湖北教育出版社 2001 年版，第 341 页。

④ 同上书，第 344 页。

⑤ 同上书，第 487 页。

⑥ 熊十力：《读经示要》卷二，《熊十力全集》卷三，湖北教育出版社 2001 年版，第 831 页。

明，真上达矣”[①]。再变时期，晚明诸子，矫王学末流之放任，而复宗程朱之学。“然诸儒皆严毅而不至拘碍，广博而备极深厚，崇高而不失恺弟，是其矫枉而无或过正，所以为美。”[②] 五变而致考据学兴，“而大体归于求实用”[③]。

熊氏认为宋明易学的特点是虽然传承孔子易，原本性命以立说，但解悟却未透彻，多拘泥于日用践履之间。[④] 就孔子易所倡扬的革命、民主等大道而言，宋儒则根本没有体会到。他说：“宋儒最可责者有二。一、无民族思想。二、无民治思想。”[⑤] 在他看来，宋明诸儒所论之易道，多是借易以明君道、臣道之分别，皆是小康之学。“盖本秦以来帝制之思想而释经，分明与圣人范围天地，曲成万物，与时偕行之道，全无似处。”[⑥] 如伊川易学，宋易诸家言易者，多受其影响，熊氏亦多有借鉴其思想之处，但他言：“程《传》多征引历代君臣行事得失，其取义只是以帝制为依据耳。”[⑦] 熊氏斥其为小康之易，未至大同境界。孔子易在宋明也是被遮蔽的。

至于清代易学，熊氏认为，清人治易，确守汉学。在清代诸易中，焦氏易尚能“思就经文别有创发”，其要归于变通趣时，采用荀、虞旁通、升降之意，兼取比例之法，以期会通经文。但神无方而易无体，圣人设卦观象，只是假象以言道，易之道即在于从象数中悟通义理。焦循之易“拘拘于卦与卦，爻与爻之比例。全书字字，求其勾通缝合。穿凿虽工，而超悟却太缺。……焦氏言变通，

① 熊十力：《读经示要》卷二，《熊十力全集》卷三，湖北教育出版社 2001 年版，第 833 页。

② 同上书，第 833 页。

③ 同上书，第 841 页。

④ 熊氏言：“宋之诸师，其言皆根于践履，虽复不无拘碍，要其大较，归本穷理尽性至命之旨，而体天地神化于人生日用之中，则《十翼》嫡嗣。”（《重印周易变通解序》，《十力语要》卷一，《熊十力全集》卷四，湖北教育出版社 2001 年版，第 140 页。）在熊氏看来，宋儒虽得了内圣之道，但其于外王却是小康之学，所以从此点他将汉宋易皆斥为伪经。

⑤ 熊十力：《读经示要》卷二，《熊十力全集》卷三，湖北教育出版社 2001 年版，第 824 页。

⑥ 熊十力：《读经示要》卷三，《熊十力全集》卷三，湖北教育出版社 2001 年版，第 996 页。

⑦ 熊十力：《原儒》，中国人民大学出版社 2006 年版，第 94 页。

实只就人事言，而黯于天道”[①]。于旁通经文有功，但于义理处却有失。

总而言之，在熊氏看来，孔子易所阐述之易道，是丰富变化、日新日成之道。其中包含大同理想，现代社会的民主、科学亦可源于其中，绝不是为帝制论证的工具。但从战国时起，孔子易精神就逐渐被后学所掩盖，“孔子确有民主思想，却被汉宋群儒埋没太久”[②]。他通过梳理孔子易产生、传承的易学史，整理出一条可以承接孔子易的线索。熊氏认为，孔子易自其产生，即将易学引向了天下一家的大道。在与术数易并行流传中，与之不断交融互通，相待互长。春秋战国时期，孔子易与术数易仍是并行发展。孔子作易，其立意即是要远绝术数，发挥易中的人道教训，阐述大同理想，但未料其易学却是借助于术数的外衣才逃脱秦火的焚烧。两汉易学虽然术数易盛行，但亦有孔子易的民间传承，至王弼而终成思想界的主导。宋易沿孔子治易的理路发展。虽然汉宋易学皆有孔子所择取的义理的路子存在，但其选择的义理指向在熊氏看来已与孔子不同了。孔子易所倡明的是内圣外王的大道，所指向的是“领导革命，消灭统治，以蕲进乎天下一家之盛”[③]。因而是大同之学。后儒在孔子易中掺杂了为专政统治论证的小康之教。虽然，孔子所开创的儒家易一直在中国思想史上流传发展，并未被割断。但孔门后学却因时代的限制而未能体悟出孔子易学的主旨，遂将孔子理解成了封建专制的卫道者。其实这样的孔子形象只是后人树立解读出来的孔子，而非历史上的真孔子。熊氏之意即是要重塑孔子的金身，为孔子寻求在现实中得以被重新接受的理由。通过熊氏的梳理，他认定今所传《周易》几乎尽是伪经，但孔子的大道思想却部分被保留了下来。“伪《周易》全部，唯乾坤二卦保留原经文义较多，而乾坤二卦中，小儒改变处仍不少。唯乾卦彖辞、坤卦彖辞，可谓全存孔

① 熊十力：《读经示要》卷三，《熊十力全集》卷三，湖北教育出版社 2001 年版，第 813 页。

② 熊十力：《原儒》，中国人民大学出版社 2006 年版，第 94 页。

③ 熊十力：《乾坤衍》，《熊十力全集》卷七，湖北教育出版社 2001 年版，第 338 页。

子之本旨。”① 因此，乾坤两卦的彖辞成为熊氏阐发孔子大易的主要文本依据。

（四）评析熊氏“孔子易”思想

若从历史实证角度考察熊氏所建构的易学史，其不合于史实处颇多，如其将孔子一分为二，并将诸子家学皆归之于六经孔子之学，并没有史料的证据。但就解释学的层面，熊氏于其易学史的梳理中，是要阐明孔子易学派的传承发展问题，目的是为其易学找到可以存于现代的理论依据。因此与其说他是要考证历史的真实，不如说是要言说自己的思想，以六经注我的方式，为易学注入新的理念。熊十力“与同时代的文化人一样，都面临着中国文化乃至中国社会发展的道路如何选择、如何定向的时代问题，尊孔、批孔与释孔都是当时的文化人所开出的解决中国命运的药方”②。熊氏打出的旗号，是儒学道统的大旗，他所做的工作是通过还原历史真实性的办法塑造出新的孔子形象、新的易学理念。这种“还原”在我们看来当然不是真实的再现，而是一种新的义理阐释，在现代价值视界中的一种历史观照。所以熊氏不能算作是恪守家法的经学家。

儒学通过一种经学历史的考察，被熊氏认定为中国传统文化的主流，而易学作为五经之源，被其选定为传统文化的代表。熊氏认为，汉宋之后，乃至自六国起就已有了对孔子易说的不同解释，孔门弟子狂简派与顽固派也即大道派与小康派的分歧，使孔子思想存在着被后人误解的可能。实际上，熊氏要想在现代社会中给孔子找

---

① 熊十力：《乾坤衍》，《熊十力全集》卷七，湖北教育出版社 2001 年版，第 496 页。熊氏多处提到此种见解，他将汉宋传统的经书皆斥为伪经，又于伪经中寻求在他看来可信可用的保留孔子思想的材料。他说：“伪五经中，唯《周易》、《周官》与《礼运篇》，皆未忍完全湮绝先师本旨。此可追禄其功而减其毁经之罪也。”（同书，第 499 页）就《周易》言，熊氏认为只有“乾坤两彖辞，尚保存孔子《周易》纲要。《系辞》、《象辞》、《文言》、《易大传》，小儒虽废原文而改造，而诸篇之中亦偶有圣言存留，犹可辨识。”（同书，第 499 页）“伪《周易》中幸有乾坤两彖辞，未变原经真象。”（同书，第 499 页）熊氏之易学思想，即是以此文本为依据而展开。他用来判定文本真伪的标准是他所区分的大道、小康之学。

② 宋志明、刘成有：《批孔与释孔——儒学的现代走向》，华东师范大学出版社 2004 年版，第118 页。

到重立的根基，就必须打掉孔子身上的封建专制卫道者的封条，为其塑起以科学、民主、自由等现代理念为底色的金身。孔子早期与晚期思想的区分、真假孔子的判别、真伪孔子易说的厘析，都是要将一个具有现代意识的孔子树立起来，将具有现代价值的易学剥离出来。从这一点讲，熊氏与康有为的托古改制相较是有过之而无不及。

熊氏所想完成的任务，是返本开新，解决中国当前所面临的以及世界所面临的问题。他出入佛老，见证于儒，最终从易学中找到回应的答案。他将对哲学的看法，对科学的认识，对民主的体认，对平等的理解，都赋予了晚期的孔子，注解到孔子易中。和马一浮一样，熊氏仍带有较多的传统文人的影子，好假托圣言，来讨论哲学的问题，但熊氏的视域显然已发生极大的变化。他的解易之路，是从现代性入手，以现代价值的视界回顾易学的发展史，这与马一浮是大不相同的。可以说，马一浮的解易之路只是熊氏易说的第一个基本的步骤，即熊氏是在关注到易学普适性的基础上进一步以现代性为视角言说其现代价值。可以说，通过对易学史的重新梳理，一个新孔子的形象就诞生了，一种新易学就找到了立学的根基所在。

概言之，对易学史的梳理，是熊十力以现代性的视界对易学发展史的重新考察。这种考察的目的，如上所说，主要并不是弄清历史上诸派学说的承转流传，而是以一种承接道统的理想，打着孔子易的旗号，以现代哲学的方法、科学民主的观念，对易学史做一种“得于 偏”的观察，以证明易中存有现代价值。他对易学史的梳理，几近于一种判教，他将伏羲所开启的孔子承继的易学作为中国传统文化的正统，以科学民主等现代理念赋予它新的含义。熊氏所创立的易学哲学就是在其所理出的“孔子易”基础上的新发展。

三　熊十力的易学哲学：接纳现代价值

如果说在五四时期，那样一个对传统文化反思批判风气盛行的年代里，倡导儒家精神，显然会被多数人批评为保守甚至复古。而在抗日战争开始后，对传统的肯定则应当说是一种必要了。当时的学者，也认识到对传统文化的挺立于民族自尊自信的建立的重要性。现代新儒家即在这一时期迎来了其学术发展的丰收期。因为，在他们看来，传统文化的复兴是一个民族复兴不可或缺的条件。一个民族的衰微也必和其文化有着千丝万缕的联系，文化的作用甚至是决定性的。文化决定论当然有其狭隘性，一个国家的发展是其经济、政治、文化等共同作用的结果，但不可否认文化确实会影响民族、国家的发展。就现代新儒家而言，面对西化派对传统的破坏及疑古派对传统的质疑，要想使其理论富有新意，且有说服力，必须有史学上的考证以及哲理上的论证。熊氏于 1932 年完成《新唯识论》（文言文本），当时正是疑古学风盛行，西化论调高唱，科学与玄学冲突激烈的时期，他的理论必然要回答这些学派所提出的问题，否则只以旧式经学的方式盲从信古，就会成为冯友兰所说的信古一派，早晚会被抛入历史的垃圾筒。而这时熊氏对易学的体认，尚处于融易入《新论》的阶段。直至 1940 年《新唯识论》语体文本出版，熊氏之思想已归宗于大易，至 1944 年，语体三册出全。而此时国内的形势早已由科学玄学等争论，转入救亡图存的问题。如上言，肯定传统成为国家复兴、民族自尊重振的必要工作。熊氏的《读经示要》亦于 1945 年出版，其中皆体现出熊氏寻求中国文化自救的目标指向。其晚年的《体用论》《明心篇》《乾坤衍》集中体现了他的易学哲学思想。虽就其具体观点而言有所变化，但解易的理路相较于前期却仍基本保持一致，即仍是以如何将现代价值融入易学哲学为中心展开。他的易学哲学是以阐释现代性为主要价值指向的。

若将熊氏重写易学史理解成返本以拨乱的话，那么他的易学哲学建构就要开新以立论。概括地讲，熊氏易学哲学所要解决的问题有二，一是如何于中西文化的冲突，民族自尊丧失而导致的精神颓废中重新挺立以儒学为代表的传统价值，从文化层面解决国人的精神需要。二是在西方敞开的文化视野中如何使传统价值融会西学，将现代价值融入易学之中，以本体论、宇宙论的论说方式阐明易道精神，为易学在当代社会中找到立身之处，从而完成传统价值的现代转换，为世界文化文明之进步提供一种中国式的新思路。熊氏言：

> 吾国人今日所急需要者：思想独立、学术独立、精神独立，一切依自不依他，高视阔步，而游广天博地之间，自诚、自明，以此自树，将为世界文化开发新生命，岂惟自救而已哉?[①]

可见在熊氏看来，他所致力的学术以自救为前提，以彰显传统的现代价值来凸显中国思想、学术、精神的独立性，在此之基础上为世界文化创发新的理论形态。熊氏之视野和气魄是宏大的，立于传统的基础之上，他生发出完整的由本体论到人生论的理论建构，为中国哲学之进程开启了新的方向。

熊氏自言："吾平生之学，穷探大乘，而通之于易。尊生而不可溺寂，彰有而不可耽空，健动而不可颓废，率性而无事绝欲。"尊生、彰有、健动、率性四者是熊氏易学立言的宗旨，也是他新易学所要阐述的主要思想。他认为这四义，"于中西哲学思想，无不包通，非独矫佛氏之偏失而已"[②]。从熊氏的易学哲学中，我们可以看出他的尊生、彰有观肯定了意义世界的价值，凸显出人生价值之所在；而健动观则表现出对创新性的追求，以一种进化的眼光观照世界，体现出昂扬向上的精神气质；率性之论中既有对民主、自由的肯定也有对科学主义的超越。熊氏之立论已然不再限于心性论道的传统易理范围了。

综上而论，在融通儒道释三教的基础上，熊氏所建构起的易学哲学主要包含着对现实层面的关怀，以求从文化层面救治中国的弊

---

① 熊十力：《十力语要初读》，台北：洪氏出版社 1975 年版，第 16 页。熊氏亦言："余伤清季革命失败，又自度非事功才，誓研究中国哲学思想。欲明了过去群俗，认清中国何由停滞不进。故余研古学用心深细，不敢苟且。"（熊十力：《乾坤衍》，《熊十力全集》卷七，湖北教育出版社 2001 年版，第 344 页。）可见熊氏之学以自救、救国为第一指向。只是随其视野的开阔而渐有了对世界性问题的关注。

② 熊十力：《读经示要》卷三，《熊十力全集》卷三，湖北教育出版社 2001 年版，第 916 页。

病。他数次参与革命，最后才选择了学问之道作为自己救世之路，正是认识到文化对一国的重要性不亚于军事的强大。他认为易学中已有现代社会所倡导的科学、民主、公平、正义，甚至社会主义的理念，只是由于汉儒的篡改而渐失去了孔学的本真精神。以孔子易为代表的儒家精神正是通过对人性的探讨，为社会确定法度，树立起天下一家的大同理想。通过中西学术的对比，熊氏体悟到了儒学对于拯救当时社会的弊病是大有益处的，"晚世列强之政，使其民逞嗜欲而习争噬，将使人道毁绝。惜其不闻圣学也"①。经学的致学旨向在他看来可以弥补西学之不足，以使中国免于西方的覆辙，而易学中所倡导的健进之德，是医治当时国人颓废精神的良药。在对中国文化的考察中，熊氏阐明了自己的易学哲学。熊氏所解读的易道，是乾坤一元的本体论，翕辟成变的宇宙变化之理，是以穷理尽性至命为宗旨的心性修养之道，是由内圣而外王的进阶之路。熊氏言，道教偏于守柔，佛教偏于空观，只有儒家的乾坤并健，才能既满足当代人的精神需求，也能为社会的颓废注入活力。可以说，熊氏出入佛老归宗于易，但始终是以现实社会为其关注的中心所在。

（一）体用不二：意义世界的挺立

当社会的衰敝造成人心浮动，人们自然会希望于隐顿中、离世中获得心灵的安宁。佛教、道教在当时之中国能够有大批的信仰追随者就有其现实的原因。而在熊氏看来，面对日本的入侵，民生的凋敝，民族自信心的丧失，这时最应该做的是要从思想中肯定现实世界的意义，指出一条光明的中国文化之路，以鼓励民族的士气和斗志。如何从形而上学的角度论证意义世界的合理性，是熊氏易学哲学所要解决的首要问题。熊氏的进路是通过体用不二的本体观打通现象与本体的界限，为现象找到存在的意义支撑。

熊氏将本体与现象之关系理解为体与用之关系，从体用的角度言，现象与本体是一而二，二而一的。熊氏言："体用不二是内圣

① 熊十力：《读经示要》卷三，《熊十力全集》卷三，湖北教育出版社2001年版，第868页。

学之渊奥。"① 他认为："体用不可离而为二。实体、现象不可离而为二。法性、法相不可离而二。"② 按熊氏的分析，体，是指实体、本体而言；③ 用，是指现象而设。不二，是言实体是现象的实体，并没有超脱于现象之外的存在，实体就在现象之中。"譬如大海水是众沤的自身，不可说大海水是超脱乎众沤而独存。"④ 熊氏以现象为实体的功用，他所理解的实体不是只存在不活动的死物，如程朱所言之理，而是"变动不居，非固定性。即此变动不居，是实体之功用。亦复以此变动不居的功用，有象显著，故名现象"⑤。如同大海水因其变动不居的势用，而生发出众沤水，现象因实体的变动而产生，因而可以"用"表示现象。实体与现象的关系，就不是分开的两层世界，"不是由实体变动了，又别造出一种世界，名为现象"⑥。熊氏言，本体只在现象中，并没有高于其上的神或上帝的居住所。

按熊氏的分析，易道即是体用不二之道，"《大易》决定体用不二，是其根本原理"⑦，即体见用，即用识体，从体之发用流行看本就为一，因而显为"不易"。从体用不可分言，体亦需由用中才能体认，因而为"变易"。⑧

由体现用，即依用相，而立俗谛。即用而言，体在用。即

① 熊十力：《乾坤衍》，《熊十力全集》卷七，湖北教育出版社 2001 年版，第 501 页。

② 同上书，第 529 页。

③ 熊氏并没有区分本体与实体，而是认为二者是异名而同指。他说："实体与本体二名，虽有一字不同，而其义则一也。本者，言其本来有故，亦即是万物的自身。实者，言其真真实实。"（熊十力：《体用论》，《熊十力全集》卷七，湖北教育出版社 2001 年版，第 14 页。）

④ 熊十力：《乾坤衍》，《熊十力全集》卷七，湖北教育出版社 2001 年版，第 500 页。

⑤ 同上。

⑥ 同上书，第 510 页。

⑦ 同上。

⑧ 熊氏言："《乾凿度》说《易》有三义，余窃取变易不易二义。不易而变易，是举体成用；于变易见不易，是即用识体。"（熊十力：《重印周易变通解序》，《十力语要》卷一，《熊十力全集》卷四，湖北教育出版社 2001 年版，第 139 页。）

用显体，便依本体，而立真谛。即体而言，用在体。[1]

体用不是分开的二处，而应互相发见，不可分讲，讲体必有用在，谈用亦需见体。其实熊氏之本体关怀，仍是沿着古典的形而上学的思路，不同之处是，他并不认为有独存于现象之外的高高在上的本体，如柏拉图所说的理念、程朱所言的“天理”，佛家所说的“真如”或者老庄所言的“道”。在他看来，实体即在现象中，也只有依现象才能见体。“余将实体直说为现象的自身，譬如大海水是众沤的自身。”[2] 因而现象即是实体，实体也即为现象，体象不二，体用不二。

实体从本原处说，熊氏认为它并非单纯性的，而是有其复杂性。在实体中存在生命、心灵与物质、能力两类。

> 生命和心灵、质与能，同是宇宙实体内部含载之复杂性。有先隐微，而后凝固、粗大；有先隐藏，而后随缘出现。改造闭塞、沉坠之物质宇宙，为生命力充沛活跃、光焰腾腾、生机洋溢、进进不已的宇宙。[3]

按熊氏的分析，从宇宙发生发展的过程看，宇宙从“无始时来，由物质层进至生命层、心灵层，元是发展不已的全体，无可割裂”[4]。但宇宙实体如果是单纯的，则内部就不存在矛盾，因而不能变动，而无法产生功用。物质、生命、心灵，之所以层层出现，无有穷尽，正是因为在宇宙实体的本源处即有复杂性存在。因此唯物、唯心之争都是不可取的，“余以为哲学家如只争心物问题，终不是根本解决之道。须知二宗之争，其骨子里都是坚持宇宙实体为单纯

---

① 周通旦：《熊先生哲学释疑》，载《十力语要》卷一，《熊十力全集》卷四，湖北教育出版社 2001 年版，第 299 页。

② 熊十力：《乾坤衍》，《熊十力全集》卷七，湖北教育出版社 2001 年版，第 511 页。

③ 同上书，第 521 页。

④ 同上书，第 505 页。

性，而不生疑问”①。但哲学的问题在熊氏言是要解决宇宙人生的根本问题，对本体的认识就不能只是以一种理性分析的态度，而应有着一种体认于其中。纯理性的分析，是科学的进路，科学并不能解决人生意义的问题，科学式的哲学当有待于超越。“殊不知哲学穷究宇宙根源，不当纯用剖析术，却须总观宇宙万有发展不已、浑沦无间的全体，而作深彻体会。”② 因此将实体只作理性的分析，而执着于唯物或唯心，在熊氏看来是不可取的，他认为宇宙的本体即是乾坤一元的，心物皆是存于其中，对宇宙本体的认识直接关系到人生的价值指向。

按熊氏的分析，乾指称心灵、生命而言，而坤是用来表述物质、能力之辞，“圣人以生命、心灵，同有刚健、生生、升进、照明等性故，同称为乾。圣人以物质、能力，同是‘势不自举’，同有柔顺、迷暗等性故，同称为坤”③。乾坤之关系即是用来表征心物关系。乾坤从宇宙实体处讲，皆是实体复杂性的体现，二者含于实体之中。

> 乾无形，心也；坤有质，物也。升者健以动，降者凝敛似坠。心物乃太极流行之一升一降，相反相成也。心之性常升，而物性似降，此大化之妙也。④

生命心灵，因其刚健、照明、生生等性，被称为阳性，物质、能力因其柔顺、迷暗等性，被称为阴性。所以乾坤阴阳只是对两种不同性质的描述。乾统坤，心统物，万物皆有其生命力。熊氏言乾元即心体⑤，也即是认为：乾元所表征的是一种刚健生生不息的生命力，物质之运转在熊氏看来必有生命力隐于其中，坤元也是在乾元推动

① 熊十力：《乾坤衍》，《熊十力全集》卷七，湖北教育出版社 2001 年版，第 506 页。

② 同上书，第 507 页。

③ 同上书，第 503 页。

④ 熊十力：《原儒》，中国人民大学出版社 2006 年版，第 93 页。在熊氏看来，以乾坤为阴阳二气说，实是汉代术数家所言，不是孔子易的精神。

⑤ 乾元即心体，乾元指乾之本体，后文详述。

中生生不息。换而言之，从实体处讲，生命、生灵与物质、能力，同处一体，但生命、生灵是推动的决定性作用，它保证了物质世界的不断创新发展。

以乾元、坤元来讲，易以群龙表征众阳爻，一切动端物事，皆是乾元之表现，坤之元亦是乾之元，体认乾元不可以离群阳而另寻于他处，没有超越于万有之上的神存在，而是要不离于现象而觅见本体，于一切现象而识本体，所以说“群龙无首”。西方古典哲学是欲寻求隐于现象界后的最真实的存在或实在。佛教以现象界为生灭法，以真如为不生灭法，但并不认为真如生化现象界，这是将真如本体与现象析而为二。[①] 所以现象界的意义并没有获得本体论上的保证，宗教的超越性必会要求抛弃现实的意义追求终极的关怀，因而并不合于当时中国的需要。国人那时所需要的心灵安顿不是要一个上帝或神的保证，而是需求对现实意义、人生意义的一种肯定，以唤起民众对社会的责任感、使命感，奋而向上，积极进取。体用不二的设立正可以满足这样一种要求。实体中的心与物的二分，保证了心对物的决定作用，而彰显出一起生命的动力，体现出对创新价值的肯定。这在翕辟成变一节会有论述。实体与现象的不离证明了现象对实体的作用，即我们可以在也只有在人生的现实世界中才能获得对实体的体认，完成人生的超越，离此别无法门。而实体从其本初即是心灵、生命的彰显，那么个体之人自然要以一种昂扬的精神行使宇宙生命赋予人的本质。

从思想史上言，熊氏的体用不二，渊源有自。《易传》言“体用不二”“天人合德”，《中庸》言“道合内外”“物我一体”，魏晋玄学言体用不可分，至宋明理学才体会出“仁者与万物同体”的境界。宋初的三先生即有明体达用之论，伊川更提出“体用一源，显微无间”的命题，这些皆是熊氏易学体用不二观点之源泉。但熊氏的体用不二相较而言又有其发展。与程氏的“体用一源”相比，

---

① 熊氏言：“据佛氏说，法相与法性截然破作两重世界，互不相通……况复法相如幻，法性寂灭。是其为道，反人生，毁宇宙，不可以为训。”（熊十力：《乾坤衍》，《熊十力全集》卷七，湖北教育出版社 2001 年版，第 529 页。）佛教之理在熊氏看来是逆生而行，是反人生的，不足取道。

程氏以理在气先为形上基础，探讨体用之关系，而理是不动之理，至朱熹则有死人骑活马之问题。而熊氏却无此前提。在他看来，宇宙实体是心灵、生命与物质、能力的复杂体，是乾与坤的合一。① 就形上层言，乾坤一元，乾元坤元皆是本体一元的生发。实体本就无固定性，“元是变动不居”。② 因而宇宙大化就因实体之变动而展现为演进的过程，这一过程自其始即表现出向上升腾而健进的生命力。实体变动的原因就在于其内含有乾元坤元或者说心灵与物质两种力量。

熊氏复以其所形成的形上观，重新诠解易道。如他说：

> 夫刚健，明生化之盛；中正，纯粹精，则空寂之义存焉。中，无偏倚也；正，无惑障也；粹，至美也；精，微妙之极也。此与佛氏空寂义足相发明。③

刚健所表征的是生化之德，也即是仁德所产生的健进演化过程。中正则是指本体而言，本体纯善无杂，不偏不惑，至美至极，是为纯粹精，这相当于佛教所言“空寂”真谛。刚健中正被熊氏注解成了体用不二论。

综上而言，熊氏所言的实体或本体有两个基本的特征，一是复杂性，而非单纯性，乾坤两性安置于其中。二是变动性，非固定性，④ 因而能生化万物。因体用不二，本体大全皆存于现象之中，

---

① 此在后文会详述。

② 熊十力：《乾坤衍》，《熊十力全集》卷七，湖北教育出版社2001年版，第510页。

③ 熊十力：《答周通旦》，《十力语要》卷三，《熊十力全集》卷四，湖北教育出版社2001年版，第373页。

④ 熊氏言本体有四义：“一、本体是万理之原，万德之端，万化之始。二、本体即无对即有对，即有对即无对。三、本体是无始无终。四、本体显为无穷无尽的大用，应说是变易的。然大用流行毕竟不曾改易其本体固有生生、健动乃至种种德性，应说是不变易的。”（熊十力：《体用论》，《熊十力全集》卷七，湖北教育出版社2001年版，第14页。）这四义中成理之原之始，是本体固有之义，无始无终也可于本体一词的分析中得出。有对与无对、不易与变易是熊氏本体论的特色之处，这两者熊氏皆是从体用不二处分析的。

离却现象界就没有本体的存在，那么人类即应于现实社会中体验本体之意义，寻求有限性的超越，从而保证了现实世界存在之价值，是对当时出世精神的一种反动。在熊氏看来，孔子所展现出的积极人生进路就因而可以成为人类价值的导向，传统价值的意义就可得以重新挺立于世。熊氏言：“圣人直亲合于全体大用，视天地万物为一己，忧患与同，而无小己迷执。坦荡荡，与大化周流。”① 按熊氏的分析，宇宙因实体展现为现象的流行，宇宙即是变动不居的过程，纯粹是健德精神的彰显。

> 一切行，只在刹那生灭灭生，活活跃跃绵绵不断的变化中。依据此种宇宙观，人生只有精进向上，其于诸行无可呵毁、亦无所染着。②

现象虽然既生既灭，但因本体存于现象中，因而现象的意义可以获得形而上的保证，不沦为空寂。此种生灭不已的宇宙，熊氏认为是本体生生不息的流行，因而体现出一种创新向上的生命进程。就人生而言，宇宙本体所昭示的价值就不是佛教的逆生，而应是儒学的进取。可以看出，虽然从现象界而言，佛儒皆认为现象是变动不居的流行，但佛教因此判定现实为假，寻求超脱于世的解脱。儒家却于此变动不居中体会出天道的流行，将其视为仁德的生发演化，因此对人生持积极向上的态度，辅相天地，裁成万物。熊氏之哲学，是为解决宇宙人生的大问题而作，这个大问题如上而言是为扫除当时社会因国家衰落而产生的颓废之风，以及批判西学东来而造成的对传统的否定。体用不二设定，使熊氏能够对现实世界做出肯定的判断，进而彰显传统的价值。现实世界的意义依据体用不二论而获得了保证，在熊氏看来，本体流行不已，展现为翕辟两种态势，他进而提出翕辟成变的理论，继续从宇宙论的角度深化他所要挺立的现世价值。

---

① 熊十力：《体用论》，《熊十力全集》卷七，湖北教育出版社 2001 年版，第8 页。

② 同上书，第 12 页。

（二）翕辟成变：物质宇宙的施设

熊氏认为宇宙是现象界的总称，“宇宙者，万殊的现象之总名。”①，宇宙是变动不居的流变过程，他以翕辟成变彰显大用流行之妙。翕辟之辞出自《系辞传》“辟户之谓乾，阖启之谓坤”。以辟户谓乾之开发，以阖户谓坤之收凝。翕辟即是指乾与坤的相对待而流行不息两种态势。熊氏言：

> 本体流行，元是阳明、刚健、开发无息之辟势。其翕而成物者，盖以辟不可无集中其力用之工具，前已言之矣。翕为物始，必渐趋凝固，此质碍层所由成。辟者宇宙大心，亦名宇宙大生命。其潜驱默运乎质碍层，固至健无息也。易言“乾元统天”即此义。②

熊氏认为天指宇宙天体而言，实指物质，而乾元所代表的阳明、刚健之德却要打破已经形成的物质创生出新物，潜驱默运，因而促成事物的发展。宇宙之生生不息即是由翕辟两种态势相互作用而来。

实体大全，恒转而成大用，因而不可离用而言本体。而本体功用的彰显又是通过翕辟这两种相反相成的力量表现出来。翕势收凝成物，辟势开发创新，至健不坠，无所不在，但又以本体的性质为内在德性，因而可以即用以明体。翕势虽然会使宇宙有物形成，但就辟势而言，宇宙流行不已，不会使已成之物限制在一定的时空之内，即不会物化而凝固，他说：

> 恒转动而成翕。才有翕，便有辟。唯其有对，所以成变。恒转是一，其显为翕也几于不守自性，此便是二，所谓一生二

① 熊十力：《乾坤衍》，《熊十力全集》卷七，湖北教育出版社2001年版，第523页。

② 熊十力：《体用论》，《熊十力全集》卷七，湖北教育出版社2001年版，第20页。

是也。①

翕辟同存而俱起，皆是本体流行的内在动力。辟势破坏已成之物，其作用是促进事物的变化，使其不固守已经形成的“窠臼”，不为物化，反作用事物的下坠趋势，引而向上，显发本体的刚健、生生等性质，也即是显示本体的创新性。所以就宇宙整体而言，虽然有具体可见的物质个体存在，但它们却又是变动不居的，因而又可以说无物常在。我们所见之物，只不过是翕势所产生的“化迹”，辟势的意义即在于让事物顺本体的刚健生生而运转。因辟势而展现生化不已，在熊氏看来无疑是生命力的表现。翕而成物，辟而成变。整个宇宙即在翕辟两种势的作用下，生生不已。

如上所述，乾坤关系，亦是心物关系。翕辟是乾坤的两种态势，就心物关系而言，翕而成物，翕即可以指称物质，辟势使已成之物不守于己性产生变化，彰显出生命力，因可称之为“宇宙大心”。

> 翕即凝敛而成物，故于翕直名为物。辟恒开发而不失其本体之健，故于辟直名以心。夫心辨物而不蔽，通物而无碍，宰物而其功不息。下是健以开发之势，故知心即辟也。心物同体，无先后可分。②

可以看出，熊十力以辟翕为心物，皆是指二者的关系。熊氏所要凸显的是心对物的主宰，即心虽以物为载体，但物却因心而动，辟势才是宇宙变化的动力所在，现象界在本质上只是实体中所蕴含的心灵、生命或者说乾元的活力的显现。从形上层面而言，宇宙整体因心（辟、乾）而展现为动的态势，成就变化，表现出刚健性德。所以宇宙在熊氏的眼中，不是死的物，而是活生生的、流变不息的生命。那么人于宇宙之中，当然以创新为务，开物成务，不可抱残守

① 熊十力：《体用论》，中国人民大学出版社2006年版，第15页。

② 熊十力：《体用论》，《熊十力全集》卷七，湖北教育出版社2001年版，第19页。

缺，应健进向上。人立于天地间，禀受乾元而来，在熊氏看来，又有什么理由让我们不恪守己德，顺天而行呢？

宇宙因翕辟而成变，但这里的变已不再是对宇宙的客观描述或分析，而是掺杂了熊氏的生命体验，他的目的是要通过对宇宙论的形上探索，赋予宇宙以形上之德。可以说，熊氏的思想进路，仍是《周易》中天人合德的模式。体用不二本体论的建立，使熊氏能够从形上层面打通本体与现象，进而肯定现实世界存在的意义。翕辟成变则是将现实世界判定为变化不息，以翕辟两种力量说明现象界变化的原因，进而突出实体中心灵、生命或者说乾元的作用。就本体而言，翕辟皆是源于本体，因为本体本身在熊氏看来即是即心即物的合一，心物同体。就现象言，本体展现为翕辟的态势，因辟势而表现出生命的活力。他又即用而求体，将这种活力赋予本体的流行，认为本体是动而不息，并不是固定的。翕是下坠的趋势，而辟却将这种趋势引而向上，宇宙万物因辟势的存在表现出不断突破自身而求发展的性质。所以宇宙在熊氏的眼中处处皆是生命的展开，处处皆有创新的表现。创新是万物从本体直贯现象而来的本质。

熊氏直称辟势为宇宙大心，认为其无所不在，也是在表明事物皆有其发展而创新的内在德性。宇宙是变化的，变化之因，从形上层而言是本体的展现，乾元坤元的相互作用，从宇宙论上是翕辟二因，翕势可类似于物质因，辟势指动力因。而本体流行，其实即是辟势作用的彰显，“夫本体流行，唯是阳明、刚健、开发无息之辟而已。其翕而成物者，所以为辟作工具也”①。宇宙由无机物到有机物，全生命体产生皆是辟势作用的展现。所以可以说“辟者，宇宙大心，亦名宇宙大生命”②。可以言，辟势对于宇宙的作用即在于创新，“改造闭塞、沉坠之物质宇宙，为生命力充沛活跃、光焰腾腾、生机洋溢、进进不已的宇宙”③。整个宇宙因辟势而展现为一生

① 熊十力：《体用论》，《熊十力全集》卷七，湖北教育出版社 2001 年版，第 20 页。

② 同上书，第 21 页。

③ 熊十力：《乾坤衍》，《熊十力全集》卷七，湖北教育出版社 2001 年版，第 521 页。

命昂扬的过程。

就作为生命个体之人而言，人禀乾承坤而来，“易言之，人与大自然同禀受一大生命以生”[1]。人之禀受乾体，当然也即含有辟势则展现出生命力。若人类只是注意物质的方面，而忘其生命力的彰显，在熊氏看来是十分可悲。熊氏反对唯心的一元论，但他更加反对唯物质论。宇宙在熊氏言即是一个生生不息、生命不止的过程。人生即与大自然同有一大生命，就不可消极对待，而应以一种积极进取的心态勇于创新，展现辟势于社会现实之中。在他看来，心灵之作用，可分为知情意三个方面，而意志尤为重要，“余因孔子之言，尝深切体会意志力之强猛，而悟心灵与生命元为一物之两方面，实不可离而为二”[2]。就乾坤言，乾主动而坤顺承，生命之展现皆是乾体之功。“生命是大生的强盛势力，心灵之意志力亦即是生命力，不可以生命、心灵析为二物也。”[3]

> 易之所谓乾，就是大生的强盛势力。这个势力，叫作生命，又叫作心灵，所以说生命、心灵本来是一。此强盛势力其性质特殊，从其生生不已而言，故谓其有刚健性；从其勇于创造及不下坠而言，故谓其有升进性；从其能发展为一切知识以及最高智慧与道德而言，故谓其有照明性。[4]

人与宇宙同体，内在的生命冲动必然会要求以一种积极的态度面对人生，体现出乾健之精神，冲破物质惰性。创新是本体之要求，是宇宙变化之趋势，也是人之为人应有之精神。

综上而言，熊氏以翕辟成变作为宇宙生成变化的内在原因。翕指物质而言，辟指心力而论。翕辟之关系即是乾坤之关系，也即心物之关系。从形上层言，宇宙本体流行不已，万物皆根于此。从宇

---

① 熊十力:《乾坤衍》,《熊十力全集》卷七，湖北教育出版社 2001 年版，第 521 页。

② 同上书，第 537 页。

③ 同上书，第 538 页。

④ 同上。

宙论上言，翕与辟、乾与坤、心与物是宇宙变化的内在原因，而两者相较，心统物、乾统坤、辟统翕，宇宙之所以能够彰显出生命力，皆是由于乾、心或辟的作用。坤或翕或物是其乾、辟或心发生作用的物质工具，虽然乾元与坤元皆含于本体之内，不可缺一，但乾元统坤，推至最终，乾坤只是一元，因而可以说宇宙生成变化所体现的只是乾元辟势发生作用的过程。从实体中对心灵、生命或者乾元的设定，直至现象界中辟势的展开，宇宙被熊氏描述成一个在心灵、生命或者乾元推动下由辟势而开出的不断突破自身的创新过程。它不断创生又不断突破，创新的价值被熊氏以本体论的形式表述了出来。借助体用不二的本体观，熊氏挺立了现象界的意义，现在又借助于翕辟成变的理论，熊氏凸显了辟势的价值即创新的价值所在。宇宙被判定为本体与现象的合一，“变”是本体与现象共有的特征，宇宙之变所彰显的不只是客观的演化，还是本体阳明、刚健诸德的显用。可见，熊氏之本体论是以本体论、宇宙论彰显人文的价值，表达出对现世的关怀。这种本体论及宇宙论的设计，显然是不同于西方古典哲学。熊氏对西方静观宇宙、理性分析而无生命体验的做法如上所述显然是不赞同，儒学所体现的人文化的本体论及宇宙论的意义因而即被熊氏凸显了出来。

熊氏亦以这种创新的精神指导自己的学问之路。在他看来，哲学也是需要不断创新发展的。熊十力认为，哲学是一国文化的核心，政治、经济、艺术、建筑、民风、习俗等等无不体现出文化的不同，而使各国文化如此区别的根本就是哲学。他说：“夫言一国底文化，则其所包络者，广漠无垠，一砖一石，亦莫非其文化的表现，然究其根荄，必于哲学思想方面。”①文学、哲学、科学，无贵贱之分，“实则文学、哲学、科学，都是天地间不可缺的学问，都是人生所必需的学问。这些学问，价值等同，无贵无贱”②。但学术自救，无疑最重要最核心的是哲学重建。

中国需要新的哲学产生，“愚意欲新哲学产生，必须治本国哲

① 熊十力：《文化与哲学》，《熊十力全集》卷八，湖北教育出版社 2001 年版，第 100 页。

② 同上。

学与治西洋哲学者，共同努力，彼此热诚谦虚，各尽所长。互相观摩，毋相攻伐。互相尊重，毋相轻鄙，务期各尽所长，然后有新哲学产生之望”①。新哲学的产生需要西学与中学共治，需要研究本土哲学与西洋哲学的学者共起努力，共同创造，才有可能。而如若相互攻击，各善其所长，恶其所短，则新哲学无望。而中国所需要的哲学是一种创新的哲学，所谓创新，熊十力认为不是去除本有，移入外物，而是要从旧学中开出新学，融新理念于其中。

> 须知创新者，不是舍除其所本有，而外移来人家的物事。移与创，分明不是一回事，故为全盘外化之说者，是太消灭自家创造力，自暴自弃之徒也，创新者，更不是从无生有，如魏、晋人误解老子哲学之所云也，创新，必依据其所本有，否即空无不能创。②

哲学的创新是在综合中外的基础上，有所突破。在熊十力看来，单纯地依靠移入外来的哲学，以替代本土的文明，是不可行的，也是不负责的行为，主张全盘的西化之说，多是自暴自弃之徒，只是学人口舌，无创新可言。熊氏的新易学可以说就是他的创新理念的一个学术结晶。

（三）乾坤一元：人生价值的彰显

如前所言，熊氏勾画出了孔子易学的发展流行，试图证明孔子易学才是心性之学证体见体工夫的渊源，孔子易中亦蕴含有科学、民主、自由、平等甚至社会主义的理念。在他看来，自孔子后，由于汉宋学术的掺杂，使本富含大同精神的孔子易变成了为帝制论证的小康之易。他重塑了孔子的金身，借孔子之口言说自己所创发的易道。他认为易道即是乾坤一元之道，即是变化之道。乾坤本即是一元，“坤之元，即乾元也。坤亦乾之变化也，非坤别于乾而自为

---

① 熊十力：《文化与哲学》，《熊十力全集》卷八，湖北教育出版社 2001 年版，第 102 页。

② 同上。

本也。变化者，乾之行健不息也”[①]。乾坤一元所要彰显的即是天地内外的变化之道，

> 三百八十四爻所发挥者，皆示人以乾元之变动不居。其变也，至赜而不可乱，至动而贞于一。故曰六爻发挥，旁通情也。宇宙万有，一入一切，一切入一。[②]

万有之源归于一，一即乾元之本体。宇宙万有皆是乾元本体之生发开展，因而宇宙是一个健动不息，生生流行的过程。宇宙健动流行，又有其理路，故又动而不乱。

熊氏认为乾元有三种意义，一是“乾不即是元”。[③] 汉宋诸儒以乾为元是错误的。二是“乾必有元”。[④] 一定有产生乾的本体存在。三是“元者，乾之所由成”[⑤]。元即是指乾的本体。“元者，原也，宇宙实体之称。”[⑥] 但体用不二，乾之体即在乾之象中，因象而见体，并无独存于乾象之外的元，因而又可称为乾元。坤元之含义亦如乾元。[⑦]

按熊氏的分析，乾坤之元皆是一元本体所生，如上所说，“乾，为生命和心灵诸现象。坤，为质与能诸现象。”[⑧] 现象万殊，但皆是本体的流行变化。因而并不存在乾元、坤元的二元之说：

---

① 熊十力：《读经示要》卷三，《熊十力全集》卷三，湖北教育出版社 2001 年版，第 911 页。

② 同上书，第 912 页。

③ 熊十力：《乾坤衍》，《熊十力全集》卷七，湖北教育出版社 2001 年版，第 523 页。

④ 同上。

⑤ 同上。

⑥ 同上。

⑦ 同上书，第 523—524 页。熊氏言“一、坤不即是元。二、坤必有元。不可说坤是从空无中幻现故。三、元者，坤之所由成。元成为坤，即为坤之实体。不可说坤以外，有超然独存于外界之元。既知坤以外无有独存的元，故于坤而谓其即是元。所以有坤元之名。”乾元、坤元之含义，熊氏皆是以体用不二为理论的前提，在此基础上乾元、坤元指称二者的本体。

⑧ 同上书，第 523 页。

> 《易》之乾元坤元，实是一元，非有二元。坤之元，即乾之元也。自来易家言象者，以乾为天，以坤为地，然皆曰“天包地外，地在天中”，则坤非离乾而别其元。此义甚明，如何不察？①

《系辞传》“立天之道曰阴与阳，立地之道曰柔与刚，立人之道曰仁与义”。即是表明易道，是一以贯之之道。天地人三才之道，皆是一道贯穿。如果以太极为本体，因体用不二，不可离用而言体，则乾元即是太极，坤元也是太极，非是别乾坤所从出者为太极。如果以乾元为本体，则乾坤的关系，即是神与器、体与用的关系。② 宇宙之本然状态只是一个太极本体的显用，而在功能演化处则体现出一分为二，即阴阳、刚柔、仁义的对待与流行。而宇宙之生成演化，如上言，其动力在于乾元，若无乾元熊氏认为宇宙必成为一死气沉沉的宇宙，因而就乾坤言，乾体实是宇宙展现为生生不息的原因，所以说乾为神，而坤为器，以器求神（道），即用以求体。他言：

> 乾坤同一乾元实体，譬如众沤同一大海水，不得言二元。乾坤两方面虽有相反之性，而乾实统御坤，（即心统御物。）相反所以相成，正是全体流行之妙，而可言二元乎？③

乾统坤不是指乾高于坤之上，而是指乾体内在于坤物之中，坤作成物，以形相生，而乾元却破坏已成之物，促其变化，因而有主宰之意。其实乾元坤元皆是一元所生，而本体又在乾坤之中，因而可以说乾体为宇宙之本然之体，乾坤之外无体存在。乾元本体即太极，“太极本无定在，然群爻皆太极之显，即群爻统体一太极，一爻各

---

① 《十力语要·卷一》，《熊十力全集》卷四，湖北教育出版社 2001 年版，第 38 页。

② 熊氏言：“《易》有太极，太极即乾元也，非更有为乾元之所从出者名太极也。乾道，进进也，变动不居也，生生不息也，故谓之元。坤实非元，其体即乾也。乾为神，坤为器。神者固器之体，器成则神即器而存，故不可离器而求神。”（《十力语要·卷四》，《熊十力全集》卷四，湖北教育出版社 2001 年版，第 461 页。）

③ 《明心篇》，《熊十力全集》卷七，湖北教育出版社 2001 年版，第 271 页。

具一太极也”[①]。太极显于诸爻，即是指其生化流于万事万物之中。这与月印万川之理是不同的，万川之外必有一月存在，而于万物之外却无太极存留。可见，理解熊氏所言的乾坤与太极的关系，必须以体用不二、乾坤一元为前提。

可以言，乾坤一元是就形上本体而讲，乾坤皆是本体的展现，因此坤之元即乾之元，乾之元也是坤元。在体用不二论中，我们已经论述过，本体在熊氏言是复杂性的合体，其中既含有心灵、生命，又有物质与能力，也即是乾坤皆含于本体之中，本体展现于现象，乾坤即表现为翕辟两种态势，翕辟成变而造就宇宙的生成演化。但就乾元、坤元的作用而言，二者又是不同的。“大哉乾元，万物资始，乃统天。”“至哉坤元，万物资生，乃顺承天。”乾元之作用就宇宙生成论而言，是使物质由无形到有形的最初本原，“其形形之始也，盖乾道变化”[②]。“物质最初形成，是由乾道变化，自然而开始耳。”[③]“总之，始也者，纯是乾道变化之事。”[④]而坤元的作用是使万物以形相生，“自乾道变化，坤乃承乾而成物，于是有万物以形相生之事”[⑤]。乾元资始在先，这里的先应是一种逻辑上的先，才有乾元便有坤元，“万物资乎乾元而大始以后，遂以形相生”[⑥]。就宇宙生成之后言，万物以形相生，而乾元的变化之功就潜于万物之中，表现为辟势，“未尝舍其刚健照明升进诸德性而不以赋予于万物也。否则万物徒具坚凝、闭塞之形体，将无生命可言矣”[⑦]。乾元之作用不仅是使万物资始，更在于它于宇宙演化中成就万物的变化演进，乾元存于一切物质之中。概言之，乾坤虽然一元，但在一元之中乾坤的地位和作用并不相同：乾是主动的，坤是

① 熊十力：《与人谈易》，《十力语要初续》，《熊十力全集》卷五，湖北教育出版社2001年版，第5页。

② 熊十力：《乾坤衍》，《熊十力全集》卷七，湖北教育出版社2001年版，第525页。

③ 同上。

④ 同上。

⑤ 同上书，第526页。

⑥ 同上。

⑦ 同上。

被动的；乾是心、是神，坤是物、是质；心神能了别物质、裁成物质、统御物质、改造物质。“可见，所谓乾坤并建，其实乃是乾道一元，亦即心神一元。因此，熊十力的宇宙本体论实为心体论。”①

乾坤为一元，万物皆是资取于一元本体，但熊氏认为这并不是说一元本体产生万物。其实熊氏所言之一元是“就万物本身自有真实源头而说，万物非空非幻故”②，在他看来，并没有超脱于万物之上的一元存在。他言：

> 孔子确乎肯定万物为主，尊重万物之自力，尊重万物之威权。故肯定万物共有一元，不空、不幻。但一元不是离开万物而独立，譬如大海水不是离开众沤而独存。是故应说，一元是万物自身之内在根源，以成其始、以有其生。譬如众沤各各皆以大海水为其源，而实则每一沤之自身皆是大海水。是则众沤之源，明明不在其自身以外。③

依据体用不二论，一元是内在于万物之中，万物皆内具一元本体，因而万物之间皆是平等的，那么孔子易所彰显的就不是一种等级秩序而是人性的平等。熊氏进而将乾坤一元论落实到人性论，他认为从人性的角度而言，乾元本体（亦可言坤元本体，也即是一元本体）表现在仁体、心体、性海三向度上。熊氏言：“乾即是元，故曰乾元。元者，仁也。”④ 乾元是就仁体而言。乾元为众德之备，众善各是乾元仁体的一偏，所以说仁体生生不息。万物皆禀乾元而始，亦以实现乾元之在我者为人生修养之方向。其实在熊氏看来，乾元于宇宙、人类所体现的是一种变生不已的趋势，“乾者，即是生化不息的势能。而此势能的本身，却是万理具备的，无非迷乱，

① 周立升；《现代新儒家易学思想探论》，收录于刘大钧主编《大易集释》（下），上海古籍出版社 2007 年版，第 572 页。

② 熊十力：《乾坤衍》，《熊十力全集》卷七，湖北教育出版社 2001 年版，第 575 页。

③ 同上书，第 576 页。

④ 熊十力：《读经示要》卷三，《熊十力全集》卷三，湖北教育出版社 2001 年版，第 946 页。

故于乾而名之以理”①。人生之意义即是在于顺此势能而无亏无欠。佛教之逆生，西哲之体用二分，心物之二分都无法解决这些问题，更不能为人类提供精神的安顿。因而在熊氏看来，《大易》之精神确实是有益于社会人类发展的。

乾元为仁体，亦可称之为心体。熊氏认为：“心者本体，在《易》则谓之乾。”② 乾元被熊氏赋予了阳明、健进、向上诸德，宇宙之进程的推动，从生成论上是本体内乾坤二元作用之结果，而从现实上讲则是乾元内在于万物之中，生生不已，从而破坏已成之物，使宇宙不为物化而展现出生命力。因此乾元可谓宇宙之大心，宇宙之生命。所以可言，乾元即是心体。

熊氏以乾元为心体，对阳明致良知之学做了批判，他说：

> 阳明虽发见良知真体，而禅与老虚寂意思究过重，吾《新论》谈本体，虽申阳明之旨，而融虚寂于生化刚健之中。矫老释之偏，救阳明之失。于是上追大易，范围天地之化而不过。人生毋陷于迷乱，毋流于颓废，其在斯乎？③

乾元本体虽有虚寂之一面，但此虚寂却于生化刚健中彰显出一种不息的大化流行。其实就佛儒两家而言，在本体观上，两家都对空寂有所体悟，但对本体的侧重点不同。佛教偏重于空寂，而儒家重于生化刚健，唯恐人耽空溺寂。由于其人生价值的指向不同，而推导出不同的哲学进路。佛家终归逆生而行，儒家以乾元本体之生化，而进入人性的层面，探讨人生价值的意义。

乾元不仅为心体，也即是万物的性海。熊氏言：

---

① 熊十力：《读经示要》卷三，《熊十力全集》卷三，湖北教育出版社 2001 年版，第 963 页。

② 熊十力：《新唯识论》文言本，《熊十力全集》卷二，湖北教育出版社 2001 年版，第 86 页。

③ 熊十力：《读经示要》卷三，《熊十力全集》卷三，湖北教育出版社 2001 年版，第 833 页。

> 乾元者，即用显体，而立斯名。万物皆资于乾元而始生，故乾元者万物之本性也。性而曰海者，言其德盛不可测，因以海喻之。①

从生成论上，万物皆资取了乾元的向上健德之性，万物之所以不为物化，不固守其旧，就是因为乾元向上的引领作用，因而乾元心体，对于万物来说也是物之本性，它生生不息，如海一般波澜壮阔，因而可以性海明之。心体性海皆可以“仁”概括，“《易》以乾元为仁。仁者，生生不息义。盖以宇宙论而言，仁为万化之原；以人生论而言，仁之德备万善也”②。仁即是宇宙生生不息之理，在人则体现为德行。本体之在我者，即为德。仁体即本原之体，即是性体、心体，只是同体而异名相待于不同对象而言。天地之生生不息，即是仁体之发用流行。因此求仁之学，当是返本求心性之学。按熊氏的分析，本体并不是外在于现象，而是与现象融为一处。对宇宙本体的认识因而就可以和自身德行的修养联系在一起，尽心尽性的过程也就是知天的过程。此皆是导源于熊氏的体用不二论。

其实，可以看出，熊氏持一种进化的宇宙论，认为生生不息的宇宙进程，是一种由低至高，由无机物到有机物不断演进变化的过程，他在解释乾卦之九四时说，

> 此以生命言之，当无机物成时，生命犹未发现。及有植物，则生命已突跃而出。由动物以至人类，则生命之奋进，殆如旭日方升，其盛大不可思议。人类中而有圣哲，生命跃进，庶造其极。此从跃之方面以言，生命诚无时不在上进之中。③

但熊氏所理解的进化论，显然与达尔文的进化学说是不同的，熊氏宇宙生成进化强调的是生生不息之健德仁体的流行发用，达尔文的

---

① 熊十力：《原儒》，中国人民大学出版社 2006 年版，第 89 页。

② 同上书，第 97 页。

③ 熊十力：《读经示要》卷三，《熊十力全集》卷三，湖北教育出版社 2001 年版，第 938 页。

物种进化则是从生物学上分析生物与自然相适应而发展演进的过程。熊氏显然是明白这一点的，他说：

> 达尔文虽知生物之战胜环境，由其自身之努力，然实不了生命。柏格森、杜里舒诸氏，于生命颇有体验，但所体验者，生类从无始来，一切习气之潜跃者而已。此意略见新论中卷功能章。彼等终不识乾元性海也。其所云生之冲动，非天德之健也。是习，而非性也。①

在熊氏看来西方哲学对本体的分析，无法落实于人性的层面，达尔文的进化论如此，柏格森、杜里舒的生命哲学也是如此，他们将万物的演进不过看作是对环境适应或者自身习性的表现。并没有参悟现象与本体的不二关系。“物秉天道以生，即天道是物之本性。”②天道之行，健而又健，其实就是乾体之流行。万物囿于成型，与天道之流行相违，因而乾体必破其已成而成就新物，生生不已，新新不息。人是万物之至灵，在此生生不息，德健进取的宇宙中，当然不可以为物化而固守物性，而是要彰显乾元本体的健进仁德，以一种积极的心态面对社会的问题。③

概言之，在熊氏看来，乾元坤元之关系，也不是如汉宋诸儒所说的乾元统坤元之论。汉代易学以六十二卦为乾坤所生成变化，而坤又以乾卦为首，因此认为坤之元即是乾之元，既而又将乾元认为是太极，而太极在汉代易家看来又是指北极星，是主气之神。④熊氏

---

① 熊十力：《读经示要》卷三，《熊十力全集》卷三，湖北教育出版社2001年版，第957页。

② 同上书，第943页。

③ 熊氏言：“健，仁也。仁者，生生也。生生不息者，健之至也，故曰健，仁也。人道体天德，体其健而至矣。”（熊十力：《读经示要》卷三，《熊十力全集》卷三，湖北教育出版社2001年版，第955页。）

④ 熊十力：《乾坤衍》，《熊十力全集》卷七，湖北教育出版社2001年版，第516页。马融言：“易有太极，谓北辰。”（虞翻《易注》）郑玄言：“太一者，北辰之神名也。居其所，曰太一。”“太一者，主气之神。”（郑玄《乾凿度》）李道平说：“太一即乾元也，在天为北辰，在易为神。”［（清）李道平：《周易集解纂疏》，中华书局2011年版］

认为，汉代易学家的唯乾一元论，实际乃是暗含神道，凸显的是天、帝、君、父、夫至高无上的地位，由程颐所开启的宋易“实继汉易之统”[①]。熊氏斥之为小康之学。按熊氏的分析，孔子易所讲授的大道，阐述的大同之理，宣扬的是人格的平等。这些等级差别的理论，不能算作孔子晚年的定论。实际上，汉代易学重象数，汉人也多从天象的运转来阐述卦象，他们致力于一种宇宙图式的构建，力图将宇宙万相皆通过易道表征出来，使宇宙人生局控于掌上。而宋易却是明体达用，借象言理，二者还是有明显的区别。但熊氏却从现代价值，主要是人生价值的角度，看到汉、宋易学皆是承认乾的至高地位，以突出乾元的无上性，其目的不过是为封建社会的伦理纲常论证，从而对之持评判否定的态度。

熊氏认为乾坤本即是一元，从价值层面而言，它所彰显的是人格的平等，体现的是对人生价值的重视。万物皆有取于乾元、坤元，以成就自身的德性。因而就形上层面而言，万物皆是平等的，其内皆有本体的诸德存在。体用不二，本体也只有依于现象才能存在，因而并没有存于万物之外的决定它们生命的高高在上的天帝鬼神，万物只需尽己之德性发展而已。这样无论是个体之间，还是个体与天地鬼神之间皆是一种平等的关系。熊氏言：

> 综观两彖辞，可见大易立义，直捷肯定万物，直捷以万物为主。一元实体，万物既资取之，即为自己所本有之自根自源，一元本是万物之真实自体。万物以外，无有超然独存之一元。[②]

无有独存之一元即是不存在天帝鬼神，也不存在独立于现象的本体，本体即在现象之中，宇宙之大生命即在人之生命之中，“天地与吾同心”，因而人生是自由的，个体是有其生命创新的内在动力的。实体或本体依据乾坤一元言，也并不是万物的第一因，而是

① 熊十力：《乾坤衍》，《熊十力全集》卷七，湖北教育出版社 2001 年版，第 516 页。

② 同上书，第 527 页。

“万物都将实体完全资取得来，成其自己。易言之，实体是万物各各所本有的内在根源”①。这样通过体用不二的分析，熊氏肯定了现象界的意义，通过翕辟成变的理论，熊氏彰显了创新的意义，通过对乾坤两彖辞的解读熊氏提出乾坤一元的思想，进一步在易理上将人生价值凸显出来。乾坤一元，万物皆是承同一本体而来，本体又在万物之中，则万物无有主宰，品性自足，所以万物之关系即不存在等级的差别，而应是平等的。孔子乾坤两彖辞的精神在熊氏看来即是在于此。他进而将其所理解的乾坤一元论落实于人生论中，以期指导现实的价值趋向。

综上所述，我们可以对熊氏所理解之易道做一概括，以厘清熊氏从本体到现象，从宇宙至人生的思想轨迹。

第一，熊氏把现象之全体称为宇宙，宇宙之性质即在变化，所以易道，首先是变化之道，《易经》即是变经。而体用不二，现象是本体功用的显现，即用以求体，可知本体亦是变动不居，没有固定性。在熊氏看来，本体又是具有复杂性的，是乾元与坤元的合体。从宇宙生成的角度，乾元之性表现为辟势，坤元表现为翕势，翕辟而成变，宇宙由此演化不息。

第二，从形而上的角度而言，体用不二，本体即在现象之中，因而并没有独存于现象之外的本体。本体之意义也只有通过现象才能被体认证悟，因而现象界有其不可或缺的意义。在熊氏看来，我们无须于现象之外寻求神的庇护，只要于现象之中体悟本体即可以成全人之为人的意义。于此点上言，西方哲学与佛老的理论都是不可取的，只有儒学所倡导的现世精神才符合宇宙本体论的要求。这样，熊氏即从形上学的角度凸显了现实世界的价值，肯定了现实社会，也即重新为儒学找到了可以立于现代社会的本体论根基。

第三，易道是变化之道，熊氏按照传统之理路将此变化之道理解为生生之道，“天地之大道曰生”“生生之谓易”，生生在熊氏看来是健德流行的过程，宇宙即是乾元本体流行不已的过程。宇宙之

① 熊十力：《乾坤衍》，《熊十力全集》卷七，湖北教育出版社 2001 年版，第531 页。

所以能够生生不已，其内在原因是翕辟两种力量的作用。辟势不断破坏已成之物而创新不已，宇宙因而表现为创新不止的过程。那么人生于此世之意义，就不可逆生而行，而顺生生之本然，以富有为大业，因而易道又是生生之道，于人来说又是尊生之道。人当发挥主观能动的作用，辅相天地。可以说，熊氏于宇宙的生生之理中，所要彰显的是一种积极向上勇于担当的人生观。

第四，就乾坤一元而言，乾坤皆是由一元本体所出，因而乾元即是坤元，坤元亦是乾元。乾坤相对所体现也即不是男女尊卑，高下相别的关系，而是一种相互的平等。因而乾元仁体内在于一切物之中，万物皆是禀乾元而始，所以说个体之间是平等的。而体用不二，乾元仁体并不在万物之外，这又保证了没有超越于人的神的存在。人与人之间，物与物之间在熊氏看来，从乾坤一元的角度而言都是平等的，个体之价值被熊氏以易道的形式彰显而出。

（四）保任本心：易简工夫的新解

如上而言，如何解决现实人生社会的问题是熊氏思考问题的核心之处。熊氏对体用不二、乾坤一元本体论的构建，虽然下了大功夫，但其最终必然落实于个体的修养工夫之中，以此为基础进而实现外王。外王在熊氏看来仍是以内圣为根基，因而如何修养，以提升个人品性是其在树立本体论后必须考虑的问题。熊氏这里仍是沿着他创新思维的理路，采中外之众长，而归于易道。他承继心学，对易简工夫做了一种本体论角度的说明。坤《文言》曰："易则易知，简则易从。易知则有亲，易从则有功。"熊氏认为《文言》中的此句是就修为方法而言的：

> 夫乾知，坤能，乃所谓天地之心也。而天地之心，即是吾人之心，非可判而二之也。此心元是易简，无有杂染，反求即得，故云易知。敬而勿失，故云易从。①

---

① 熊十力：《读经示要》卷三，《熊十力全集》卷三，湖北教育出版社 2001 年版，第 978 页。

“乾知坤能”源自“乾知大始，坤作成物，乾以易知，坤以简能”。（坤《文言》）乾知，在熊氏看来，是指乾之秉性而言，乾体清净无内，光明四通，故称其为知。乾体虽至健，但寂然而不乱，不烦不挠，淡泊不失，即不为私欲或惑染所烦扰，即显现为一种清净相，因而易知。坤与乾同体，简之意，也指其寂然靖净而言。乾知坤能，都是太极一体之发用流行。乾元展现为辟势，使万物生而不息，又不为物化，万物皆资取乾元以始，因而乾元内在于万物，所以以主宰义言之，乾元即是宇宙之心。人为万物之灵者，乾元在人即为人之本性，以用见体，所以人之心体性体亦可称为天地之心。

> 吾人易简之心，即是天地之心。吾人日用之间，能不失之放肆，即易简之心恒存，其与万事万物相流通者，自毫无阂碍。如此，则即知即行，何难从之有。①

那么体认本体之方法即是“反求易简之心，即知万物本吾一体。故能推己及物”②。“从其易简之心，而发为万物，则万行真实，无有虚妄。”③

心性皆是承天道而来，性是人之所以生之理，心是人身之主宰。易简工夫即在于去欲而保任本心本性，本心即命即性即理。熊氏显然是归于阳明心学的理路。“夫命即性也，性即本心也，本心澄明，无有染着，无有倒妄。”修养功夫即是保任澄明之心恒为一身之主，不为物欲习染所干涉。当邪欲起时，恪守尚存的本心灵明，努力操存，勿自失，即是保任本心的方法。如果以乾元即心体、即性体，人之于世修行涵养之道，也就是如何于物欲中促进乾元心体、性体的生发，性智的开展，以悟体、证体、见体，参天地之变化，为人生找到心灵生命安身之所。“若非人能奋其自力，以

---

① 熊十力：《读经示要》卷三，《熊十力全集》卷三，湖北教育出版社 2001 年版，第 978 页。

② 同上。

③ 同上。

修养所性之德，则将蔽于形气，而不得显发内在宝藏。”① 人应效法乾元之道，以一种健进之德，即世间而超越。

基于这种理解熊氏对坤之上六“龙战于野”做了令人耳目一新的诠解。他认为龙战于野即是心神战于物欲，物欲盛行必然会引发乾元心体的反抗，以至于重阴之中一战而收复。龙战于野，即是天理之心克制邪欲妄动的过程。②

> 心，乾也，阳也。形，坤也，阴也。心不能主乎，而为形所役，则是坤不顺从乾，阴侵阳，此佛所呵为颠倒也。故君子存心养心之功，必时时提醒，不使心为形役。③

阴阳相战，于德行修养上即是喻存心养心的必要性。应以心克制欲望而不能被物所化。

在熊氏看来，即体即用，即用见体，于变易中见不易，体与用、道与器、神与形、变易与不易、反动与冲和、流行与主宰，是相即不离的。所以在保任本心本性上下功夫，即可于用中见体、于器中见道、于形中体神、于流行中见主宰。总之，即可于变换之现象界中，体悟本体之所在，把握宇宙之本真，从而见性悟道。随着工夫的加深，本体的显露也会越发明朗透彻。“工夫不息，即本体愈显。本体元无凝滞，无枯窘，无系缚，无匮乏。”④ 本体需自家体认方显现，“务要反在自家身心上理会。理会犹云体认，天地万物

---

① 熊十力：《读经示要》卷三，《熊十力全集》卷三，湖北教育出版社 2001 年版，第 954 页。

② 熊氏言：“上六，则阴处卦之终，故有野象。战于野，谓阳与阴战也。夫阴为质，而阳为神。阴为欲，而阳为理。阴为乱，而阳为治。宇宙肇始鸿蒙，渐凝为诸天。物质方盛，而心神殆不可见。上六为固阴之地，此共证矣。然缰阳之运，终不物于物。不物于物，故谓之战。宇宙由无机物，而有生物，以至人类，心神毕竟从重阴重固中显发，而成宰物之功，战之效也。又反验之吾身，邪欲盛，则大理之心受其固而不自安。终必克之，而使欲不逾矩。”（熊十力：《读经示要》卷三，《熊十力全集》卷三，湖北教育出版社 2001 年版，第 884 页。）

③ 熊十力：《读经示要》卷二，《熊十力全集》卷三，湖北教育出版社 2001 年版，第 960 页。

④ 同上书，第 859 页。

所以生成之理，与自家所以生成之理，元是一理”①。

概言之，相对于外求于知识积累的支离工夫，熊氏见证本体的方法侧重于摆脱语言、逻辑的分析，获得一种超然体悟，反求于内，自我反省、自我认识、自我实现，此即是熊氏所说的易简工夫。从本体论的角度而言，体用不二，不存在于现象外的本体界，本体即在人之身上，所以反求己身是直悟本体的不二法门。而向外的追求，虽然有益于知识的积累，但却是支离工夫，而这正是现代西方哲学与科学的共同特点。他认为西方哲学是以一种科学精神为主导的思辨，“大概与科学同其态度，即努力于向外追求，及持论能以逻辑精严制胜而已”②。但对宇宙本体的认识，不是将其客体化，以一种主客对待方式进行理性的考量，如哲学家般“将本体看作为外在的，而凭理智去追求，是求道于外也”③。而应向内寻找心性的修养功夫，如居处恭、执事敬，思无邪，亲亲仁民爱物等，所以体证本体的过程就是见道于内的过程。那么，相较于西方哲学与科学，以易为首的六经之学其特点则在于它们都是在教人如何见道之学，他言：

> 六经之学，虽不主反知，不遗物理，而毕意归于见道。见道者，证体之谓。证体，必由德行修养而入。德日起，养日深，则不至私小己以陷于迷妄。迷妄息，而真宰现前，不劳穷索矣。④

科学的外求法在心性的修养上是无能为力的，而只有保任心性的修养的工夫才是证体的法门。因而科学与易学皆有其作用，科学可以增加知识，易学可以养心修性以证体悟道，解决人生意义的问题。所以人之修养中当即不可无科学求真的思辨，也不可无道德价值的

① 熊十力：《读经示要》卷二，《熊十力全集》卷三，湖北教育出版社2001年版，第861页。

② 同上书，第730页。

③ 同上书，第729页。

④ 同上。

追求。而是应将二者合一，建立起一种经学式的哲学。经学与哲学，在熊氏看来，两者于当今社会都是不可少的。以康德的自由意志为例，以熊氏看来，康德所说的自由意志，也只有于保任功夫中才能体现出来，“若无保任功夫，即被一切嗜欲沦溺去，岂有自由意志可言耶？”[①] 自由意志只是见道过程中的一处体认，或者说是保任心性工夫中的产物。而康德却是通过理性分析，以为科学知识划界的方法来凸显自由意志的作用，其本质仍然是以理性的方式解决“物自体”的问题。这种方式虽然为道德和宗教留出了栖身的空间，但仍不是见道之学。

熊氏所讲的道、体、本体、本心、觉、真宰、真极，皆是修养功夫所要体证的同一个东西，“随义异名，而所目则一。譬如一人，对亲名子，对弟名兄。名称虽异，而实无别”[②]。修养功夫是直达本体境界的唯一进路。而修养工夫旨在去除私欲，因而注重反求本心，求其放心，可称为易简之法。乾元本体展现为健进之德，人若于生命中涵养此德性而不失，便可体验到乐天知命的境界。所以与西学相较，以易学为代表的经学所重视的主要是保任心性的易简工夫，关切生命，以达超越境界，虽有理智知识，但其主旨是通过见性证道，寻求心灵的安顿。西方哲学与科学所偏重的是理智与思辨的层面，向外寻求，因而可称为支离工夫。虽然可以增加知识，富有社会，但却无法解决心灵层面的问题。“哲学虽不遗理智，毕竟当超理智而趣入德慧”，这也即是在要求以道德支配科学，以价值统率工具。因而就工夫进路上言，熊氏认为以易为首之经学大可有补于哲学，或者哲学可以是以经学为主旨的哲学，哲学的内涵不应仅限西方哲学而言，也应有心性之学在内。这样熊氏将易简工夫的保任心性与支离工夫的向外寻求，合于他所创新的哲学内。在他看来，他所创立的新哲学（新易学），既可以包有科学的外求方法，更保有传统的特色，以易简工夫获得心灵、精神的保养，因而可以指导人生，在此基础上发展西方的思辨科学，就可以补其不足。可

① 熊十力：《读经示要》卷二，《熊十力全集》卷三，湖北教育出版社 2001 年版，第 737 页。

② 同上书，第 858 页。

以说，熊氏看到了传统心性修养论思辨的不足，也体悟到其于心灵安顿的作用，所以对支离事业与易简工夫，也就是经学的心性之学与西方的科学、哲学，他是试图找到一种可以融和的方法。以心性修养为第一根基，在保任住心灵的同时，也不舍知识的追求，传统儒学之价值也即在修养论中重新被挺立起来。现在看来，熊氏的这种功夫论或许对时下人的生活更有指导的意义。面对科技飞跃所带来的物质社会的发展，如何不为物化，保守住心灵的净土，实是时人所更需要的。以一种心性优先的方式处理思辨理性的问题，即对科技、科学的发展，从人自身做一种限制，也许对人类社会发展更有意义。

四　结语

通过以上诸节分析我们可以将熊氏之新易学的特点概括为如下五点：

1. 熊氏解易最为突出的特点是他对现代价值的关注。他的易学有着强烈的现实指向，他解易的进路是从现代性入手解读易学史、构建新易学。对他而言，其新易学体系的构建不是增加一种新的说辞，而是要为国人寻求一种精神的支柱，解决人生关怀及存在意义的问题。在熊十力看来，哲学是有着解决宇宙人生大问题的义务的。中国之衰落，当需先从学术的探讨上拯救之。熊氏出佛入儒最终归宗于易，正是因为他从自己早期的革命实践和社会经历中体会出儒学健进精神对民族救亡图存的重要性。为了凸显易学的意义，熊氏从现代性入手，将科学、民主、自由、平等等价值根植于传统之中，并以此为标准对易学史重新梳理。他打着溯本求源的旗号，行的却是解释学的进路。在融会中西的基础上，创造出一套新的易学体系，以易学的旧瓶装入现代理念的新酒。可以说熊氏新易学体系的构建法应是较早的综合创新说的体现。在此方法上，熊氏反对以胡适为代表的西化派，称之为自暴自弃之徒，也对古史辨派的疑古学说做了回应。

2. 熊十力对易学史的考察是以现代价值为视界展开的。这种考察的目的，主要并不是弄清历史上诸派学说的承转流传，而是以一种承接道统的理想，打着孔子易的旗号，以现代哲学的视角、科学民主的观念，对易学史做一种“得于一偏”的审查。他对易学史的梳理，几近于一种判教，他将伏羲所开启的孔子承继的易学作为中国传统文化的正统，以科学民主等现代理念赋予它新的含义。其实熊氏之思维进路并不复杂。科学、民主、自由、平等等理念已被当时的学人所接受，如何将这些理念植根于传统中，是熊氏新易学所要完成的任务。熊氏之做法是将孔子一分为二，早期孔子之学说被其称之为小康小儒之学，一切关于帝制、等级、专制的理论皆归于此。晚期孔子学说是大道大同之学，因而科学、民主、自由、平等存于其中。所以熊氏之新易学想要言说的即是：以孔子易为代表的儒学中本即存在现代的理念，他的工作不过是将这些被汉宋诸儒曲解的理念重新展现出来。在熊氏看来，孔子立内圣外王之弘规，以成己成物为一贯，合内外而为一。道、体、本体、本心、觉、真宰、真极，皆是修养功夫所要体证的同一个东西，内圣与外王仍是可以通过心性的修养得以贯通，科学与民主并不是外来的，而是文化本身所自有的，因而从内圣开出新外王，或者在他看来只需对孔子的学说做一种新的界定，扫除那些蒙在其上的灰尘即可以完成。可以看出，相较于其弟子牟宗三新儒学的理论，熊氏之观点显然是简单了些。

3. 就熊氏所构建的易学哲学而言，他完成了从本体论、宇宙论至人生论的完整设定。他的论证方式是西方哲学式的，他的立论视角是现代性的。体用不二论，熊氏挺立了意义世界的价值，对人生社会做一种肯定的判断；翕辟成变的宇宙生成论，熊氏凸显了辟势的价值即创新的价值所在，以辟势所体现的阳明、刚健诸德向国人昭示一种积极向上的勇于担当的人生价值；乾坤一元论，熊氏凸显了个体的价值，将现代社会个体的自由、平等、民主、革命等理念根植于形上本体之上。

4. 就熊氏所倡导的工夫论而言，熊氏明确认识到，西方哲学中的本体论并不能涵盖中国的形上学说。而中国形上学说的意义，正在于它与西学本体论的不同之处，即它不是以纯客观的方式，对本体作一种思辨式的观察，而是以证体见体的自我认识、自我发展、自我实现的直观的超越体验为方法证悟本体。通过六经内部的比较、六经与诸子的比较，熊氏凸显出了《周易》在传统经学、传统哲学中的地位；通过与西方哲学、科学、宗教的对比，熊氏凸显了易学的现代价值，即其心性理论可以补充西方哲学、科学乃至宗教的不足。他进而倡导一种新哲学：经学式的哲学。将易简工夫与支离事业，熔为一炉，在心性修养方面体认天道的基础，寻求科学的发展，可算是对传统心性论的一种现代阐释。

5. 就其所诠解的易理言，熊氏易学突出《周易》的“变”之特征。他以《易经》为“变经”，以翕辟成变的宇宙论解释现象界的变化，以体用不二的本体论，进而即现象而言本体，复又以乾坤一元论凸显出个体的能动，将变化之宇宙描述成生生不息乾健流行的过程。熊氏之易学可以说是由“变”而“生”，从本体论、宇宙论的“变”，展而为人文意义的“生”，熊氏所强调的仁德修养、健进精神皆是从“变生”而来。可以说“变”是形上层的分析，“生”是人文价值的考量，由“变”到“生”，熊氏易学完成了本体论至人生观的建构。

综上所述，就熊氏所建构的体系来说，他所关注的问题是世界性的。在他所处的时代，对权力、金钱的追逐，武力的逞强，科技理性的膨胀，道德伦理的丧失等等现代性的问题都已出现。熊氏以经学式的哲学家身份审视这些问题，以求立足于传统的资源，融会西学，找到医治现代病的良方。他认识到了经学不同于西方哲学、科技理性之处，以安心立命、穷理尽性至命之道为经学之核心理念，以即心即性即理的心性之学，于德行实践中做修养功夫，去除私欲而生发性智，体悟本体，沟通天人。西方哲学中的理性思辨，被熊氏纳入到了穷理的环节，只是作为人天相合的一个最初的步骤，虽然不可缺，但却不是终极的指向。科学与民主甚至社会主义的理念，也都为熊氏的易学注入了新的气象，他试图以易学的概念、术语、范畴、命题解读出时下最为流行的话语。熊氏之语，当然有着时代的印迹，作为后五四时期的现代新儒家的代表人物，他受传统的影响是至为深刻的。经学解经的方式，皆是假托圣人之言，于熊氏之著作中多能体现这一特色。虽然，这一假托之言在当时之社会似已失去了其号召之力，但孔子易学被赋予的新意却也吸引了当时不少才俊的关注。概言之熊氏以现实为关怀，引入西方哲学、科学、宗教作为参照系，以复兴儒学为目的，以易学为材料，综合创新，以六经注我的方式，构建出从本体论、宇宙论到人生论的体系。可以说熊氏的新易学是第一套完整的现代新儒学的理论体系，它为后学开启了研究中国传统易学的新思路。但从其现代性解易的进路看，熊氏的易学哲学更多有一种嫁接现代理念的嫌疑，显得较为粗糙。相较于熊氏，其弟子牟宗三却从哲理层面更为出色地阐发了易道。

第三章

从哲理性解易：牟宗三的自然哲学与道德形上学

牟宗三是熊门高足，熊十力对其学术的进路影响至深。但在未遇熊氏之前，牟宗三已经独自开始了对《易》的研读，且进路与熊氏不同，他主要是从哲理的层面考察《周易》中所蕴含的思想，彰显《周易》的现代价值。即使在遇到熊十力后这种解易的理路也没有发生太大变化。我们或可从其学术生命的历程中一窥其对易道的理解。

牟宗三自言其儿时“即对独自运思，亲手去制造，有一种独立自足的内在兴趣”①。这种儿时所积养的探索精神直接影响了牟氏构建中国文化的方法。他 15 岁入中学，即着力于语言符号之外会通言外之意②。19 岁入北京，时年王国维跳昆明湖自杀，这对牟氏来说可能有不小的触动，他认为王国维的学术成就诚然可敬，但却未能体悟出中国文化生命的底蕴，对于西方文化生命的来龙去脉亦未能抓住其纲要。“自己生命的途径，中国文化生命的途径，皆未能知之确，信之坚，遂郁闷以终，自杀了事。”③ 自我放弃生命正是他信仰危机的极端表现。言外之意，多是指责当时的国人并没有真正

---

① 牟宗三：《五十自述》，载《牟宗三先生全集》卷 32，台北：联经出版事业股份有限公司 2003 年版，第 4 页。

② 同上书，第 19 页。

③ 同上书，第 22 页。

领悟传统文化的精神，为西学打晕了头。①

预科二年级时，牟氏开始读《朱子语录》，渐悟其理，“我个人与朱子都是在同一民族生命文化中生长出来的，不过他是先觉而已”②。而对《朱子语录》的解读直接影响到了他在正式进入北大后对《周易》的热情。牟氏言：“那时（笔者按：1929—1932年牟宗三于北大哲学系就读时），我是在读罗素等人的书，尤其雅爱怀悌海。在中国方面，那时我大讲《易经》。”③ 牟宗三看来，在《周易》中传承着中国的宇宙观念，《周易》本经所透露的是智之光辉，它更接近西方的自然哲学。早期牟宗三的易学兴趣也即在从易学的传承中理出中国的宇宙论观念。这也可与牟宗三此时的西方哲学兴趣相谐和，牟氏言，“我那时所能亲切接得上的是罗素的哲学、数理逻辑、新实在论等。但我只是听，并不能主动地作独立的思考。”④ 牟氏之意图，即是在《周易》经典传承中，理出中国自然哲学的观念流变。“我写这部稿子（笔者按：《从周易方面研究中国之元学与道德哲学》）是在数理逻辑以及罗素、怀特海、维特根什坦的思想背景下进行的，当然有可以刺激人处，使人耳目一新。”⑤ 这种耳目一新，牟氏亦自嘲为有附会的成分，但亦因沈有鼎“这部

① 如对于梁启超，牟氏言：“他接不上中国的学统，他通不了中国文化生命的底蕴。还是那考据的兴趣，争博雅的清客学人之意识，三代汉唐宋明儒的大业，他根本接不上。结果是一部清浅而庸俗的《历史研究法》。他的讲学与他的政治事业中所养成的政治意识根本通不起。由他的学问见他的器识，是卑下了，他的政治意识因此也孤离了。只能说他有抓住属于政体的时代现象之聪明。他的天资以及聪明才智都是被动的发泄在时代的圈套中。他自己生命的途径，中国文化生命的途径，他根本无所知。”（牟宗三：《五十自述》，《牟宗三先生全集》卷32，台北：联经出版事业有限公司2003年版，第22—23页。）牟氏看到了当时之学术现象。对于传统的不深入，对于西学认识之肤浅，皆导致了中国文化的种种问题，进而影响到国人之精神面貌。

② 同上书，第37页。

③ 《我了解康德的经过》，原载《民主潮》第3卷，第17期，1954年2月16日，《牟宗三先生晚期文集》，《牟宗三先生全集》卷27，台北：联经出版事业有限公司2003年版，第49页。

④ 牟宗三：《五十自述》，《牟宗三先生全集》卷32，台北：联经出版事业有限公司2003年版，第38页。

⑤ 牟宗三：《周易的自然哲学与道德函义》，《牟宗三先生全集》卷1，台北：联经出版事业有限公司2003年版，第5页。

书有化腐朽为神奇”[1] 的评论而高兴。其实牟先生此时的方法是触类而旁通的，或者说是以自然哲学、生成哲学的视角从哲理的层面考察《周易》中合于西方哲学的观点。方法当然不能算作是考据的。可见对于《周易》的研究方法，牟氏在写作之始就已确定了，他并不是在考据性的解析《周易》之经文，“如其引人之言而解《易》，反不如就人之意而论中国思想。”[2] 通过对历代解易注著的研究，目的只在于诠释出一种中国式的自然哲学观的演变，以“确指中国思想中之哲学的系统，并为此哲学的系统给一形式系统”[3]。

按牟先生自己的陈述，其治学之路略分为三个阶段，第一阶段是青年时代就读于北大之时，这时所关注的是传统哲学，以《易经》为研读的核心，以西学为参照。第二阶段是以所学西学为研究的核心。第三阶段是，自 1949 年来台后。对第一阶段，牟氏言：“由此一微末不足道而却发之于原始生命的充沛想象之青年作品实足占当时学术思想界之分野，并可卜六十年来吾之艰困生活之经过以及学思努力之发展。此是一生命之开端走步，其他皆可肇始于此也。”[4] 青年时代对传统文化的选择和体贴，以及对西学的重视，构成了牟氏以后学问的基本因子，而那时对《周易》的研究自然会在其以后的学术生命中留下印迹。

可以说青年时代的牟宗三，于传统中能体会出一种生命的意识，当然这种意识对于年轻的牟宗三来说还不甚明晰，但他却能于传统的经典中感受到更多的贴切。有见于《易经》在传统文化的特殊地位，再杂于他对西方哲学的理解，牟氏选择了将《易经》作为课外研读致力的方向。

> 于《易经》，吾当时所能理解而感兴趣的就是通过卦爻象数以观气化这种中国式的自然哲学。至于就经文而正视《易

① 牟宗三：《周易的自然哲学与道德函义》，《牟宗三先生全集》卷 1，台北：联经出版事业有限公司 2003 年版，第 5 页。

② 同上书，第 12 页。

③ 同上。

④ 同上书，第 5 页。

> 传》，把《易传》视作孔门义理，以形成儒家的道德形上学，这是吾后来的工作，此并非吾当时所能了解，且根本不解，故亦无兴趣。①

牟氏当时还只关注《易经》中的自然哲学的成分，其书也只是“往下讲”，以《易传》为孔门义理，并进而建立“洁静精微易教”的“往上讲”的道德形上学的进路尚未形成。对道德形上学的关注是其晚期的易学诠释所做的主要工作。

概言之，如果说马一浮的解易进路侧重于从易学所蕴含的普适性阐明义理出发，熊十力解易进路是从现代性入手，将现代价值根植于易学之中，牟宗三的解易之路则是从哲理的高度对易道做了新的诠解。牟宗三的早期思想是从象数易学的发展史中理出中国的自然哲学、生成哲学。从人与自然的角度，以天人二分的视野，梳理出易学史中所彰显的科学因素，从而与西方的自然哲学、生成哲学对话。其后期思想，是从对《周易》经传的文本分析中，看到了易学的道德形上学进路，通过对乾坤之德的分析，构建出道德形上学的体系，自然哲学被其摄入于道德形上学之下。在牟宗三看来，天与人是不可分的，宇宙与人生皆是秉承乾坤之德而来，自然哲学的视角虽然可以突出科学的因素，但却无法解决人生的问题。人并非独立于自然之外，因而也只有以一种天人合一、合德的方式才能解决人与自然的和谐共存问题，纯理性的本体论建构被其放置于道德之下。这样牟宗三的易学解读即完成了由自然哲学的进路至道德形上学进路的转变。自然哲学的进路，牟宗三是希冀以易学史所显露的科学的因子，表明易学的现代性。他对易学现代性的彰显，与熊十力有了明显的不同，即他并不是直接将科学与民主赋予以孔子为代表的易学思想之中，而是通过一种哲理的分析，从易学史特别是象数易学史中引出自然哲学，以表明中国人的观念中早已具有科学的因素，只是未能发扬光大而已。而道德形上学的确立，则是其在

---

① 牟宗三：《周易的自然哲学与道德函义》，《牟宗三先生全集》卷1，台北：联经出版事业有限公司2003年版，第6页。

与西方哲学的碰撞中，看到了西方哲学天人二分式的弊病，如康德的为自然划界的方式，并不能解决人与自然、人与社会及人自身心灵安顿的问题。周易《易传》中所体现的天人合德的进路在他看来却可以一种道德形上学的方式避免主客二分式形上学所带来的问题，从而为人类的发展提供新的参考。

牟宗三的解易著作主要集中在《周易的自然哲学与道德函义》《代熊十力答敖英贤〈与熊十力先生书〉》《阴阳家与科学》《易传道德形上学序》《周易哲学演讲录》等专著或论文中。我们将其思想分为早晚两期分别解读之。

一　早期易学：自然哲学的视界

《从周易方面研究中国之元学与道德哲学》，简称为《中国之元学与道德哲学》，是牟氏最早完成的易学专著，也是其最早的一本哲学专著。如上所言，1929 年，21 岁的牟宗三开始研读《周易》，并边读边摘要，边摘边做按，至其 1933 年毕业，书已完稿。1935 年牟氏自费印制。1932 年牟氏与熊十力相识，读其《新唯识论》而服膺熊氏的学问，自此从游，也即在这一年，牟氏的易学书稿完成。牟氏对道德形上学的观点是在认识了熊氏之后逐渐形成的，所以在这本牟氏最早的《周易》著述中我们还看不到他将易学由自然哲学的层面引向道德宗教的意图，牟氏在那时还没有接上中国传统的慧命或学统、道统。直至熊氏的言传身教才将其由知识的层面导引至生命生存境遇的现实人生关怀。但牟宗三的进路是哲学式的，无论其早期的自然哲学还是晚期的道德形上学进路，都是从哲理的层面寻求《周易》的合理性。他既不是主要从传统出发，笼统地阐述其普适性，也不是以一种嫁接的方式粗糙地将现代观念植于其中，而是从哲理的高度寻求中西学术可以沟通之处。其早期对易学史的自然哲学考查进路充分体现这个特点。

以自然哲学的视界考查《周易》，牟氏看到了一条智学的传统，即自然科学的精神。

> 我于此确然见到中国文化之慧命，除尧舜禹汤文武周公孔子历圣相承之仁教外，尚有义、和之官的智学传统，古天文律历数赅而存焉。后来阴阳家即继承此线而发展。王官失守，复转而为社会上之医卜星相。天文律、历数于易学象数之牵连中，亦可见其较为有意义的形上学上的规模。此为义、和之传统，亦即中国之毕达哥拉斯之传统也。在此方面，中国古贤原始生命智之光所及之光辉，对于数学之形上的（宇宙观的）意义，体性学的特性，之认识与欣趣，并不亚于毕达哥拉斯及柏拉图。①

在象数学的关联中，牟先生看到了中国形上学的理路。他那时所理解之《周易》为中国的形上学基础，“我讲《易经》是当作中国的一种形而上学看，尤其顺胡煦的讲法讲，那不能不是一种自然哲学”②。

但这种对经典的解读方式是胡适所不认可的。胡适的实证之学，总是希冀通过就史料而说，其骨子中应是一种汉家的考据之说，这从胡适对戴学的推崇可见一斑。而牟氏之学，是以原典为基础，以西学为背景，言说自己，重新梳理中国的形上之学。其本质是一种义理的解读，或者说是一种宋学的进路。也正因此，胡适看过此书后压而不发，并言其有方法上的危险。牟氏对此是大为不满，以至写信反驳。二人论学之取向于对此书的评价中已见分歧了。在胡氏考据说的方法下是读不出《周易》中自然哲学的味道的。

牟氏言，“本书是想借着《周易》以及研究《周易》者之著作而抉发中国的玄学思想与道德哲学的，其目的不在解析《周易》这本书，所以不是为读《周易》者而作的入门书，乃只是吾近来研究西洋思想时留意到中国思想所欲说的话。”③ 他并不是想考察《周

① 牟宗三：《五十自述》，《牟宗三先生全集》卷 32，台北：联经出版事业有限公司 2003 年版，第 44 页。

② 牟宗三：《周易的自然哲学与道德函义》，《牟宗三先生全集》卷 1，台北：联经出版事业有限公司 2003 年版，第 3 页。

③ 同上书，第 13 页。

易》的本相，也并不希望通过对易学史的梳理判定何人更接近于易学的原旨，“只是顺着这条路而显示出中国的思想。一种主张若为后人所析，不能不有所误解；可是这误解也许就是特别发挥吧！”①在他看来，《周易》的原形也许浅陋，但经过后人的解析却高明了。他所考察的正是这种思想的形成流变，而不是简单地做一种针对西学的信仰式的卫道。② 牟氏认为，中国的思想从周秦至明清，可以分为两支，一是孔孟的动的思潮，一是老庄的静的思潮。就《周易》来说，汉清的易学是动的、科学的、物理的、象数的，而晋宋的易学，受佛老的影响，则是静的、玄想的、伦理的。③ 牟氏从这两类学术特点的分野上来讨论中国的物理后学与伦理后学，也就是中国的自然哲学和伦理哲学，“并想于其中解释出中国的纯哲学及科学思想，指示出中国的道德哲学之特性及其缺点。由前者可以抉发吾民族的科学思想、哲学思想；由后者可以认清吾民族的人生哲学之基础”④。可见牟氏之易学研究自其解易之始就是一种哲学的进路。如果从对易道中心性学的观照讲，熊氏相较于马一浮弱了些，牟宗三相较于熊氏又弱了些。现代新儒家易学发展到牟宗三这里哲学理性的思维方式被进一步突出了。

（一）《周易》经传晚出

面对疑古之风，牟宗三的态度已大不同于马一浮与熊十力。他并没有对《周易》的道统有太多体会，因而也既不会如马一浮那样直斥疑古为非，也不会如熊十力那样将孔子一分为二重造孔子的金身。牟宗三多是接受了顾颉刚等人的疑古观点。他认为《周易》成书之年代较晚，应至西汉前期尚未有标准规范的成书出现。牟氏言：

所谓时历三圣，早已被人驳过。据一般人的考据及见解，

① 牟宗三：《周易的自然哲学与道德函义》，《牟宗三先生全集》卷1，台北：联经出版事业有限公司2003年版，第13页。

② 同上。

③ 同上。

④ 同上书，第14页。

> 则知《周易》一书当形成于战国末年、西汉初年，只能晚乎此，决不早于此；但晚也不能晚过西汉。①

他认为从田何到孟喜之间，各家各创易说，观点不同，必是《周易》尚未完成之时。他也赞同冯友兰的观点，认为孔子并没有作《春秋》及《赞易》。② 牟先生的论断中疑古之气息不可谓不浓。他以当时顾颉刚等人的考证为思想之基础，在研读《周易》过程中细思默察，寻求《周易》晚出之证据。正如其言，虽有时片面，但却是青年朝气向上，寻思探源，追求真理之表现。

1. 援引成说，牟先生在《周易的自然哲学与道德函义》的《〈周易〉时代之规定》一节对顾颉刚先生的论证做了梳理和概括，论证甚为翔实，虽然观点稍有出入，但确是举疑古之大旗。牟氏说：

> 顾先生的目的是在证明卦爻辞的产生是在西周的初叶，而《易传》则在汉之中叶，吾以为《易传》成于汉，固不成问题，即卦爻辞也不是那样整齐地形成于西周，一直传下来俟汉人为之作传，因为其系统那样整齐，与《易传》的配合那样有 unity 性，似乎不知经过了几番删改与修正，其面目也不知变过几次哩！③

因此他的结论是，《周易》经传必是西汉儒者根据传下来的材料而重新组织起一部系统完整的书。从导源处看，其书应是从古已有，因而也可以说是成于西周；但六十四卦的完整成形绝不是在西周，

① 牟宗三：《周易的自然哲学与道德函义》，《牟宗三先生全集》卷 1，台北：联经出版事业有限公司 2003 年版，第 7 页。

② 同上。牟氏引欧阳修的《易童子问》，叶适《习学记言序目》，赵汝楳《周易辑闻》，姚际恒的《古今伪考》，以及冯友兰先生《孔子在中国历史中之地位》一文，以论证《易传》非孔子所著。

③ 牟宗三：《周易的自然哲学与道德函义》，《牟宗三先生全集》卷 1，台北：联经出版事业有限公司 2003 年版，第 10 页。

也不可能不改旧观地传下来以至于汉。[1] 因而《周易》经传皆大成于汉，《易传》是于西汉时所著，《易经》亦是至西汉时方变得更为系统。他又引傅斯年的论证以为说。"《周易》一书正恰合乎西汉的作风。"[2] 总之，牟先生认定《周易》经传之成说最晚当在西汉之初年。

2. 义理之考证。牟先生认为，《周易》中之观念杂驳，是总结其前思想的集大成之著述。"玄学（metaphysics）、物理、伦理、五行、天文、律历、数学皆集于其中，而且作者很富于调和性，把这些不同的概念全都融合起来而统驭于阴阳原则之下。"[3] 而汉代之科学思想发达，天文、律历、数学都有长足的进展，这些进步都在《周易》一书中有所体现。其数学尤其是主要角色，借着它把时序、律历、天文都配合起来，所汉易的象数也是无法批驳的。[4]

这样牟先生就把《周易》经传的完善成熟之功皆归于了汉人，因而汉代的学者在中国思想史上的地位，对牟氏来说是发端之功的。[5]《周易》经传皆成书于西汉，附于其上的圣王的神圣光环即被打落了。古史辨或西化派的目的是在打落以易为首的传统经学的神圣光环后，进而对传统采取一种否定的态度，以扫清历史迎接西学。但在牟氏看来，《周易》经传晚出并不影响《周易》这本书的价值。道统是否存在的问题并不是判定《周易》地位的必要前提。在他看来，以哲理的视界关注《周易》，它其中含有的自然哲学的成分就足以和西方的科学观念的发展史相媲美。我们无须自我贬低，自毁文化。他是戴着自然哲学的"眼镜"观照易学发展史，认为阴阳、五行、八卦是中国的根本思想的托足地，并且它们"正是

① 牟宗三：《周易的自然哲学与道德函义》，《牟宗三先生全集》卷1，台北：联经出版事业有限公司2003年版，第10页。

② 同上书，第11页。

③ 同上书，第7页。

④ 同上书，第12页。

⑤ 牟宗三言："所以我以为解析世界的起于汉，逻辑地、系统地述叙亦始于汉。科学的开始、哲学的发端亦始于汉；中国民间的思想之形成亦种因于汉，汉人是继往开来的总关键，中国之所以为中国者定于此。傅斯年先生以为'汉朝人的东西多半可说是思想，而晚周的东西总应该是方术'，这话大半是对的。"（牟宗三，《周易的自然哲学与道德函义》，《牟宗三先生全集》卷1，台北：联经出版事业有限公司2003年版，第12页。）汉人在中国思想发展史中的地位在牟宗三看来是至高的。

中国对于具体世界科学的考察，哲学的研究的雏形；它们是对于具体世界所发现的三套自然律，《周易》把它们熔一炉而冶之，以阴阳而贯之"①。由对这种自然哲学发展史的厘定，牟氏树立了对传统的信心。

如上所言，就其考察易学史的方法看，显然并不是考据式的论证，而是要简述一种哲学思想的发生发展的历史，引用古代易学家的话语只是为论证己说而已，概言之，即是六经注我的解释学。胡适言其有方法论的危险就是看到了这点。按照这种对易学史的考察方式，如同熊氏重写易学史一样，都在有意做一种解释上的误读，不同的是熊氏是从现代价值的角度入手，而牟氏则是从自然哲学的层面展开。概言之，牟宗三接受了疑古学派的观点，将《周易》经传之成书年代后置。但这却并不影响他的结论，因为此时道统的存在与否并不构成他对《周易》中自然哲学梳理的基础，易中的道德学问，对 20 岁前后的牟氏来讲，还是尚未领悟的，他所做的是将其智之光辉所及处整理出一套中国自然哲学的宇宙论，一套数学式的生化神明的体系。

（二）《周易》的思想史地位：以自然哲学为视角

以自然哲学为视角，牟宗三分析了《周易》的思想史地位。牟氏认为，《周易》作为中国创作界的一部早期的庄严伟大的宏构，"它最有系统，它的条理清楚，它的结构周密，它的内容博大而丰富，它所顾及的问题也是多方面的：所以它能支配中国的思想界"②。《周易》之构造如此杰出，以至至今都没有任何一本书可以超越其"这样有机有神有理的美构"③。在他看来，中国思想注重知行的合一，含有两个系统即玄学的系统和道德哲学的系统。但中国哲学绝不仅是限于人与人之间的伦理学范围，也涵盖了人与自然的物理关系，而此点主要以《周易》较为突出。

在中国思想史中，虽然脉络纵横，学统不一，儒道佛并存，

---

① 牟宗三：《周易的自然哲学与道德函义》，《牟宗三先生全集》卷 1，台北：联经出版事业有限公司 2003 年版，第 12 页。

② 同上书，第 1 页。

③ 同上书，第 3 页。

"然最占势者，确为《周易》。"[①] 这不仅在于《周易》蕴藏有玄学与道德哲学的系统，在当时的牟宗三看来，更重要的是《周易》中蕴有数理的、物理的、纯客观（即道观或物观）三个类似于自然哲学的观点。"这三种成分结合起来，即能有科学。西方以此而成功，吾人亦当以此而为法，此乃效颦，实乃事有必至，理有固然也。"[②] 按牟氏的分析，西方的科学与哲学始终是纠缠在一起，因此中国的科学观念的兴起也需要从中国的哲学思想中寻求，与其宣扬主义，不如潜心于思想的梳理，寻求中国自然哲学的脉络，做些更有意义的实事。

牟宗三的思路是先就《周易》经传中理出自然哲学相关的思想，进而从对易学发展史的梳理中考查这些观念的变化发展，以表彰出《周易》在思想史中的意义所在。就《周易》经传言，他认为《周易》以"卦象"或"符号"来表象世界。卦象之间的关系即是现实世界的关系；对卦象的解说即是在表示对于世界的认知。[③]《周易》以乾坤涵摄八卦，乾坤表象阴阳，阴阳是两种相反相成的气，阴阳统御一切现象，因而阴阳即是终极原则。六十四卦皆由阴阳参伍错综而成，每一卦皆为一幅图像，皆成就一种特殊品性。六十四卦就是《周易》排列有序的中心结构。《序卦》是从时间的层叠上对卦序进行分析，《杂卦》是从空间的关系上分析，"合起来即是表象具体世界底辨证现象"。[④] 六十四卦可归为八卦，"此八卦表象八种根本原素以为世界构成之材料。《说卦》即是解析此八卦之根本品德"[⑤]《彖辞》之作用是"定其界说、定义或内性"，[⑥]《象辞》是表征"暗示、类推、外性"，[⑦] 二者之作用即是"用来说明卦爻之内在品德，以及其表征品德"[⑧]。以彖辞表述卦爻的内在品性与外

---

① 牟宗三：《周易的自然哲学与道德函义》，《牟宗三先生全集》卷1，台北：联经出版事业有限公司2003年版，第11页。

② 同上书，第12页。

③ 同上书，第3页。

④ 同上书，第1页。

⑤ 同上书，第2页。

⑥ 同上书，第4页。

⑦ 同上。

⑧ 同上书，第5页。

在昭示，知识、伦理、道德三者皆由此而产生。牟氏言：

> 由象可以知卦爻所表象的特体之性德；由“象”可以得此特体之性德的普遍化、归类化。……然观其由象以材以断以定，由象以示以告以像，在在皆可以暗示出一种知识论来——或者可以说是一种“实在论的知识论”。①

让牟宗三甚为可惜的是，《周易》并未延此理路而发展，以致中国并没有形成知识论。但《周易》却开出了实在论的伦理价值，或者说是“超越的内在”的价值论，“即以实在或物理世界为基础，而却不即是实在；但亦不是超越的外在于此世界”②。

概言之，牟宗三将《周易》经传中所昭示出的哲理划定为三个方面即物理的、数理的、伦理的。物理方面的原则是“阴阳”，是“变易”，是“生成”，可以“易”字表示。数理方面的原则是“序理”，是“系统”，是“关系”，可以“序”字表述。伦理方面的原则是“意谓”，是“价值”，或由“象”所表征的“伦理意谓”或“价值意谓”，因此从“意谓”的所从出或指向上看，可以“吉凶悔吝”表示。③ 在牟氏看来，《周易》是表征现象界的图式，“物理世界即是阴阳变化的世界。数理的世界即是阴阳变化间的条理或关系”④。“参天两地而倚数，观变于阴阳而立卦”即是对现象界“数理物理”的描述。阴阳参伍而成卦，卦是表示阴阳的关系或结聚，而这即是物理事实之关系或结聚。因而“每一个卦即是一个‘逻辑命题’。它表象一定的结聚，它昭示一定的意义”⑤。他进而认为，“卦是复合命题，爻是简单命题。”⑥ 即《周易》六十四卦是“数理逻辑”，或“记号逻辑”。牟氏以这种逻辑学的视角和科学哲学的视

---

① 牟宗三：《周易的自然哲学与道德函义》，《牟宗三先生全集》卷 1，台北：联经出版事业有限公司 2003 年版，第 5 页。

② 同上书，第 6 页。

③ 同上书，第 4 页。

④ 同上。

⑤ 同上。

⑥ 同上。

野对《周易》进行分析，也难怪不被胡适所认可。综观现代科学易的发展，可以说将数理逻辑的观点引入周易中，以之解易，牟宗三可算得上是开先河之人。但牟宗三并不是要构建一套科学易的体系，而是希望从易学史中理出中国自然学、科学哲学的发生发展史。

在他看来，中国并非没有自然哲学、科学哲学的论著，在《周易》或与《周易》相关的许多著作中就多有关于时间、空间等现代科学所思考的问题，但甚为可惜的是当时无论是维护国学还是反对国学者，都没能发现《周易》这方面的价值。他言：

> 所以现代的趋新人物或整理国故拥护科学的名人们皆没有注意中国的时间物质等问题，且以为中国简直就没有这等问题，也没有这等概念。……他们反对《周易》，反对象数，反对汉易，以为这是神秘，这是玄学，这是宗教的臭味，这是讨厌的骨董。……须知中国的整个科学思想真正哲学思想全包含在被反对被讨厌的所谓骨董所谓玄学之中。①

牟氏之化腐朽为神奇处即是在于从象数易学的传承中，从汉清易学的梳理中理出了一套自然哲学的发展路线，并进而分析了中国自然哲学与道德哲学的进路。于当时人所遗弃的故纸堆中，挑拣出合于时代精神的思想材料。虽然当时的牟氏并没有接上宋明心性学的传统，但却从自然哲学的角度肯定了《周易》的价值，传统的意义。

阴阳所表征的世界，即是对现实物理数理世界的刻画，在此基础上牟宗三从自然哲学的角度将《周易》的内涵归列为四个方面：第一，数理物理的世界观，即生生条理的世界观。第二，数理逻辑的方法论，即以符号表象世界的“命题逻辑”观。一、二两点汉清易学发挥较好。第三，实在论的知识论，即以彖象来界说或类推卦象所表象的世界之性德的知识论。此虽内含于《周易》经传中但却未被后世开发。第四，实在论的价值论，即由彖象之所定所示所昭

① 牟宗三：《周易的自然哲学与道德函义》，《牟宗三先生全集》卷1，台北：联经出版事业有限公司2003年版，第419页。

示出的伦理意谓。此为晋宋易学家所发挥。①

牟先生认为《周易》经传及后世对《周易》的阐发著作，从自然哲学的角度讲应是有功于中国思想界，《周易》的价值、地位也因此从新的角度得以突出。从传统上说，易为六经之首，《易经》与《春秋》集中体现了中国文化的生命、慧命，《春秋》立微言大义，凸显仁义的价值，更多是一种道德伦理的论说，虽然《易经》从“显诸仁，藏诸用”的角度也可以说是仁的扩大，但更大意义上却是从宇宙论的角度立说。

> 说到《易经》，当然也是仁的扩大。“显诸仁，藏诸用”，当然要就天地万物普遍地指点仁体。可是这指点不是人生哲学的，而是偏于宇宙论的。宇宙论地指点仁体，是较容易彰显“智之慧照”一面的。我之爱好《易经》，也正是以“智之慧照”与它照面，这表现了我的想像式的直觉的解悟。②

《易经》中的智之慧照，所表现出的宇宙论的思想与牟氏当时之知识视野产生了交织，所以在牟氏之眼中，《易经》是讲宇宙论的，是讲形而上学的生成哲学，这即是现代解释学上所说的视界的交融。牟氏当时之读易经是在物理的、数学的、生化神明的思想背景下去理解《周易》及相关著述中的哲理。③

---

① 牟宗三：《周易的自然哲学与道德函义》，《牟宗三先生全集》卷1，台北：联经出版事业有限公司2003年版，第7页。

② 牟宗三：《五十自述》，《牟宗三先生全集》卷32，台北：联经出版事业有限公司2003年版，第39页。

③ 牟氏言：“因此，我之读《易经》并不是很简单地直下在那清光处幽赞神明，而是被那浊气、荒气拖下来铺排而为一个宇宙论的系统。那是尤特喜那数学的秩序，特喜那纳数学秩序于生化神明之中。生化神明无可多说，数学秩序乃可着力。我当然没有堕落到唯物论的自然哲学。生化神明常常提撕在心中，数学秩序则是自觉地要彰显。这点我得感谢怀悌海。当然我那时之读《易经》，是在物理的、数学的（怀氏所神解的物理与数学）、生化神明的（美之欣趣、智之觉照）之气氛下去读，是有点比较偏于自然哲学。后来我感觉到虽即如此，但亦有点提不住的驳杂，不莹彻。那只是因为我那时对于道德心性、仁心悱恻一面，尚无感知故，对于价值之源尚无接触故。”（牟宗三：《五十自述》，《牟宗三先生全集》卷32，台北：联经出版事业有限公司2003年版，第41页。）

概言之，《周易》的思维模式是以《象》参悟性德，由《象》而预见吉凶悔吝。根据卦爻的变化而知进退，并由卦爻的序理而安其居。“人生之一举一动，殆无不可由彖象而昭示出。”[①] 是故伦理意谓、道德基础皆由此出。在牟氏看来，《周易》中至少涵摄了三个系统，即玄学的系统、道德的系统以及自然哲学的系统。而对于自然哲学的系统，是被近代研究者普遍遗忘的角落。当对传统的批判甚嚣尘上的时候，无论是反传统者还是维护国学者都没有注意到在《周易》这本古书中尚保存着中国自然哲学、生成哲学的宇宙论。牟宗三的易学研究就是要从《周易》中理出科学的因子，从而挺立传统的价值。他对传统的挺立方式是新颖的，相较于马一浮对易学中普适性理念的解读，熊十力现代价值的硬性融入，牟氏却于《周易》中找到了科学、自然哲学的传承。[②] 以自然哲学为视界，《周易》的价值被重新肯定了。即虽然可以承认《周易》经传晚出，但它在中国思想史中的地位仍然是值得肯定的。因为在《周易》经传中有“美之欣趣、智之觉照”，从中国思想中完全可以导出自然哲学的观念，进而可以开出现实的科学。在肯定了《周易》经传中存有自然哲学的系统后，牟氏进一步通过对易学史的梳理，主要是对象数易学发展史的梳理，厘出中国自然哲学的发生发展史，化易学之腐朽为神奇。

（三）象数易研究：化腐朽为神奇

如上所言，牟氏认为《周易》经传概皆成书于西汉，汉人对中国的思维模式有着开启之功劳。在他看来，全部汉易不过是两个原则的运用，即“大宇宙公式”和“小宇宙公式”。“大宇宙公式”是指“宇宙论上的原则”而言，即解析宇宙之生成进化的原则；小宇宙公式是就“本体论上的原则”而言，即解析宇宙的根本存在间的诸关系及变化。按牟先生的分析，孟喜的卦气说，即是宇宙论上

---

① 牟宗三：《周易的自然哲学与道德函义》，《牟宗三先生全集》卷1，台北：联经出版事业有限公司2003年版，第6页。

② 熊十力也认为《周易》中穷理可以将科学的方式纳入其中，或者说其中也包含科学的因素。但却没有从这个角度进行易学史的梳理。

的原则，而京房的世应飞伏说则是本体论上的原则，郑玄的据承乘互诸关系亦是本体论上的原则，而他的卦气消息爻辰十二律之配合，则是从宇宙论的角度进行分析。[①]

宇宙条理，天人同情，天人合一[②]，是汉代整体的思想背景。总观汉易，其重点在一“象”字，即是以象来言灾异，以象来沟通天人。可以说“象”成为汉易众家解说世界，探究宇宙的条理，完成天人沟通的方法。“汉易之象是继承了《周易》之方法论的，推广地说，是发展了《周易》中所启示的知识论的。”[③] 如果说汉人重象的话，那么清易则是重数。相对于象来说，“数是《易经》主要观点、根本精神”。[④] 从汉易与清易的比较中，牟氏看出，汉易的方法多是取类比附，清易则多显出原则的一贯性，条理的分明。[⑤] 这种条理的明析性正是注重“数学”的表现。

从自然哲学的角度，牟宗三区分象与数的内涵，并以“象”“数”的不同彰显汉易与清易的区别。在他看来，象有三义，一是现象之象，二是方法上的取象之象，三是法象之象。《周易》经传中的象主要是就后两者而言，是象征比喻意的延伸，“而与现象之义无与焉”[⑥]。义理与象是不可离，义理皆是借助于象而被阐发。但数与象不同，数指序或理而言，表征的是关系顺序。

> 此乃物界之条理，更可以术数观之。象为思想所取，数为物界所具。一主观，一客观，本不可同日而语，且象之所以可能，唯由物界之有数也。无数无理，无同无异，无次第，无关系，虽欲用象，不可得也。[⑦]

---

① 牟宗三：《周易的自然哲学与道德函义》，《牟宗三先生全集》卷 1，台北：联经出版事业有限公司 2003 年版，第 60 页。

② 这三者实是一事，举一可赅三。“宇宙的条理与天人同情可以说是自然事实方面的合一，而天人合一可说是由事实之合一为基础而至价值界也。”（同上书，第 20 页。）

③ 同上书，第 89 页。

④ 同上。

⑤ 同上书，第 90 页。

⑥ 同上书，第 15 页。

⑦ 同上书，第 17 页。

象以数为基础，数是客观的，象是主观择取的，离开数是无法言象的。就象与数而言，数是最为根本，是《周易》最为核心的客观基础。义理的阐发也只有在象数的基础上才能完成。牟氏言："义理在晋宋人眼中又有特别意义：1. 先立乎大者，求客观一贯之理；2. 免除计较比量，采用静观体会之法。"① 但这时义理仍需要运用象数以阐明。对本体的认识，仍需借助于象数的符号来指谓，虽然得意忘象，得象忘言，但作为过程象数又都是不可离的。这样就象数与义理三者而言，牟氏安排了由数而象，由数象而义理的进程。可以看出，牟氏所要突出的是数的价值。因为"数"在他对象数易的阐述中，始终处于一种客观性的位置，而这更有科学精神的意味。"数"是客观存在的，"象"是主观择取。但同时牟先生又指出《周易》中所谓数并非说具体世界即是数，即是以数构成，乃只是说具体世界是有数性的，即可以数表象之。数并不是世界的本体或是本源，这显然是在指出《周易》中的数并非和古希腊数本源论在同一层面探讨问题。

如果以象数分别表征汉与清两个时代的易学的不同，那么自西汉至魏晋这四五百年间的易学，其特性主要是以灾异感应解易。解易者虽众，但家法可陈的也只有孟京荀郑虞五人。他认为自田何到孟喜再至虞翻是汉《易》之正宗。"京氏后起，且无可述之传受者；费氏丁人无训说，则虽郑荀据相传为费氏《易》，然亦直是郑荀已耳。是故传汉《易》之衣钵者，确为虞翻。"② 而在以"数"为重的清易，牟宗三亦独推崇胡煦、焦循两人。焦循著有《易学三书》（《易图略》《易通释》《易章句》），胡煦著有《周易函书》。他言：

> 此两人的易学都可以说是学人专家的易学，皆以象数为出发点，便不是汉人的象数。汉人的象数，于解经则嫌琐碎着迹，不成条贯；又于经外有一底子，由阴阳、谶伪、灾异一整套而成者。他们两人对于这些都能荡涤廓清，独辟蹊径。不是

① 牟宗三：《周易的自然哲学与道德函义》，《牟宗三先生全集》卷1，台北：联经出版事业有限公司2003年版，第17页。

② 同上书，第31页。

> 王弼的以老庄玄理来廓清，亦不是程朱的以道体性理来廓清。他们是直接就《易经》本身来立例。①

胡煦的特点是以体卦说注解经文，“于自然生成之理，极有悟解”②。胡煦通过对初、上、九、六、二、三、四、五，八字命爻的解释引申出时位、生成、终始、内外、往来等宇宙论的概念，他继又以河图洛书总表生成之理，因此在牟氏看来，这分明是一种中国式的“生成哲学”的阐释。他言：

> 故胡煦是方法学地由象以悟客观的生成之理与数学之序，能穿过象直悟天地生化之妙，而知象皆是主的方便假立。故曰：“图非实有是图，象非实有是象，皆自然生化之妙也。”③

胡煦的不足处牟宗三至转入道德形上学时才指出，认为他只是从象数学的角度诠解易经，并未能理通其中的道德心性之学。在牟氏看来，胡氏只是一个致力于易学的专家学人，“于伏羲、孔子那原始的光辉、神采、润泽、嘉祥、清洁、晶莹，大圣人混沌中之灵光爆破（伏羲），道德心性、悱恻悲悯之怀（孔子），皆不能仰望于万一，亦无亲切之感”④。所以在其易学中所表现出的是一种类似于科学考察的冷淡清凉，但却透露出智慧的不俗，有一种“术人智士之小家相”。⑤

概言之，牟氏认为胡煦以分合为根本观念，进而以始终微盛初上诸根本范畴以解析自然之生成，而复以往来相交诸关系以解析时位爻之构成，以体卦主爻之说解析实体之形成，因而引申出时空之构造而同时又显示世界之真变以批驳卦变之假变，⑥ 从而形成了一

---

① 牟宗三：《五十自述》，《牟宗三先生全集》卷 32，台北：联经出版事业有限公司 2003 年版，第 42 页。

② 同上。

③ 同上。

④ 同上。

⑤ 同上书，第 43 页。

⑥ 牟宗三：《周易的自然哲学与道德函义》，《牟宗三先生全集》卷 1，台北：联经出版事业有限公司 2003 年版，第 292 页。

种中国式的“生成哲学”的理论。[①] 他以象数表征世界、宇宙，通过卦爻之关系分析宇宙之生成，暗含有科学的精神。

无独有偶，熊十力也注意到了胡煦易学的不同，在《读经示要》中他多次提到胡氏易。熊氏认为胡煦承继了宋易传统，以易归宗于穷理尽性至命之学，“足以羽翼前贤，治易者不可不究心于其中”。[②] 熊氏对胡煦易学地位是十分肯定的，对世人于胡氏易的不解也表示惋惜，他说：

> 焦循《易通释》，曾两引其说，皆无关弘旨。清末，章太炎、梁任公时称说清儒，而皆不知有胡煦其人也。民国以来，牟生宗三，肄业北庠，作文表章之，始渐为人所注意。然胡氏书，唯《图说》可玩。《易注》、《中庸说》，殊无精采。[③]

可以看出，其实熊、牟两先生对胡煦易的关注角度还是有些区别的。熊氏之所以把胡氏易认定为清代宋学之遗脉，是因为胡氏易中所存有穷理尽性至命之说与宋儒是相承的，而且依熊氏所言：“胡煦易说，与法人柏格森之哲学，颇有相通者”[④]，他是看到了生命流行义在胡煦易学中的体现。而这种对生命本体的理解，与早期牟氏

---

① 牟氏是深受怀特海影响的，但对中国的“生成哲学”他认为与怀特海的生命哲学是不同的。怀特海关于生命的认识，牟氏认为是以外在为主的，他并不重视生命，而是将生命转为外在的。“生命一词，在他的系统中，并不占有地位。他并不能正视生命，就生命之如其为生命，生命归其自己，恰当地就之以言道德与宗教。他把生命转成一个外在的‘自然之流转’，转成缘起事之过程。他虽亦讲创造，亦讲动力，亦讲潜能，但都亦转成外在的、物理的、泛宇宙论的，至多是属于亚里士多德型的，而不是生命的，精神生活的。”（牟宗三：《五十自述》，《牟宗三先生全集》卷32，台北：联经出版事业有限公司2003年版，第51页。）“他把生命外在化，把认知主体外在化，至于道德宗教的心灵主体，则根本未接触得上。因此他系统中的上帝，亦只是在数学与物理的美感与直觉下泛宇宙论系统中的上帝，不是生命的上帝，道德宗教中的上帝。所以他是个有福的人，因为他的生命能全内在于数学物理的美感与直觉中，而数学物理的呈列与平稳亦全浸遍了他的生命之全部。他的心灵能在数学物理的呈列与平稳中得到安息与清净，单纯而无人世的烦恼。也见他的富贵气，也见他的福气。”（出处同上。）

② 熊十力：《读经示要》卷三，《熊十力全集》卷三，湖北教育出版社2001年版，第915页。

③ 同上。

④ 同上。

对象数易的关注显然是不同的理路。

焦循易学在牟氏看来，要比胡煦易有所隔，他言，“至于焦循，精思巧构，可谓一等之才，然不免于凿与隔。此则又不及胡煦。”①按牟先生的分析，焦循就《周易》本经钩稽出五个关于卦象关系的通例，著成《易图略》，并以此注解全经，成《易章句》。又根据《易图略》作《易通释》，引申运用易图通例，引发出在牟先生看来极有意义的概念。“焦循很能注重数。他是借数学的方法，用三个原则以贯通六十四卦而解析经文的，他的目的是在道德哲学之建设。”②

牟先生认为，焦氏所言的道德哲学是立于生成变易的自然哲学之上的。焦氏之学以通为主，以十二言之教为通的标准。而这种道德哲学的意义即在于于人世中寻求意义，而不必求之上帝或神以奠定其合理性、合法性的基础。对这种道德哲学，牟氏称赞其完美，因为它突出了人生自我实现的意义。牟氏言：“这是人间的复活，人间的自我实现，毫不必借助于万能的神用语超越的宗教。这是有功于人类的发现，他这道德哲学的系统之完美，在这个人间是不多得的。”③ 概言之，焦循于自然哲学之上又生发出了一套道德哲学的理念，这种对道德哲学的重视，使其易学有了不同于胡煦的特色。

按牟氏的分析，如果胡煦是从《周易》方面研究自然哲学，解析具体世界，那么焦循则是在自然哲学的基础上发挥道德哲学以解析价值世界。胡煦所要回答的是“是”的世界；而焦循所面对的则是“宜”的世界。

---

① 牟宗三：《五十自述》，《牟宗三先生全集》卷 32，台北：联经出版事业有限公司 2003 年版，第 43 页。

② 牟宗三：《周易的自然哲学与道德函义》，《牟宗三先生全集》卷 1，第 89 页。焦循言：“易之一书圣人教人改过之书也。”“元亨利贞吉凶悔吝厉孚无咎。元亨利贞则当位而吉；不元亨利贞则失道而凶。失道而消不久固厉，当位而盈不可久亦厉。因其厉而悔则孚，孚则无咎。同一改悔，而独历艰难困苦而后得有孚则为吝，虽吝亦归于无咎。明乎此十二言，而《易》可知矣。”（《易图略》卷二。）可以说，焦循于易学体系的建构其目的正如牟氏所言是透过象数阐述道德哲学的内涵。

③ 牟宗三：《周易的自然哲学与道德函义》，《牟宗三先生全集》卷 1，台北：联经出版事业有限公司 2003 年版，第 296 页。

> 然而焦循之讲“宜”的世界却未始不以“是”的世界为基础。他的道德哲学之中心点是“旁通时行”四字，而此四字也即是由于具体世界的“生成变易”四字而昭示出。这即是吾历来所谓道德上的“自然主义”及自然上的“意谓世界”。①

道德的自然主义，是牟氏于周易中归纳出的中国伦理的特点。他所说的自然主义，是指中国传统伦理的根基在承认自然之条理，即具体世界的变动是有条有理展现为序列的，中国人的道德根基即是在于此。所谓推天道以明人事，天道运行的理序即是人事运行所应依据的法则。“《乐记》所谓‘大礼与天地同节’者是也。天地之节，即是天地之序，即是天地之理。道德的极致即是与之合。”② 天地之序即可以成为道德的根基，因而无须求助于柏拉图式的理念、康德式的物自体。按牟氏的分析，中国式的道德观即是人间行为的相互关系的至当之则。解析具体关系而寻其条理是自然科学的工作，解析行为关系间的至当之则而寻其条理是伦理科学。自然科学是研究物质现象之条理，而伦理科学是探讨由万物之条理所昭示的至当的意谓。这两个世界是分而不同，又是合而为一的。中国哲学的特点即是多见其合，而混为一，“中国之伦理世界必寓于实缘世界，而道德哲学之必建基于生成哲学”③。

就易学史而言，将这两者完美融合的集大成者在牟先生看来即是焦循。承上言，汉易的观点是朴素具体的，他们以“象”表征自然界的根本关系，他们的工作是科学的、物理的，是在科学世界、物理世界下对宇宙结构的解析。晋宋易学却是走相反的路，其目的是追求一个绝对的真理，而得理的方法是观照、体认、通其情、识其趣等心性修养。科学知识并不是晋宋易学关注点，而是要建立伦理道德的基础。为道德立基础，是儒家一贯的精神，在牟先生看来，朱子是晋宋易学的集大成者，他继承了汉人的思想，并将道德

① 牟宗三：《周易的自然哲学与道德函义》，《牟宗三先生全集》卷1，台北：联经出版事业有限公司2003年版，第294页。

② 同上书，第298页。

③ 同上书，第344页。

立于自然界的根本原则之上，如果说汉人是自然哲学，那么朱子易学则包含了物理后学与伦理后学。这种合自然哲学与道德哲学为一体的发展至焦循而达至其顶峰。如果说，胡氏之易学生成哲学即是以数而构成的理论，“简直是中国的科学底哲学、数理哲学”[①]。焦氏以自然哲学入手而引出伦理的意谓，就可称得上是斯宾诺沙式的伦理学家。

牟氏显然是受到了维特根斯坦的影响，维特根斯坦认为伦理是不可以命题表达出来的，世界的意义只在世界之外。牟氏亦认为伦理有其神秘性，价值世界与科学世界是两个截然不同的领域。[②] 中国思想亦可以区分为这两个世界，但两者的关系却与西方哲学不同。他说：“伦理虽不实存于世界，但却含蕴于世界。这样，伦理便不是超越的外在的，而是具体的，内在的，或曰潜在的。”[③] 焦、胡的系统即分属于这两个不同的世界。胡煦取《无妄》之彖辞“刚自外来而为主于内”为中心思想引申出一个往来关系以建设其生成哲学。焦氏以《大有》之彖辞“大中而上下应之”为核心理念，引申出以时行当位为主体来建设其道德哲学。胡氏注重的是事实之生成，因而以“用九”“用六”为主采取“主爻体卦说”，焦氏重道德价值，因而以变通为主，主张“乾二之坤五”的大中说。胡氏之太极是一个生成过程，焦氏却赋予太极“大中”的道德意谓。[④] 两者的指向明显是不同的，在牟氏看来，焦氏基于生成哲学之上的道德哲学，实在是高明而博大，“这光畅的系统，详密的解释，唯有于带有数学性逻辑性物理性的《周易》中引申出”[⑤]。但此时牟先生的视野毕竟是限于自然哲学的范围内，在他看来，焦循依自然哲学所建立的道德哲学虽然有其妙趣，可谓精思巧构，却是穿凿而成，比不上胡煦直凑真实。因此就自然哲学的层面讲，焦氏的成就

① 牟宗三：《周易的自然哲学与道德函义》，《牟宗三先生全集》卷 1，台北：联经出版事业有限公司 2003 年版，第 395 页。

② 同上书，第 294 页。

③ 同上。

④ 同上书，第 345 页。

⑤ 同上。

当然没有胡氏更有光辉。[①]

综上所述，通过对自汉到清易学的梳理，主要是象数易学的梳理，牟氏发现：

> 我于此确然见到中国文化之慧命，除尧舜禹汤文武周公孔子历圣相承之仁教外，尚有义和之官的智学传统，古天文律历数赅而存焉。后来阴阳家即继承此线而发展。王官失守，复转而为社会上之医卜星相。天文律历数于易学象数之牵连中，亦可见其较为有意义的形上学上的规模。[②]

此义、和之传统，被牟宗三解读成了中国式的毕达哥拉斯的传统。他认为《周易》及相关著述中所阐述的象数学的理论，以及在此基础上所开出的自然生成哲学和道德哲学，并不输于西方的哲学理念。此时的牟宗三是将道德哲学放在自然哲学的基础上的，是在西方本体论模式下对宇宙及人生关系的主客二分的考察。他强调数的客观性，进而指由数而至象的主观性。他指明《周易》中的智的系统即自然哲学的系统，而道德哲学这时以自然哲学为基础，由自然而指示出意义。《周易》中的自然哲学成分就足以使其立于世界文化之林中。他甚至认为单就《周易》所展现的逻辑结构而言，或者以逻辑命题表示世界意义而言，《周易》于世界思想史上都是有不可置换的地位。《周易》及相关著述中的天文历法知识更是曾有领先于世界的水平。但是，《周易》这种以象数表征世界的方式并没有进展到独立成为类似西方“数学”的地步，因而只能说是含有这种发展的可能。

---

① 焦循对于道德的解释在牟看来也多有不合大易之处。牟宗三言焦循“而于道德心性又根本不入，以戴东原为宗主。是故彼之费如许精神，精思巧构，成此结果，不能上企高明，实不免有令人可惜之感。彼毕竟只是一巧慧之学人，其于易也，只是一巧慧学人专家之易。此则为乾嘉训诂习气下之小家相，枉费了精神，糟蹋了《大易》。彼又本戴东原作《孟子正义》，亦是枉费了精神，糟蹋了孟子。”牟宗三：《五十自述》，《牟宗三先生全集》卷 32，台北：联经出版事业有限公司 2003 年版，第 43—44 页。

② 牟宗三：《五十自述》，《牟宗三先生全集》卷 32，台北：联经出版事业有限公司 2003 年版，第 44 页。

从科学的发展来看，人们对宇宙的认识是在不断变化中，每一次科学的飞跃都会带来人类宇宙观的发展。“易之为书，与天地准，故能弥纶天地之道 。”以象数学形式观天地之变，察物理之奥，中国的古代之贤人也刻画出一幅宇宙的图像。在牟氏看来，这种刻画虽然不免于简陋，甚至多所荒诞之处，没有达到现代科学的水平，但就可能性而言，若是延此方向前时，必然有达到科学水平的一天。[①] 所以在他看来，《周易》并非是需要抛入历史堆中的老古董，而是有着可以接引现代西方科学、自然哲学的精髓，在这些被视为腐朽的文化中仍有可以化腐朽为神奇的力量。以《周易》为代表的传统文化即使以“赛先生”的视角进行分析也能看到里面存在智的光辉。那么对于民族传统所遗留的精神，在牟氏看来我们当然应该以一种继承的心态而不是反对、盲目批判的心态待之。可以看出，牟氏经过对易学史的梳理，找回的是民族文化的自信心，在年轻的牟宗三看来，《周易》中存有可堪与西方媲美的自然哲学思想，又有着不同于西方哲学的伦理学的进路，虽然当时他并未能对这种道德哲学做更为深入的考察，但其以一种自然哲学的视野拨扫《周易》之上的尘土，确实给当时的学界注入了新的风气。

可惜牟宗三的著书并未能流行开来，只是自费印制，但就牟氏自身而言，通过对《周易》的梳理，更是坚定了他的对传统文化的体贴之心。这或许就是他在《五十自述》中所言“此是一生命之开端走步，其他皆可肇始于此也”的原因吧。[②] 就其诠解《周易》的进路言，当时以自然哲学为视界，力图整理出易学中所涵摄的自然哲学（生成哲学）的思想者只有他一人，[③] 所以牟宗三对易学所进

---

① 牟宗三：《阴阳家与科学》，《牟宗三先生早期文集》上，《牟宗三先生全集》卷25，台北：联经出版事业有限公司 2003 年版，第 366 页。

② 牟宗三：《周易的自然哲学与道德函义》，《牟宗三先生全集》卷 1，台北：联经出版事业有限公司 2003 年版，第 5 页。

③ 牟氏言：“试看看这五六十年来，无论哲学界或国学界，有这样整理汉易的吗？有讲胡煦《周易函书》的吗？有讲焦循《易学三书》的吗？吾未之见也？”（牟宗三：《周易的自然哲学与道德函义》，《牟宗三先生全集》卷 1，台北：联经出版事业有限公司 2003 年版，第 5 页。）牟宗三对自己演绎进路的批评亦不为过，以自然哲学为视角，从易学发展史中理出自然哲学思想的当时确只有其一人。我们或可以认为，科学易的产生牟宗三是有其功的。

行的哲学整理，对于易学的现代研究来说，亦是有开先河之功的。

二　晚期易学：道德形上学的视界

牟氏将其学术生涯分为三期，青年时期以自然哲学为视界，致力梳理《周易》中的生成哲学，中年曾努力于西学的研读，而至台湾后，则注重于传统文化中道德形上学的重建。可以认为牟氏由对易学发展史中的自然哲学的关注转移到道德形上学的解读的原因可以归列为三点，一是熊十力的影响，二是牟氏自身的生存体验，三是他沿着哲理进路继续思索探求之逻辑结果。在牟氏的三期学术演变中，对其影响深远的事件即是他与熊十力的相识。牟、熊之相识是在其大学三年级时，他言："我之得遇熊先生，是我生命中一件大事。"① 熊十力在牟氏人生历程中出现，使牟氏真正开始有自觉地反思生命与学问的意义。"我在这里始见了一个真人，始嗅到了学问与生命的觉味。反观平日心思所顾只是些浮薄杂乱矜夸邀誉之知解，全说不上是讲学问。真性情、真生命，都还没有透出来，只是在昏沉的习气中滚。"② "我由此得知学问是有其深度的发展的，我有了一个未企及或不能企及须待努力向上企及的前途。"③ "现在我找到了一个超越而永待向上企及的前途。这是个深度发展的问题，时时有个超越前景在那里，时时也使我返照到自己的生命现实之限度与层面。"④ 牟氏的这种企及向上不敢停留的心态多是受熊氏的影响而来，熊氏以自己的道德学问的生命意识感召了牟宗三的心灵。

牟宗三被熊十力引向了道德义理的层面，而不再将知识的积累看作是道问学的目的。他认为那些无道德义理生命意识的学问家，

---

① 牟宗三：《五十自述》，《牟宗三先生全集》卷32，台北：联经出版事业有限公司2003年版，第75页。

② 同上书，第77页。

③ 同上。

④ 同上。

只能算是“卑陋无知，庸俗浮薄，实在是一种坠落”① 的代表。在牟氏看来，只有德性义理的学问才有深度的发展，若无此则生命永远是干枯的、僵化的。可以说熊十力使牟氏由外在化的知识追求，内转而正视生命，从人生境遇的存在现实中观照义理层面的意义。牟氏言：“生我者父母，教我者熊师，知我者君毅兄也。”② 熊十力在牟氏心中的地位可见一斑。因此，如果从易学研究的角度对牟宗三思想进行分期，我们不妨以熊十力与牟氏的相识为界线。在服膺熊氏的学问后，牟氏对《周易》关注的角度也即开始转向道德层面。

这种转变除了熊氏的言传身教外，也与牟氏之人生体验及对社会现实的关注有关。在牟宗三看来，新文化运动应是以复兴或改革中国现状的文化生命，进而以建设近代化之新中国为目的。“中国知识分子关心自己的文化与国家，无论其思想内容为如何，这超越的形式的涵义总是好的。”③ 但就新文化运动的内容而言，它是“消极的、负面的、破坏的、不正常之反动的、怨天尤人的，因而与那原初动机适成背道而驰，与那超越的形式的函义相违反”④。其因即在于这里，“并没有积极的健康的思想与义理，并没有畅通自己的文化生命，本著自己的文化生命以新生与建国”⑤。在新文化运动中对传统采取“打压”的态度，当时之学界领袖们并没有以一种理性精神分析传统，而是在西方文明的冲击下丧失了对自身文化的信心，因此虽然其形式上要求发展新文化，但在内容上却并未提出切实可行的建设。在牟氏看来，对传统的否定自然不可能保证一国文化生命的绵延，而民族文化生命的不畅达即意味这个民族并没有真正挺立于世界之中。因此接引传统文化的慧命就成了牟氏主要致力的方向。

而就牟氏的个人遭遇看，抗战期间，牟氏个人境遇亦极为困

① 牟宗三：《五十自述》，《牟宗三先生全集》卷 32，台北：联经出版事业有限公司 2003 年版，第 77 页。

② 同上书，第 78 页。

③ 同上书，第 83 页。

④ 同上书，第 84 页。

⑤ 同上。

顿，这种生活的压力将其“从‘非存在的’抽象领域，打落到‘存在的’具体领域”①。这一时期，他多是靠着熊十力及朋友的支持才得生存。从熊十力的身体力行及牟氏自身之生存境遇中，他体会出了关照现实生命的意义。

> 熊师那原始生命之光辉与风姿，家国天下族类之感之强烈，实开吾生命之源而永有所向往而不至退坠之重大缘由。……只有他那大才与生命之原始，始能如此透顶。这点倒更近乎《中庸》、《易传》的思想。②

个人生命的不幸与民族生命的不幸重合在了一起，两者共同激起了牟氏对如何重建传统，重接民族慧命的斗志。在他看来“不能通过历史陈迹而直透华族文化生命之源，不得谓能接通华族之慧命”③。若无中华民族的慧命，则其人即为“不能作主之存，夹缝中之存在，甚至为国际之游魂”④。概言之，自与熊氏相处相融后，道德、价值等问题才成为牟宗三的主要致力方向。也即因此，牟宗三对《周易》经传的理解也相继发生了转变。而抗战胜利后，民族救亡图存的问题已然得到了解决，但中国文化的发展走向仍是未解的悬疑。在《周易哲学演讲录》中牟宗三言道：

> 哲学家要好好想一想，要指导这个现代化的科学社会往哪里走呢？不能让它按照现时的样子自然发展下去，自然发展下去一点好处也没有。念哲学就是要思考这些问题，这是时代的问题，不要以为讲哲学是胡思乱想。我们讲这种哲学与时代、人生、社会、民族、个人生命都有关系的，所以我们才讲这种

① 牟宗三：《五十自述》，《牟宗三先生全集》卷32，台北：联经出版事业有限公司2003年版，第92页。

② 同上。

③ 同上书，第95页。

④ 同上。

学问。[①]

《周易》哲学已不再被他看作一种知识性的学问，而是要借助此种哲学的力量解决人生、社会、民族、个人生命的问题。在他看来《周易》经传中对于当今社会启发最大的即是它的道德形上学的路径。

其实就牟氏思想之内在逻辑而言，牟氏早期所要应对的问题是如何于被视为腐朽无用之易学中厘出可以与西学相媲美的智学传统，也就是要从中国传统思想中厘出科技理性的内容以与西方科学精神对接，以此来彰显易学的价值。他认为就科学精神而言，象数易中所流露的中国自然哲学、生成哲学的传统就足以让传统思想立足于世界文明之中。而随着牟氏思想的转变，特别是在熊氏的启发下及其自身生命生存体验中，牟氏进一步看到，易学的传统中不仅有可与西学相接的工具理性层面的科学精神，而且还有可以超越于西学的价值理性的判断，即自然哲学并不是易学的核心所在，《易》中的自然哲学应是置于道德之下的，易学所倡言的应是道德的形上学。从道德形上学的视界观照易学传统，牟氏将科技理性安置于价值理性之下，以道德统率科学。他认为这正是传统可以超越于西学之处。牟氏的这种思维渐进在马一浮与熊十力那里已经有了开端。马一浮对性命之学的强调已然暗摄了这一问题，他之性修不二的理论就已经有了道德价值指导科学知识的意味。熊十力所提倡的经学式的哲学即是要以保任心性的易简工夫消解科技理性的支离事业，也就是要以德性修养导引科技理性之发展。而牟氏的道德形上学的提法进一步将这些思想提升到形上学的层面。

牟宗三关于《周易》道德形上学的解读主要集中在以下几种著述中。《阴阳家与科学》一文，原载《理想与文化》第1期（1942年12月），牟宗三继续从自然哲学的角度解读易学。而发表于1947年3月的《代熊十力答敖英贤〈与熊十力先生书〉》（原载《历史

① 牟宗三：《周易哲学演讲录》，《牟宗三先生全集》卷31，台北：联经出版事业有限公司2003年版，第39页。

与文化》第2期），则明显能够看出牟氏解易视角的转变，在从象数学的角度解答了敖英贤的问题后，他重点指出了象数解易的不足，以指明道德形上学的重要性。这两篇文章皆收录于《牟宗三先生早期文集》即《牟宗三先生全集》卷25之中。1973年牟宗三主讲了《易传》，1992年又对《周易》经文做过讲述，根据录音整理成《周易哲学演讲录》，收录于《牟宗三先生全集》卷31中。牟先生在1982年还为范良光所著的《易传道德形上学》作短序一篇，于其中亦阐明了他对《易传》道德形上学的认识，该文收录于《牟宗三先生晚年文集》即《牟宗三先生全集》卷27之中。当然牟氏对《周易》经传的解读亦散见于他的其他著述之中。但本书主要就以上材料展开论述。

（一）从自然哲学至道德的形上学

如果说早期牟宗三解易的进路是以自然哲学为视界展开，将道德哲学理解成在自然哲学基础上的升发，即一种形而上学的道德哲学，表现出天人二分的考察方式，那么其晚年的易学思考则回归到天人合德的进路，将自然哲学放置于道德之下，建立起道德的形而上学。牟宗三认为道德形上学与形而上的道德学是两个不同的概念，其内涵和所指皆是不同的。道德形上学是以道德价值作为形上学的中心，以此来定立人间、宇宙的法则。而形而上的道德学则是在形而上学的基础上确立道德的地盘。就《周易》特别是《易传》的进路看，牟氏认为它显然是一种道德的形上学。

虽然就《易传》的作者言，牟氏仍如其早期所认定的那样认为实属晚出，“十翼不必是孔子所作，但十翼出自于孔门，当无可疑。《易传》成一套玄思，代表孔门义理，这是确定的。”[①] 但这时他已经接通了儒学的道统，认为《易传》虽非孔子所著，但却是孔门义理的体现，儒家的玄思在他看来就主要是通过《易传》展开。与追求客观知识的“学”相比，《易传》的玄思显然是更高一个层次，

---

① 牟宗三：《周易哲学演讲录》，《牟宗三先生全集》卷31，台北：联经出版事业有限公司2003年版，第3页。

它属于“道”的层面。《易传》以“几”切入世界现实，探讨《易经》玄理，而“‘几’的观念是从象数中启发出来，义理不能离开象数”[①]。如在第一节中所言，象是主观的取象，数是客观的秩序性。《易经》从象数的层面了解自然变化，形成了不同于古希腊的中国式的自然哲学。[②] 就“几”来说，它是指“动而未形，有无之间”,[③] “几者动之微，吉之先见者也”（《易传》）。《易经》中的自然哲学又被《易传》引向了以“几”体悟造化之妙，进而进入了道德哲学的层面。

按牟先生的分析，对易学研究要从两个方面入手才能体会出易的全体大用，即由象数而悟入神化，且由神化复幻成万物。两者一是由形下序理而悟形上之意，一是由形上之意而复观万物之序。《周易》“融条理于神化之中，神化之迹呈现而为条理”，因而《大易》之全德应是一种体用圆融的最高智慧。[④] 象数是神化之迹的显用，所以须弃又不可弃，因为离开象数神化之迹无所显，执着于象数又无法悟入神化之理。以象数解经，焦循与胡煦为最善。如第一节所言，焦循解经，目的是在道德哲学，走的是孔子赞易的理路，但却有穿凿之嫌。胡煦解易，以体卦说为核心，“直明宇宙万物之生成，是则象数不徒为一隔离之符号系统”。[⑤] 可以说胡氏易的特点即是用象数易的系统表明生成之理，在牟先生看来实是象数易学的最高发展。但这只是由形下的象数以入形上之理，而并未指示出道德的意蕴，更不是由形上之意以切入本原之理。

解易之道，不外形下形上二途。形下自图象入，胡煦可为

① 牟宗三：《周易哲学演讲录》，《牟宗三先生全集》卷31，台北：联经出版事业有限公司2003年版，第10页。

② 同上书，第11页。毕达哥拉斯认为，数是世界的本原，点线面生成万物。《易经》中并没有这种思想，而是取象天地，认为事物中皆有数理。

③ 《通书·圣第四》。

④ 牟宗三：《代熊十力答敖英贤〈与熊十力先生书〉》，原载《历史与文化》1947年第2期，《牟宗三先生早期文集》上，《牟宗三先生全集》卷25，台北：联经出版事业有限公司2003年版，第611页。

⑤ 同上书，第612页。

津梁也；形上自神化入，圆教其宗极也。[①]

象数解易的目的是由图象以悟神化之几，这是一种自然哲学的进路，是胡煦、焦循的进路，或者可以认为是一种形而上的道德哲学的进路。牟宗三认为这并不是最高明的解易方向，穷神知化，由形上之道以观形下之物才是解易的正途。“易之宗极，的在穷神知化，而要归于天命之谓性。图象之拟议亦要必会归于此也。”[②] 可见，穷神知化才是学易者所应导向的境界，它是《易传》的核心命题。牟氏所理解的穷神知化的进路也即是道德形上学的进路。形而上的道德进路与道德的形而上学进路是同时并存的，但有高下之别。如果说形上的道德进路更近于一种西方哲学的模式，《易传》对道德的形上学的昭示则更能体现出中国学术的特色。

牟氏认为《易传》晚出，因而“穷神知化”命题的提出被其理出这样一个发展的过程。由孔子的“践仁以知天”至孟子的“尽心知性知天”，再《中庸》提出“至诚尽性”之说，最后发展到《易传》的“穷神知化”的理论。在牟氏看来“穷神知化”是《易传》道德形上学的核心命题，“至《易传》说穷神知化，已达究极完成”[③]。孔门义理至穷神知化命题的提出而达其高峰，后学不过是从不同的层面对此命作疏解而已。以道德形上学为视界，牟宗三诠解了穷神知化所蕴含的义理。“易无思也，无为也，寂然为动，感而遂通天下之故。非天下之至神，其孰能与于此。”在牟氏看来，这里的“神”不是以“气”言的鬼神的神，而是从道德性上说的“神”。在他看来，通过占卜而预知吉凶，其前提必是心存诚念，心诚“神”显，只能是存于道德层面的假设。

---

① 牟宗三：《代熊十力答敖英贤〈与熊十力先生书〉》，原载《历史与文化》1947年第2期，《牟宗三先生早期文集》上，《牟宗三先生全集》卷25，台北：联经出版事业有限公司2003年版，第612页。

② 同上书，第615页。

③ 牟宗三：《儒家的道德的形上学》，《牟宗三先生全集》卷27，台北：联经出版事业有限公司2003年版，第90页。

> 所以这个神字有两种讲法，一个从德讲，一个从气讲。从德方面讲，就是一个 metaphysical reality，就是所谓的 ontological being。①

《易传》中的“神也者，妙万物而为言者也”，是将“神”作为一种道德层面的宇宙本体，以此来妙通万物。“就是神作一个本体，它在背后作运用才能起宇宙的变化。”② 寂然不动而又能感而遂通，寂感合一，也只有从道德的层面才能贯通。所谓“唯神也，故不疾而速，不行而至”只是言其道德的感应，不能从物质、从气的角度分析。如良知不动之时是寂，动就是感，是即存有即活动的。而若从气的角度分析，则会陷于物理学上的矛盾。

《易传》之核心是要树立儒家的道德形上本体，要在道德层面建立一套从工夫到本体的进路，因而并不重在气的分析，虽然阴阳二气的相对相待是不可以脱离的环节，但也只是落入形下层面后的事。“神无方而易无体”，“神也者，妙万物而为言者也”，神作为本体其表现的方式不是西方人格神，而通过作用功能展现出来，内在于万物，因其以妙用的方式展现，因而无时间无空间，因而可以不行而行，不至而至，这些都只是就道德层面而言，也只有从道德层面才能贯通。因而所谓穷神知化，其本质只是在强调一种德性的在先，进而以此展开形上学的思考，是一种道德形上学的进路。比如就《说卦》中“和顺于道德而理于义，穷理尽性以至于命”言，牟氏认为，这里所说的道德、理皆是指“立人之道曰仁与义”中的“仁义”而言③，是以道德为中心而突出人的价值。穷尽至是道德的实践工夫。穷理即是穷尽“仁义”这个道德法则，而道德法则，则是自由意志自主设立，不假我求，自己立法，即仁义皆是由“心”

---

① 牟宗三：《周易哲学演讲录》，《牟宗三先生全集》卷 31，台北：联经出版事业有限公司 2003 年版，第 198 页。

② 同上。

③ 牟氏言：“儒家从‘仁’这个地方看宇宙万物，从‘天命不已’看，不是有机物作为自然目的，那是道德目的。”（牟宗三：《周易哲学演讲录》，《牟宗三先生全集》卷 31，台北：联经出版事业有限公司 2003 年版，第 151 页。）中国的目的论，就是道德形而上的目的论，并不在知识对待的层次，即自然目的论上。

而来，“《论语》所言仁，《孟子》所言四端之心”[1]。穷理即可以尽性，因为性之内容即在立道德法则。尽性而知天命，即是了解“天命不已”，同时又知自己之“命运”“命限”。虽然一个是积极的，一个是消极限制的，但它们所彰显的同样是德性于人生存之意义、价值，强调的是德性在先的原则。

如果说，伏羲、孔子、孟子、《中庸》、《易传》所阐述之义理，主要是就人生而言的，但我们也不能否认它同时也是从宇宙论层面立论，因为从本源处讲宇宙人生只是同一个“道”在不同层面的展现，同具德性意义和价值意义。从宇宙论方面讲，宇宙的本源不是无根的、随意猜测的，在中国人看来它应是直接由人的德性实践以获得见证的。从人生方面讲，德性意义与价值意义的本源，并不会囿于形体的局限而无法扩充出去，它可以直透天地，因而性与天道是一时同证。性之理即是天道之理，宇宙之理与人生之价值、道德、意义是一透全透，真实而无妄的，形而上之道与形而下器是可以打通而且必须打通的。[2] 这与西方哲学视宇宙为人生存之外在境域，以一种二分对待的方式处理人与宇宙，肉体与灵魂，物质与精神的进路显然不同。如前所言，牟宗三早期自然哲学的考察进路受西方哲学的影响，以主客二分的角度整理易学的发展史，而在晚期却是将这种进路收归于道德形上学之内了。

在牟先生看来，《易经》本性应是洁静而精微的，正如《礼记·经解》中所说：“洁静精微，《易》教也。”《易传》即是解易的洁静精微之言，是孔门义理之所在。因此应沿孔门义理解释经文，本诸孔子的仁教思想发挥易之精神，“言《易》而不本诸孔子之仁教，则漫荡而无归”[3]。他批评了这样几种演易的途径，对自己早期讲解《周易》的方法做了一些修正。他说：

---

① 牟宗三：《周易哲学演讲录》，《牟宗三先生全集》卷31，台北：联经出版事业有限公司2003年版，第156页。

② 牟宗三：《五十自述》，《牟宗三先生全集》卷32，台北：联经出版事业有限公司2003年版，第93页。

③ 牟宗三：《〈易传道德形上学〉序》，收录于《牟宗三晚年文集》，《牟宗三先生全集》卷27，台北：联经出版事业有限公司2003年版，第303页。

> 见有宇宙论之辞语，则诬之以为宇宙论中心者则妄。见有存有论之辞语，则诬之以为对于道德价值作存有论之解释者则又妄中之妄也。此并非对于道德价值作存有论之解释，其正相反，此乃对于存在作价值学之解释。此用正是道德的形上学，而非形上学的道德学。①

《周易》经传中存有宇宙论之辞，也含于存有论（存在论）的判断，但却不是从宇宙论、存在论的角度确立道德的维度，而是以道德为基础反观于宇宙及存在的本体，它不是形上学的道德学而是道德的形上学。《周易》经传的核心即在于此，孔门义理的核心也是在于此。因此诠解《周易》就不能只是沿象数的路子观察其中的“科学”的进路，而是理通道德形上学的路子，解决人生社会的问题。在牟氏看来，虽《周易》中亦含有科学的因子，但如果将这种因素扩大，进而以为其中有“相对论”等则是走入解易的误区，近于妖了。②

概言之，孔门《易传》所体现出的是道德的形上学理论，并非形而上的道德学（宇宙论的道德学或存在论的道德学）。《易传》中所说的“大人者，与天会合其德，与日月合其明，与四时合其序，与鬼神合其吉凶”，与孟子所言“大而化之之谓圣，圣而不可知之之谓神”，以及宋儒明道所言“仁者浑然与物同体”，皆是在强调一种道德的实践，其目的是将绝对形上义的道德于实践中体现出来，因而其本质应是一种道德的形上学，而不是形而上的道德学。

> 用儒家语说：即是圆教。从实践过程而达到最高境界，便

---

① 牟宗三：《〈易传道德形上学〉序》，收录于《牟宗三晚年文集》，《牟宗三先生全集》卷27，第303页。

② 关于诠解《周易》的方法，牟氏认为：“悟解《易经》最忌迂、巫、妖、妄。迂者愚痴无解固无论矣。《易》本有象数义，而汉人象数则多巫气。《易》本卜筮之书，而后之医、卜、星相依附《易经》而行则术也，此是别支，非可以之为主。近人则附会者更多，如以相对论、《创世记》等等附会之，则皆妖也。”（牟宗三：《〈易传道德形上学〉序》，《牟宗三晚年文集》，《牟宗三先生全集》卷27，台北：联经出版事业有限公司2003年版，第303页。）可见对于象数易，牟氏虽然在早期读了自然哲学的意味，并曾一度引为自豪，但晚期却认为这非易学之主导，《周易》经传中所阐述的道德形上学的问题才是可以接续民族生命之所在。

含有一道德的形上学，由实践而使仁与良知达到心外无物之境地，到这时由实践所呈现之本体（仁、良知）便成为一绝对普遍之原则。①

这种道德的形上学，牟氏称之为“实践的圆教下的形上学”。即是通过道德的践履来完成成圣、成人的目标。道德的绝对形上之义，也必须于实践中且只有在实践中才能体现出来。因而道德形上学并不只是思辨的空想，而是有现实的过程，这就区别于单纯的思辨本体论的哲学，而与康德的实践的形上学相通。

所谓圆教，是天台宗的判教之词，它将诸法教义依据对“中道”的理解不同判为藏教、通教、别教、圆教四类。牟氏对圆教做了新解释，他认为哲学是以实践理性指向最高之善，也即是圆善。圣人所言即是教，换句话说，“凡足以开发人之理性并指导人通过实践以纯洁人之生命而至其极者为‘教’。”② 按牟氏的分析，那么哲学即可以被理解成一种开发人之理性并指导人通过实践以纯化人之生命的学问，只是西方哲学过于重视概念推导，而忽略了实践的一面，中国哲学则强于此项。儒道佛各教皆以实践为主导，儒家修养以成圣成贤，道家修炼以成真人，佛家戒定慧以明心见性成佛入圣，都是各以其方式纯化人之生命。三教皆是以追求至善为目标，以道德的修养为过程手段。《易传》中的“穷神知化”即标志着儒家道德修养的至高境界。将牟宗三对哲学概念的诠释与熊十力“经学式的哲学”的提法两相对照，我们从中看到了一种思想的承继和发展。如果说在熊十力那里这种经学式的哲学还只是一种简单的架构，至牟宗三这里道德形上学的玄思已然为哲学找到了新的表达方式。

从对《易传》的解读中牟氏形成了道德形上学的观念，并以此角度审视传统哲学。如他从自然哲学与道德哲学角度分析心学与理

① 牟宗三：《儒家的道德的形上学》，收录于《牟宗三晚年文集》，《牟宗三先生全集》卷 27，台北：联经出版事业有限公司 2003 年版，第 215 页。

② 牟宗三：《哲学与圆教》，原载《理想与文化》1942 年第 1 期，《牟宗三先生早期文集》上，《牟宗三先生全集》卷 25，台北：联经出版事业有限公司 2003 年版，第 367 页。

学的得失。在他看来，如果说《周易》经传中存在自然哲学与道德哲学两个层面的内涵，道德与知识相较言，道德是第一义的，知识是第二义的，《周易》经传突出的两个层面显然是德性为第一义，所谓“易简工夫终久大”，陆王一系所开出的即是这种思想。与此相对，朱子学在牟氏看来倒是有些重知识的味道。[①] 可以说，道德实践和知识何者是第一义的，是朱陆之争的根本问题。[②] 朱子析心与理为二，阳明讲心即理，朱子以心合理，阳明则以心即理，无须外求，其实就是《易传》中二种进路的分化。如前所述，穷神知化的道德形上学进路显然更为高明些，因而陆王在境界上就略胜朱子一畴。在牟氏看来，所谓道德只能以自律言，他律构不成道德的内容，只能存于法律的层面。而意志自律必须以意志自由为前提条件，因此以意志自由为条件的意志自律才是真正的道德原则。《易传》所阐述的易理，正合于意志自律的要求，它不是外在天理，而是内在于人心的本性。陆王道德形上学的解读，从天道层面保证德性内在于己，进而扩大涵养天命之在我者，立己立人，开物成务。道德形上学已然成为牟氏会通中外哲学，承接传统慧命的思维路向。

综上而言，综观牟氏早晚两期解易进路，无论是早期的自然哲学进路（我们亦可以称之为形而上的道德哲学进路），还是后期的

---

① 他言：“陆象山讲简易，因为他讲的是内圣之学，成德之学。成德之学就基本智慧讲，当然讲易简呀！这是创造原则，跟乾知大始一样，是一个创造原则，它达到本源呀！这就叫见道。你不见道，就罗哩罗索。朱子当然有那么一个倾向，就是拿 being 决定善，拿知识决定道德，所以，他看重道问学。”（牟宗三：《周易哲学演讲录》，《牟宗三先生全集》卷 31，台北：联经出版事业有限公司 2003 年版，第 175 页。）

② 在牟氏看来，朱子精神即为学之精神与象山精神即为德之精神皆是人不可少的。因为见道与为学是两个不同层面的东西，道德可以引导知识，知识可以充实道德，但应区分二者的轻重本末，“见道是主，为学是从。”（牟宗三：《周易哲学演讲录》，《牟宗三先生全集》卷 31，台北：联经出版事业有限公司 2003 年版，第 171 页。）可以看出牟氏其实是在做一种合会朱陆努力，他认为人之道问学，当“闻道尊孟轲，为学法荀卿”。（同上书，第 38 页。）在他看来，道德与知识对于人生来说皆是不可缺少的。就中西文化来说，他认为：“西方文化属于方以智，东方文化属于圆而神。”（同上书，第 211 页。）“科学民主皆是方以智的层面，西方哲学中的人与神是不能合而为一的，只有东方的思统才是圆而神的，这是人生之最高境界。但圆而神属于最高境界，下面一定要有方以智支撑。假如圆而神下面没有方以智来撑就要垮。”（同上书，第 211 页。）所以儒家的基本精神是承体起用，没有离开用的体，识体也需于用中识。形下之用与形上之体是不二的，“即用见体是儒、释、道共同的思想。道无所不在。”（同上书，第 204 页。）

道德形上学进路，他对易的解读都是立足于一种哲学观的角度，而非再限于笼统的比对。可以说是对现代解易以寻求易学现代转换之路的一种深化。牟宗三认为，儒家所言的道体、人伦是一体的，本与末亦是一体的，“即本体即工夫，即工夫即本体”，其本质是“为人伦常道立一形上之根据，并本其形上之根据以实现其伦常，则所谓为天地立心，为生民立命也。此即道德形上学之全体大用也”①。“道德形上学的内容就是天道性命通而为一。”② 宇宙的本体、人生之意义皆需要通过工夫而证悟。就易学来说即是要通过道德实践达于“穷神知化”，各正其性命，进而成己成人。虽然在《周易》经传中体现出天地之变，物理之奥，可以理出“自然哲学”的条理，进而展现“义和之官的智学传统”，但这终归不是《易经》的核心所在。易学在他看来是“穷神知化、各正性命”之学，是本于道德意义、价值意义反观于宇宙及其形上的本体，它内含的宇宙论、本体论是摄于道德形上学之下的本体论，是一种道德修养证悟式的形上学。这与西方哲学理性思辨所产生的对待的形上本体是两种不同的进路。牟氏称之为“实践的圆教下的形上学”。就其道德形上学的解易进路而言，如何将道德的形上之理落于现实的人生之中，“穷神知化，而各正性命”，牟氏通过对乾坤两卦的阐述而展开。

（二）创生原则与终成原则

乾坤两卦为易之门户，牟宗三从道德形上学的进路，重新诠解了乾坤所蕴含的义理。乾坤在他看来，皆是从德的层面表征阴阳，《易传》虽主张乾坤并建，但却不是二元论式的。从德的层面讲，乾坤代表两个基本的原则，即创生原则及终成原则。他说：

> 乾健所代表的原则是“创生原则”，创生原则也就是创造

---

① 牟宗三：《阴阳家与科学》，《牟宗三先生早期文集》（上），《牟宗三先生全集》卷25，台北：联经出版事业有限公司2003年版，第354页。

② 牟宗三：《周易哲学演讲录》，《牟宗三先生全集》卷31，台北：联经出版事业有限公司2003年版，第37页。

> 性原则。[①]
>
> 坤顺所代表的基本原则是“保聚原则”，也叫做“终成原则”。坤卦代表终成原则，等于西方的 final cause（目的因），从 final cause 落脚的地方讲终成原则，final 就是终成，《易传》终成二字最合 final cause 的意思，终成这个词最典雅。[②]

在牟氏看来，乾之《彖》集中表现了儒家道德形上学的义理，以元亨利贞体现出创生与终成原则。元亨利贞四德即是事物发展过程的四个阶段，元亨是创生原则的表现，而利贞则隐有终成原则。创造性原则即创生原则是纲领，保聚原则即终成原则隐于其中，将终成原则提炼而出，即成坤卦的思想。“乾以易知，坤以简能”，乾作为创生原则，从形上层面讲，是以“简易”的方式、道路进行创生创造，坤之成物、终物也是以一种简单的方式表达出终成原则。[③]《周易》中尊乾而法坤的形而上学根据即在于此。尊乾而法坤通过牟氏的阐发就不再是君臣、父子、夫妇之封建纲常伦理的天道保证，而是从道德的层面彰显出人生的真谛。与熊十力对比，熊氏为消除传统易学中所包含的封建性不惜将孔子一分为二，将孔子易定为孔子晚年思想的代表，从现代价值入手重写易学思想史。尊乾法坤而来的君臣、父子、夫妇的尊卑被其划定为后儒的篡改，以其来保证易学的现代价值。而牟氏则是直接从哲理层面入手，以乾坤所显示和义理解读，指示出人生的价值。其进路比熊氏更为深刻了些。

《周易》中虽然乾坤并建，但却不是二元论式，乾元坤元之地位、作用的方式是不同的。从本体论上讲，乾元是宇宙最初的开始处，它是宇宙的“实体”。“大哉乾元，万物资始”，乾元使万物存在，万物因由乾元才能存在，才被创生，“万物资始”所昭示的就

---

① 牟宗三：《周易哲学演讲录》，《牟宗三先生全集》卷 31，台北：联经出版事业有限公司 2003 年版，第 19 页。

② 同上。

③ “乾知大始，坤作成物”，牟氏言即是“以易的方法知，以易的方式表示它是一个创造性原则。它是容易呀，因为它无条件，它不需要其它的条件”。（牟宗三：《周易哲学演讲录》，《牟宗三先生全集》卷 31，台北：联经出版事业有限公司 2003 年版，第 77 页。）

是乾元的创生性。因而可以说从宇宙论上讲，“乾元即是形上实体（metaphysical reality）。”[①] 牟氏认为，乾元的创生作用，其思想源于《诗经》中“维天之命，于穆不已”一句。天之命，即是天德，天德体现为健进不已，这是从天道的层面言乾元之德。《中庸》接其下句为：“于乎丕显，文王之德之纯”，文王之德即是禀天道而来，两者合起则分别从主客两方面开启了中国道德形上学的玄思，

> 所以，中国的道德形上学这个深远的玄思有两个智慧，客观的讲就是“天命不已”，主观的讲就是“纯亦不已”。这是中国文化智慧的最早的根源。[②]

这两点与《易传》中“天行健，君子以自强不息”是相通相合的。按牟氏的分析，《易传》的思想是秉承《诗经》而来。他的这种认识当然与其将《周易》经传认定为晚出有关。而就六艺来说，当孔子以六艺教人，制定讲学的教材时，自会以一贯之道统而言之，对《诗》内容做一种义理的阐释也未为可知。

牟宗三言：

> 尊乾就是以创造原则为尊，为纲领，法坤就是取法于坤。终成原则代表母道，照宇宙论讲，坤是终成原则。法坤是照我们人生的修养之道讲，取法于坤就是道德的修养工夫，道德的实践都是坤道。[③]

乾德表现为创造性原则，它是产生宇宙之实体。而如何使乾元落实于人生之中，于人之性命中彰显乾道健进之德，这主要需要通过道德的实践来完成。“这个实践的工夫统统是坤道。”[④] 坤道，在牟氏

---

① 牟宗三：《周易哲学演讲录》，《牟宗三先生全集》卷 31，台北：联经出版事业有限公司 2003 年版，第 33 页。

② 同上书，第 20—21 页。

③ 同上书，第 38 页。

④ 同上。

看来，它向人所昭示的是如何进德修业的问题，即是以保聚原则积养学识，丰富德行，立己立人的问题。

如果说乾元创生，坤元终成，那么《周易》乾坤两卦所体现出的即是一种终始哲学，它重视一个由始至终又由终而始的过程。《序卦》曰："有天地然后万物生焉。""有天地然后有万物，有万物然后有男女，有男女然后有父子，有父子然后有君臣，有君臣然后有上下，有上下然后礼义有错。"从乾坤两卦为六十四卦之首引出天地为万物的根源，并将天地看作人类及其伦理秩序的基础，可以看出《序卦》在这里所体现的是一种涵摄天地万物的宇宙衍化思想。就《易经》来看，其上经在乾坤之后屯蒙相接，主要所要阐述的是天道思想；下经中咸恒之后为遁及大壮，主要讲的是人道思想，从天道到人道，从自然到人事正暗合了宇宙的进程，而不以既济为终，却以未济为终卦，正昭示着一个新的终而复始的过程。概言之，从乾之创生至坤之终成，体现出中国式的对宇宙的动态观察，即以一种"生生"的方式，将宇宙认定为不息而渐进的过程。这与西方哲学的传统如四因说是不同的，"中国人讲生成始终，终对着始讲，成往后推，对着生讲。终落在'利贞'，见终就见成"①。终与成相对而言，而终成之后又是一个新的开始，因而在此过程中，任何一处都是成也都可以为始，如环之无端。

就人生论来说，终始问题，也即是死生的问题，《周易》将死生问题转为始终问题，又将始终问题转而为幽明问题。在牟氏看来，人生即是一个成德的过程，人之自然生命当然有死生，而德性生命却不能以死生论，从德性生命上讲它只存在个人德行的始终而已。他说：

> 人一生就是奋斗，不是奋斗发财，是奋斗成德，就是发展你的德性人格，这个成德过程做完了就终。所以君子的死就叫做终。②

---

① 牟宗三：《周易哲学演讲录》，《牟宗三先生全集》卷31，台北：联经出版事业有限公司2003年版，第49页。

② 同上书，第83页。

儒家对生死问题是寡言的，生之前死之后，儒家并没有作过多的安排，而是将精力放在死生之间，“子不言怪力乱神”“敬鬼神而远之”“未知生焉知死”，都是儒者对死生问题的典型观念。以道德形上学为视角，死生问题在《易传》中被转而为道德生命是否能够挺立的问题。《易传》言“原始反终，故知死生之说”，从道德层面定立成德成人的君子人格的发展过程。就自然生命而言虽有生死，而就德性生命而言，不过只有终与成，道德问题始终是儒教立说的核心所在。

综上而言，天之所以为天，即在于其能够创造、创生万物，“天命不已”“大哉乾元”即是天地万物存在的理由，它源于对“维天之命，于穆不已”的义理阐释。将这种天道原则下贯于人生，则表现为个人的道德修养。儒者通过德性修养培育德性生命而挺立于世，“夫大人者，与天地合其德，与日月合其明，与四时合其序，与鬼神合其吉凶”，在牟氏言，这是圣人的境界，也是人生修养的最高境界。这与孟子所言“充实之谓美，充实而有光辉之谓大，大而化之之谓圣，圣而不可知之之谓神”（《尽心下》）相合。德性生命只有终成之说，而不以生死来论。

那么就德性的成立来说，“先天而天弗违，后天而奉天时”，在牟氏看来即是儒家道德形上学的纲领所在。他认为，先天是超越之意，以超越性来看大人的德性生命，天也不能违背他，因为天与大人一样都具有这一创造性的精神。

> 超越地看，就涵着从德方面看，大人超越的生命就是德性生命。天不能违背大人生命中的德，这个德要从超越方面看，超越地看，圣人的生命全体是德性生命。①

圣人之德性是天道之在我者的扩充光大，与天德同源同质，当然天亦弗违。而就后天来说，即从形而下的形体生命看，圣人作为自然

① 牟宗三：《周易哲学演讲录》，《牟宗三先生全集》卷31，台北：联经出版事业有限公司2003年版，第46页。

人则必须自觉遵从宇宙法则，奉时而守法，按天地运行之规律休息生养。

> 大人也有现实一面，后天来看，用康德的话说就是内在地（immanent）看，内指地看，圣人也要遵守天时，不能违背自然趋势。奉，遵也。天时，天然的自然趋势也。[①]

因而，按牟先生的分析，圣人的生命是先天与后天并存的，先天是指超越层的道德生命，后天是现实层的自然生命，因此圣人会兼顾超越与内在。超越而内在，内在而超越，正是儒家学说的特点所在。也正是从此点言，牟氏才将儒家全部的道德形上学认定为“先天而天弗违，后天而奉天时”一句。与其他各家学说相较，我们可以看出，基督自言其是神之子也是人之子，佛教认为道身与法身并在，道教的道心与肉身并存，皆是兼有超越与内在两个层面。但就儒家言，它是从道德形上学的角度打通天道性命，将二者合而为一，与基督教仅限于灵魂的救赎，佛教超脱于彼岸的成佛，道教所安排的飞升于仙界的超越都是不同的。乾元之创造原则并没有被客观化、人格化为“上帝”或“神”，而是成为一种“道体”内化于个人的生命之中，[②] 成为人之为人的德性生命，《易传》所阐发的正是如何将这种德性生命在自然生命的生死之间扩充光大，于人生中落实形上天理或天道，即见道或证体。

这一过程，除需要遵从禀于乾元的创生原则外，还需要秉承坤元的终成原则。坤元后于乾元，它以创生为准则方向，君子法坤而修德，变化气质，牟氏言“作道德修养总要以厚德载物为标准”。[③]

---

① 牟宗三：《周易哲学演讲录》，《牟宗三先生全集》卷31，台北：联经出版事业有限公司2003年版，第46页。

② 牟氏言：“中国人不讲上帝，只讲创造性本身，创造性作我们生命的本体，这是道体。中国人讲道体，不把它客观化，也不把它人格化。……中国人只把‘道体’看作生命中的本体。”（牟宗三：《周易哲学演讲录》，《牟宗三先生全集》卷31，台北：联经出版事业有限公司2003年版，第53页。）就道家来说，道心之原也是在于生天生地的“道”，道体也是内在于人形体之中的。

③ 同上书，第52页。

道体是创造性原则的抽象，要使此原则落实于人生性命之中，其途径只能是工夫修养。“创造原则是你的本体，你生命中的本体，这个本体要能体现出来就要通过工夫。”[①] 所以说“即工夫即本体，即本体即工夫”。工夫与本体是不可分的，见体的明晰度也只由工夫的高低确定。《周易》中的本体因而也即不是单纯思辨的产物，而是可以直接落实于人生性命中的，牟宗三称之为“圆实教”。[②]

> 这是智慧。从理性上讲，中国人，东方人最成熟，西方人不行。西方在了解现象方面行，在本体（moumena）方面很不行。[③]

在牟氏看来，虽然西方在科学上领先，但在人生之价值，道德形上之构建方面不如中国传统思想。但现实情况却不容乐观，按牟先生的分析，自新文化运动以来国人并没有接继起传统的精神，而是代之以打压批判为主，因而不能透彻地解悟本体，对于西方的现象科学也不能从根源处把握住，此正是两边不着地之时，按梁启超的说法正是过渡的时代[④]，虽然经过这多年的发展，情况并没有多少改变。所以我们所应做的即是在此飘零的时代，接继儒家的传统，同时放眼于世界，把握住西方哲学的精神，两相取舍，以图创立新说。

如上所言，乾元之创生原则，必须通过坤元之“保聚”“终成”才能落实。就人生论而言，即是指必须通过工夫的修养才能见体证体。坤卦所昭示的义理为我们指示了道德修养路径和方法，牟氏认为“全部儒家的道德修养都在坤文言”。[⑤]“直方大”，“敬以直内，义以方外”，“天地变化，草木蕃。天地闭，贤人隐”。这都是要求

---

① 牟宗三：《周易哲学演讲录》，《牟宗三先生全集》卷31，台北：联经出版事业有限公司2003年版，第53页。

② 同上书，第54页。

③ 同上。

④ 19世纪末20世纪初，这个被梁启超称为的“过渡时代”，中国的状况“实如驾一扁舟，初离海岸线，而入于中流，即俗语所谓两头不到岸之时也”。（梁启超：《过渡时代论》，《梁启超选集》下卷，中国文联出版公司2006年版，第530页。）

⑤ 同上书，第62页。

从德性生命的扩充涵养上做工夫。如果说内指内心生命，“敬表示生命的凝聚”①，则“敬以直内”即是要求在德性修养上以涵养“敬”之德性而挺立起内在道德生命。义以方外，则是要有社会政治的指向，而不仅是独善其身，这样从自律道德讲起，儒学以本心、良知为自律之基础向外扩充，最终“曲成万物而不遗”。

乾元、坤元、人极合起来即是三才之道。其实《易传》中讲三才之道，也是从形上层面以德性为基础而展开。如果说乾元代表天道，坤元代表地道，那么人立天地之间当然要秉承乾坤二元而处世。在牟氏看来，三才即是三极，“三极就是儒家的道德理想主义”。②《系辞》说“六爻之动，三极之道也”，人于天地之间可以参天合地，辅相天地，与天地并列。但三极不是有三个道，而是同一个道在天地人之上的不同展现，是同一道的三种形态。牟氏言，三极也可以从道德的层面理解为“人极、太极、皇极”，同天地人三才一样都是重视人的人本主义精神的体现。太极是本于形上本体而言，人极是就个人道德修养而言，是太极之理内在于人生命之中，它指主观实践所能达到的境界。皇极是政治层面，是人极道德修养外显而来的外王层面，“皇极也就是王道”。③

> 人极、太极、皇极是同一个道，是同一个道的不同表现。太极形而上学的意义重，人极是主观实践，也可以说是太极之理就在个人的道德实践里面表现。皇极呢，则在政治原则下作客观表现。④

《易传》中所彰显的三才其实是突出了人的道德价值层面的意义，人极以完善太极所在我者为道德指向，而皇极只不过是人极在政治原则下所展现的一种王道。可见牟氏言三极之道所要彰显的还是道

---

①　张君劢语。牟宗三：《周易哲学演讲录》，《牟宗三先生全集》卷31，台北：联经出版事业有限公司2003年版，第62页。

②　同上书，第179页。

③　同上。

④　同上。

德的理想主义，或者道德的形而上学。

在牟氏看来，乾之创生原则与坤之终成原则是不可分离的，如果说创生精神可以理解成一种道德理性的指向，那么坤元也可以被解读成一种对知识技术甚至科学的积聚。这里牟氏对坤之《象》“先迷失道，后顺得常”的解释很有新意，他说：

> 坤元不能先于乾元创造原则，它后面一定要有一个方向理性作它的领导。它先则迷失方向，所以迷失方向因为失道。后得主的时候才顺，顺就是顺成。①

按牟先生的分析，终成原则后于创生原则，如果创生原则代表一种理性的选择，它指示出一种道德的理想主义，那么终成原则即应以此为指导，以确保终成的合理性。在他看来，如果创生原则先于创造原则，那它一定会迷失路向。

> 没有方向理性作领导，没有指导原则作先在根据，只有技术理性，这个社会一定迷失方向。我们的技术理性一定要有一个方向理性作它的指导。一切道德修养的完成都在《坤卦》《坤文言》里。②

在道德与知识的选择中，牟氏显然是选择道德作为前提以限制知识，用理性规范技术。可以看出，他就创生原则与终成原则的论述中，所关注的不再只是道德的问题，而是进而以道德形上学的方法回应现代社会的问题，解决现代性所带来的一些弊病。③ 可以说，虽然牟先生的方法相较于现代西方哲学的思考来说并不算细致，但

---

① 张君劢语。牟宗三：《周易哲学演讲录》，《牟宗三先生全集》卷31，台北：联经出版事业有限公司2003年版，第52页。

② 同上书，第51页。

③ 牟氏言：“现代人只有狡猾，没有文化，只有理智，没有理性。理性的观念有价值判断，孔子的‘仁’就代表理性。理智没价值的判断，理智就是计算，头脑精明得很，算盘打得很精明。”（牟宗三：《周易哲学演讲录》，《牟宗三先生全集》卷31，台北：联经出版事业有限公司2003年版，第50页。）

却是暗合了西方哲学的发展进路，事实上当代西方哲学从科技理性转向对“人”之关注，正是看到了工具理性膨胀所带来的恶果。

综上所述，牟宗三从道德形上学的角度重新诠解了易理。他以此视界观照乾坤两卦，将乾坤解读成创生原则与终成原则。乾元为本体，人之生命中即内在有乾元所彰显的创生精神。坤元昭示出一种进德修业的途径，它指明了一条从德性修养而渐悟本体的工夫进路。创生与终成，使《易经》展现为一种终始的过程哲学，死生问题被转而为终成问题，人之自然生命与道德生命被分别对待，又通过体用之关系于现实中合而为一。人生之意义，不是追求自然生命的永恒，而是在自然生命的进程中实现道德生命的挺立。因为人之德性生命禀于乾元，成于坤元，人处于天地之间，就本体论而言，人之生命中即存在形上本体之精神，它与天地之德性同质同源，皆是创生原则的体现。而宇宙之创生性也需要通过人之创造得以展现。因而人可以辅相天地，裁成万物，通过道德的磨炼而成就“人极”，即达于“穷神知化”的圣人之境，“先天而天弗违，后天而奉天时”，于自然生命的生死之间安顿好人生的意义。可以看出，牟氏解易的进路，是先将乾坤解读成两个抽象的原则，进而将道德之意赋予其间，从而打落隐于《周易》中的时代因素、历史背景，将易理诠解成道德形上学的本体论、人生论，使《周易》经传在现代社会仍然彰显出魂力，能够指导人生。

三　结语

牟宗三先生对易学之研究分为前后两期，总观其易学思想，我们可以得出如下三点结论：

1. 牟宗三的解易进路相较于马一浮与熊十力两位先生，其特点是从哲理的层面出发，重新梳理中国的形上之学。其本质是一种义理的解读，或者说是一种宋学的进路。牟氏前期思想，是以自然哲学的视界观照象数易学的传承，从对汉清易学的梳理中理出了一套中国式自然哲学的发展路线，并进而分析了中国自然哲学与道德哲学的关系。于当时人所遗弃的故纸堆中，挑拣出合乎时代精神的思想材料。其后期是以道德形上学的理路重新诠解易道，他将穷神知化解读成道德形上学的核心命题，并以“先天而天弗违，后天而奉天时”作为道德形上学的纲领所在，指示一种道德修养进而成就内圣外王的路数。

2. 就《周易》经传产生的时间及著者来讲，牟宗三基本接受了疑古学派的观点，认为《周易》经传皆系晚出，概成书于西汉，并非神王等所著。但在牟氏看来，这并不影响《周易》这本书的价值。早期的牟宗三以自然哲学的视界理出了中国式的自然哲学进路，化腐朽为神奇。在牟氏看来，《周易》中至少涵摄了三个系统，即玄学的系统、道德的系统以及自然哲学的系统。而自然哲学的系统，是被近代研究者普遍遗忘的角落。《周易》中所保存的中国自然哲学、生成哲学的宇宙论完全可以与西学相媲美，我们无须自暴自弃，自毁文化。晚期的牟宗三，接上儒学的道统，认为《易传》虽然非孔子所著，但却是孔门思想的代表作。《易传》中所倡扬的并不仅有智的传统，还有道德的形而上学，它比西方主客二分式的形上学更有现实的合理性。可见，虽然《周易》经传并无道统的神圣光环，但却仍是中国传统文化的核心所在，《周易》当然有其存在的现代价值，因而疑古派或者西化派从《周易》经传晚出进而否定《周易》价值的理路在牟宗三看来即不成立。

3. 就牟宗三所诠解的易理而言，他认为《周易》经传中自然哲学与道德哲学并存，虽然体现出天地之变，物理之奥，表现自然哲学的层面，也进而展现为“羲和之官的智学传统”，但这终归不是《易经》的核心所在。易学是“穷神知化、各正性命”之学，是本于道德意义、价值意义反观于宇宙及其形上的本体，它内含的宇宙论、本体论是摄于道德形上学之下的本体论，是一种道德修养证悟式的形上学。这不同于西方哲学中的思辨的形上学，牟宗三称之为“实践的圆教下的形上学”。牟宗三通过对乾坤两卦的分析而将道德形上学展开，他认为乾坤两卦分别表征着创生原则与终成原则。创生与终成，使《易经》展现为一种终始的过程哲学，死生问题被转而为终成问题，人之自然生命与道德生命被分别对待，又通过体用之关系于现实中合而为一。可以看出，牟氏将乾坤解读成两个抽象的原则，进而将道德之意蕴赋予其间，从而打落隐于《周易》中的时代因素、历史背景，建立起道德形上学的本体论，使《周易》经传在现代社会仍然彰显出魂力，能够指导人生。

综上所述，牟宗三的解易进路，是从哲理的层面，以六经注我的方式探讨《周易》经传之精神。其早期的易学研究，从对《周易》经传历史传承中，理出了中国式的自然哲学进路。而其后期则认为《周易》经传中所彰显的是一种道德的形上学，虽然其中亦含有自然哲学的层面，亦可以从本体论、宇宙论的角度解读易学，但这些都被其摄于道德之下。站在哲理的高度，牟宗三回应了西化派与疑古派对传统的否定，从《周易》经传蕴有的智的传统与道德形上学的角度，也就是分别从工具理性与价值理性两个方面，肯定了《周易》的价值所在。作为现代新儒家第二代的代表人物，牟宗三的解易理路与马、熊二人相比已有了很大的不同。如果说马一浮的解易进路强调一种对传统精神的证悟，熊十力则在这种证悟中关注现代性的融入问题，他们的思考更多有一些信仰的成分。而牟氏的解易进路则显得更为理性了，他以一种理性分析的哲学思考证明《周易》经传之价值，信仰的成分已然减少，证悟的说辞已经不多了。从这种转变中，我们能够体会到经学的践履者与学院派研究者的不同。就对易道的阐发而言，同样作为第二代的唐君毅的解易进路又与牟氏有所区别。牟宗三曾言，“知我者君毅”，他对唐君毅也是盛赞有加并引为知己。如果说哲理解易是牟宗三的特别之处，那么唐君毅则是将易道提升到了超越的层面，他从对人生的终极关怀中诠解出新的义理。

第四章

从超越性解易：唐君毅的天德流行境

唐君毅的方式是“即哲学史以言哲学，或本哲学以言哲学史”①，整理出哲学史中所有的普遍永恒的哲学含义。唐君毅关于易学的讨论即主要集中在他的中国哲学史著作中，《中国哲学原论·导论篇》《中国哲学原论·原道篇》《中国哲学原论·原性篇》中都有专门论述《周易》经传的篇章。但唐先生对《周易》经传的研究由来已久。在其早期著作《中西哲学思想之比较论文集》中收录的《研究中国哲学应注意之一点》《中国哲学中天人关系论之演变》《老庄易传中庸形而上学之论理结构》都有关于《易经》经传的精妙言论。在其《哲学论集》中亦收录了《〈易传〉之哲学浅释》《〈易经〉经文所启示之哲学思想》《泛论阴阳学之分流》等论文。唐先生的易学研究是从本体论的分析开始，并加入自身的体验，将其从易道中所体认的生生不已的宇宙之善融于自身生命的体验中。他之生命存在与心灵九境之所以能层层演进不能不说是受到了易学流变思想的影响和启发。

如果说牟宗三从哲理的高度将“先天而天弗违，后天而奉天时”解读为道德形上学的纲领表达，而唐君毅则是重点挖掘了“先天而天弗违”的超越性精神，将其诠解成生命心灵无限向上的企及。唐氏的超越性解易从其对易之本体的解读开始。就唐氏哲学的特点言，自其早年对“人生之路”的思索中就体会到“道德自我”或仁心本性的意义，人应当顺从道德价值的安排而不应完全依于自然欲望来生活。这种对道德自我的肯定，在其对易的解读中表现为对“易”为本体的诠解，以天人合德的模式将生生之德内在于人心

---

① 唐君毅：《中国哲学原论·原性篇》，霍韬晦编选/导读，中国社会科学出版社2005年版，第3页。

之中，宇宙之和谐被其理解为人之本性追求。唐氏易学的特点即是在对易道的解读中凸显出内在超越的意义，以超越作为尽性立命，达到大和之境也即是天德流行境的方式。从对《易》的本体论解释中，唐氏逐渐引申出一个洁净清微的精神空间，宇宙被其设定为以和谐为目的之永恒不息的生生过程。万物皆在突破自身的过程中，由有而无，由无而有，接近和谐，构建和谐，企及天德流行的境界，表现为德性的恒存。本质上讲心之三观九境，即是由客观而主观最后超越主客的对立以企及一种类宗教的精神境界。但这种精神境界，在唐氏看来并不是外在的宗教式的，而是内在于自身的超越。就易道而言，他认为这是由“易”之形上本体所保证的。

如同牟宗三一样，唐君毅也受到古史辨的影响，认为《易经》之成书年代已不可定考，所谓易始于伏羲，或始于神农，以至文王、周公等说在他看来皆是后人推想揣测之辞，并没有确切的史料可以定案。据《左传》《国语》记载已有人用易占卜，则易学当于春秋时就存在了。因而孔子晚而喜易，韦编三绝之说也是可信的。但领悟孔子思想也非必从易学入门，所以史书上记载的孔子易学的传人并不多，门下弟子的著述中引用《易》的内容也不多见。唐先生据此认为：“足见易学在先秦，初非显学。故《易传》之书，虽引及孔子之书；然以其成书之时，言其在中国学术史上之地位，则当与《中庸》《乐记》《礼运》诸篇略同也。”① 从《易传》的思想内容看，它与《中庸》《乐记》《礼运》类似，从其思维方式上看，《易传》偏重于以宇宙论、本体论的方式讨论人生社会问题，因而唐君毅将《易传》裁定为晚出，认为它成书盖在晚周②，最迟可至秦汉之际。③

① 唐君毅：《中国哲学原论·原道篇》上册，霍韬晦编选/导读，中国社会科学出版社 2006 年版，第 402 页。

② 唐君毅认为《易传》思想主要有三点，一是指出太极之存在，二是一阴一阳之谓道，而见道表现于阴阳之中，即表现于六十四卦一切卦爻之中，三是指出道理命性情仁智义之一贯。而这三点都是《易经》中所本无，由《易传》之作者本于孔门义理发挥而来的。他认为《易传》中的许多思想和表达都后于《中庸》《乐记》，偏重自宇宙论本体论以说明人生问题，这是儒学后期才有的特点，因而《易传》的成书盖在晚周之后，最迟可到秦汉之际。(《〈易传〉之哲学浅释》，《哲学论集》，《唐君毅全集》卷十八，台北：台湾学生书局 1990 年版，第 119 页。)

③ 唐君毅：《易经经文所启示之哲学思想》，《哲学论集》，《唐君毅全集》卷十八，台北：台湾学生书局 1990 年版，第 137 页。

《易经》卜筮性质已然成为现代新儒家的共识，就唐氏而言，他从对《易经》卜筮之道的诠解中引申出天人之道。就卜筮层面而言，《易经》的卦辞爻辞，皆是旨在裁定吉凶悔吝。“元亨利贞”一辞，应是最早的占卜断语。但这种卜筮的背后，有着天人圆融的意味。唐氏言，“易之一书，最初当是一面作卜筮之用；一面于卜筮中寓一种人生之教训与宇宙观。”①《易经》中占卜之道已然带有了道德自我的反省意识，天地人三道是经由道德的自我反省而沟通成一体。比如对利与富贵的解释，《易传》并不讳言“利”及“富贵”，而能“论一形上学上之‘宇宙之生命、宇宙之精神之充实富有’之‘富贵’，与‘其通亨畅遂之表现’中之‘利’，以涵盖他家所言之人间之‘利’、与世俗所尚之‘富贵’，亦即同时见道义之为一切‘利’与‘富贵’之本原。此一《易传》之形上学，又初盖正由对人之卜筮时之精神状态或卜筮时之心境之反省，而逐渐悟得者也”②。在唐先生看来，儒学将传统之利与富贵引向形而上学，或者说是以形而上之宇宙的生育化成之道诠解现世的利与富贵的问题，这就将世俗中的“利”与“富贵”转化成为具有超越性的形上观念。亦即以儒学义利观诠解了形上之道，又以这种儒家色彩的形上之道，诠解其他流派和世俗的利与富贵。

而这种儒家式的诠解源于对卜筮心态的一种自我反思。古人在卜筮时，最初的意识所及，只是想要测定事情的吉凶福祸。但客观而言，用于卜筮的龟与筮草，皆是被人认定为无知无情之物。从主观心理言，当人面对此无情无知之物时，会投其情于其中，而自忘其有知，自忘其有性，自谦抑其心，以自居于龟筮之下，精诚专一，以至于无思无为，通过这种无思无为的状态上交于天地神明。但当筮定而卦爻辞出，则由无思无为进入到有思有为的现实。具体来说，当筮占未定之时，一切的卦爻都有可能为筮占者所得。所以此时易中的一切卦爻与其所象之一切事物，即合而成为一天地万物

① 唐君毅：《易经经文所启示之哲学思想》，《哲学论集》，《唐君毅全集》卷十八，台北：台湾学生书局1990年版，第137页。

② 唐君毅：《中国哲学原论·原道篇》上册，霍韬晦编选/导读，中国社会科学出版社2006年版，第404页。

的全体，筮占者这时所进入的无思无为之心，与天地万物，易卦爻辞及其所象，都处于一种寂然不动的境界。当筮占定，吉凶祸福皆有所指，则就进入到有思有为的现实之域。从无思无为进入到有思有为即是心与物的“感而遂通”。唐君毅言：

> 今以此一观点，看一切天地万物，即见一切天地万物，皆由寂而感，由无形而有形、由形而上而形而下。即见一切形而下之有为，而可思者，皆如一无思无为之世界中流出，而生而成。①

筮占中所引出的各种哲理反思，将哲人贤者引向一种自我的考问。“夫易，圣人之所以极深而研几也。”（《系辞》上）经过孔子及其后学的解释，易学遂成为一种推天道以明人事的天人之学。

《易传》中所开启的天人合德的进步对唐氏之哲学建构是有启迪作用的。卜筮心态中的自我反思与唐氏哲学所强调的道德自我的反观、自照是同一种思维的进路。如果言其晚年的心通九境是将道德自我的反思扩展为生命的存在，展现于人生的各个层面之上，那么就易理而言，这种道德自我的最初源头就可以被理解成卜筮心态中的自我反思。

概言之，《易经》经传诸多神圣光环虽然被取下，但并不妨碍唐君毅对其哲学意蕴和哲学史、思想史意义的发掘。虽然他认为在先秦《易传》的影响并不能算大，但自汉代始中国思想史的发展儒道皆蒙受了《易经》经传的启发，历代思想史上的大家也多是通过对《易经》的阐发显明自己的学说，这一点唐先生也是承认的。唐君毅认为就儒家思想的发展史看，《易传》的出现将《易经》引向了德教的层面，孔子在此居功甚伟。所以唐君毅的易学研究主要是从《周易》经传中分析出形而上学及天道性命的观点，并将其诠解为人对超越性的追求。他以“易”为本体，并进而认为《易传》所

① 唐君毅：《中国哲学原论·原道篇》上册，霍韬晦编选/导读，中国社会科学出版社2006年版，第406页。

阐释的哲理为天人内外相生相涵的圆教，以此指点出两条心灵践履的进路。《易传》中的哲理，唐氏认为是源于《易经》所彰显的创新、成就、扩大、丰富、生生不已的宇宙观。《易经》所昭示的宇宙在唐先生看来就是一幅阴阳交相呼应的“大和图”，整个宇宙即是存于一种和谐之境中。人性所内含的生生之机使之能够不断突破自身而表现为向上提升的态势，通达于“天德流行”的超越境界。

一　“易”为本体：内在超越的形上基础

唐氏的解易进路是先将易道诠解为以“易”为宇宙形而上之本体，即以变化本身为宇宙本体的形而上学，[①] 以此来保证生命存在及心灵内在超越的形上基础。郑玄言易有变易、不易、简易三种解读，唐氏的诠解是将不易与变易合而为一，变易即是不易之本体，《易》所昭示的宇宙之本体即是“变易”为“不易”之道。“形而上者谓之道，形而下者谓之器”“一阴一阳之谓道”，“阴阳不测之谓神”，“阖户谓之坤，辟户谓之乾，一阖一辟谓之变”，则“道”即是指形而上者，也即是指“易”，也即是指称“变化”，也即是“神”，“亦即合乾坤之合一，阴阳之合一，阖辟之合一。其以易为形而上之道、形而上之本体，彰显明甚”[②]。“易”是宇宙万象的根本原因所在，而这一点是不易的，“盖易之本体而若变化，亦本于易或变化之理，若易之本体而真易真变化以去，宇宙将无易之事无变化之事矣”[③]。

唐氏经由对神明之知的强调以理性思辨的方式推导出“易”之本体所在。他之将“易”提升到形上的高度与马一浮相较已然不再主要依于神秘的体验。如前所言，人于卜筮心态的反思中，获得一种天人沟通的感知。这种反思之能力，我们可以称之为“神明之

① 唐君毅：《老庄易传中庸形而上学论理结构》，《唐君毅全集》卷十一，台北：台湾学生书局 1990 年版，第 373 页。

② 同上。

③ 同上书，第 374 页。

知”，它不仅有道德自我的反思，也有理性的认知能力。将“易”上升为本体论的高度，在唐氏看来即是神明之知理性自我思考的结果。宇宙间所谓变化流行，简单来讲是指“先有一象以之（往之）他象”①。新象生，旧象即灭，生即为有，灭即是无，但新旧两象合观才能有变化之感，所以旧象虽灭仍在意识上存留并与新象在同一平面被意识直观。对变易终极原因的追问，必然在同一意识平面存在“无”与“有”两个象。一象之无即是指一象之隐，可称之为阴，一象之有是指一象之显，故可以名之为阳。一阴一阳，即是指事物之间有隐显变化，而乾坤则是指阴阳之德或道，“亦即使一切有形象之事物，得生而显，成而隐，生而来，成而往之天地之德性，或阴阳之道”②。可见阴阳乾坤都是对宇宙现象变化原因追问而来的结论，阴阳相对相待所要表征的就是变易之道。《易传》将“易”视为形而上学的本体，本体的展现是通过流行变化中的相交之处而实现，如水之流动必通过波波的相推相荡处方见。阴阳又可以表征动静，阴阳相摄，动静相含，成就现象界的变化流行。有无互之，易之本体即体现于其中。由无之有，有又之无，“无有无”也即是“阴阳阴”成坎卦，八卦皆是有与无的相含相摄，“二者相互渗透，即易之本体之完全之表现。故八卦乃易之本体之八面。然第一面坎不能离余七面，故第一面均含摄余七面为一整体”③。

易道即被唐氏解读成了由往以引生来者的生成继起之道，由此宇宙万物才能生生相继，永无绝灭。从万物之“性”的角度讲，已往之“性”亦必影响存留于将来之物“性”中，性性相生，亦不会断裂。因而易道虽是生成变化的抽象之理，但却是以实存之性、实存之道作为抽象的根基，它并不是虚幻之理。易道分开讲是阴阳之道，也是乾坤之道。从阴阳的角度讲，阴阳的相交处是太极。就乾

① 唐君毅：《老庄易传中庸形而上学论理结构》，《唐君毅全集》卷十一，台北：台湾学生书局1990年版，第374页。

② 唐君毅：《中国哲学原论·原性篇》，霍韬晦编选/导读，中国社会科学出版社2005年版，第49页。

③ 唐君毅：《老庄易传中庸形而上学论理结构》，《唐君毅全集》卷十一，台北：台湾学生书局1990年版，第379页。

坤言，太极是指乾与坤的和合，“乾与坤相保合以成太和，合一而名太极”①。依据乾道，来者不息，至健不已，体现的是“生生之谓易”，彰显的是日新之功。依坤道，往者相继以终以成，体现的是“成性存存”，彰显的是富有之功。日新与富有之功皆离不开乾坤的相合，阴阳的相交。概言之，唐先生认为人有神明之知，也即可以通观往来，藏往知来，从往来的变换中，体认归纳提升出阴阳的观念。阴阳就德性而言可名为乾坤。易道分而言之即是指乾坤之道。

人之“神明之知”的理性追问将“易”设定为宇宙之本体，唐氏进而对“太极”做了新诠解，认为太极之理即是“易”之理。他认为所谓的太极也不是在阴阳之上别有一物，而是指阴阳的交点。“易有太极，是生两仪”，即是指阴与阳相交之点名之为太极。

> 其谓“易有太极”是太极在易中。总观《易》一书乾坤并建，以阴阳之相摩相荡为道，决无视阴阳以上有物之意，亦无将阴阳合而视之为一物之意。而先秦哲人言生多为缘引之义，如老子之有生于无，非如父母之生子，是知其所谓太极不过阴阳相错中之交点。以惟有此交点而阴阳之运，方继续不已；如屋有极，梁木遂有所交会，斯极之本旨，故曰太极。②

太极存于“易”中，即阴阳相交之处，“是生两仪”之“生”因而也不是父母生子之意，而是指前后事件即第一象与第二象之间的“缘引”关系。也就是说无有的相生，是一种前后的引申关系。从思维方式上而言，“太极”观念的提出是有见于阴阳的相交相合，阴阳在先，但就抽象的高度言，《易传》则是用太极来统合阴阳，阴阳成为太极之两面。就阴阳之德言，太极也即是由乾坤之德抽象而提升出的一宇宙相反相成的最高原理，“此最高之原理即易之原理，生生之原理，即统乾坤之太极之原理。因生生之所以可能，即

① 唐君毅：《中国哲学原论·原性篇》，霍韬晦编选/导读，中国社会科学出版社2005年版，第50页。

② 唐君毅：《中国哲学中天人关系论之演变》，《唐君毅全集》卷十一，台北：台湾学生书局1990年版，第293页。

本地乾坤之交感，而太极即就乾坤之相感以立名”①。

太极表达的是变易之道，唐氏将这种形上本体引向人生哲学的层面，他进一步赋予易之原理以德性内涵，认为易之原理即生生之理。既然“易”为宇宙的本体，那么一切存在物皆表现为变化，“故《易传》视一切物之所以存在之原理即易，而以一切物皆为一变化之意味。”② 这种变化表现为初中终的三段式，因而呈现出继续变化的态势，进而是一种生生不已的循环往复，这种循环唐氏称之为一种再继续。“一切现象由易之本体来。易之本体无所不在，故变化无所不在，故变化之继续，变化之循环无所不在。”③ 即使是易之本体也在不断的变化即分化、回归自身之中。

> 易之本体之所以能变化，即本于其自身——以其自身即变化之原理。故易之本体变化时，乃在其自身中分化其自身，变即以其自身再构造其自身。④

唐先生认为循环的变化方式，使一切变化反包超而相交于相交处，又表现为不变。“故变化流行之境界可同时为不变之境界，故宇宙能成一整体。”⑤ 这种变化展现在卦理上即是由八卦而产生六十四卦，而卦与卦之间又可以相互旁通，合而即为一整体。

中国哲学的特点是天人合德式的，不是人与自然的二分对立。这种天人合德的进路，使唐氏获得了融通天道与人生的启迪。“中国哲学所论及之宇宙即指自然宇宙，自然宇宙外无所谓独立自存之神的宇宙、价值宇宙。”⑥ 中国哲学之立论皆是在现象之中立论，即

---

① 唐君毅：《〈易传〉之哲学浅释》，《哲学论集》，《唐君毅全集》卷十八，台北：台湾学生书局1990年版，第120页。

② 唐君毅：《老庄易传中庸形而上学论理结构》，《唐君毅全集》卷十一，台北：台湾学生书局1990年版，第379页。

③ 同上书，第381页。

④ 同上。

⑤ 同上书，第383页。

⑥ 唐君毅：《中国哲学中自然宇宙观之特质》，《唐君毅全集》卷十一，台北：台湾学生书局1990年版，第95页。

于自然宇宙之中寻求价值意义、人生境界，并没有独存的神的宇宙与虚空的价值实体。“近人研究中国哲学都好以西洋哲学眼光来研究，以西洋哲学上之思想格套来硬套。现在真要了解中国哲学思想，必须先把中国哲学思想从西洋哲学思想的格套中解放出来。”[①]唐君毅已然看到了当时治学之局限所在，所以他的思路是旨在打通中西印的学说而自有体悟，并不是限于一说一家，其旨趣也是在求一种学术的创生。

既然自然宇宙本身即有其道德的意味，那么宇宙现象作为易之本体的展开本身即含有“善”的人文指向。从易之本体层面分析，易之本体即“易”，也可以理解为一种生生不已，所谓“生生之谓易”。宇宙之本体于生生不息之现象中呈现而出。“天地之大德曰生”，大化流行之善经由生生不已之机表现出来。而天人皆易之本体的现实展开，因而宇宙生生不已之机，可以直接交贯于人，从人之禀赋有宇宙生生不已之机本身即可言人性善。他言：“先秦儒家自人心上下与天地同流处，言天人合一，可名之曰天人通德论。”[②]相较于先秦的天人通德，唐先生认为汉代儒家可名之为天人通气论，宋明儒家可名之为天人同理论。明清儒家可名之为天人同化论。虽然偏重有所不同，但皆是认为人之善承于天之善，天人可以合一。这样经由易本体论，《易传》将形而上学引向了人生哲学的层面。

概言之，《易传》中所体现的形上观是“易”本体论，易之本体于宇宙流行变化中呈现，而现象之流行变化所展现的生生不已之机昭示出一种善的价值判断，因此可以认为易之本体即含有善于其中。本体在人则为性，或可言天道之善下贯于人性之中，人亦含有生生不已之机因而人性亦为善。唐君毅从形而上学的角度将《易传》之思想归结为以“易”为本体的形上论，并以天人合一的思维打通本体论与人性论的关系，指明了中国哲学不同于西方哲学主客二分式的特点。他之于易道的这种诠解实是为其生命存在与心灵境界的突破上升，设定了一形上基础。变易之道内在于人性之中，而

---

① 唐君毅：《中国哲学中自然宇宙观之特质》，《唐君毅全集》卷十一，台北：台湾学生书局 1990 年版，第 95 页。

② 同上书，第 286 页。

且富有追求德性向善之意蕴，当然会不断向上企及一种最高之善的境界。这种完成不会是外在超越式的，因为，并没有“神”或“上帝”可以脱“易”或“太极”之道的适用范围，宇宙万物之性皆是由同一个“易”之本体所保证，也就是万物所追求之善内在于万物自身之中，以完成自身之善为目的。这种变化之超越当然是内在式的向上趋进而不是外在跨越式地到达宗教所倡扬的彼岸世界。“易”之本体观就天人关系之向度而言，其本质就是要昭示出生命存在及心灵得以完善之进路。唐氏认为其特点表现为天人内外相生相涵之圆教思想，于其中彰显出心灵趋进的两条进路。

二　易为圆教：心灵的两条进路

如上节所言唐先生认为《易传》所凸显的以“易”为本体的形上学，是由天道而人道的系统论述。唐先生认为这种进路不同于孟子尽心知性以知天，存心养性以事天的理路，也与《中庸》所言的“圣人至诚无息，方见其德其道之同于化育之天德”有异。《易传》所体现的是一种天道至人事的下贯，以易之本体在先而人性而道德教化。与马一浮、熊十力、牟宗三一样，唐氏亦认为对本体之认知，并不是仅依据理性的推断，而更应是由个体体悟证见而得来。他指出了切入易道的两条入路。“此入路，吾意是仍须先在吾人之道德生活之历程上，及吾人如何本此心之神明，以观客观宇宙之变化上，有所取证。”① 即必须既有其主观道德上的修养，又必须由此而渐及对宇宙万物的观察。主观道德的修养是指道德自我的不断反思以趋进向上的要求，而对客观宇宙之观察则是指理性之认知。唐君毅这里所点出的入路显然是在中西学术的对比之上所体认出的中西之不同。在他看来，道德生活的体验是理解易道不可或缺的基础。这种道德生活之历程上的取证，是指经由道德上的不断求自诚

① 唐君毅：《中国哲学原论·原性篇》，霍韬晦编选/导读，中国社会科学出版社2005年版，第47页。

而成，完成善与善的相继。进而在此德性认知的基础上，观照宇宙之变化。所以我们与其说，唐氏所强调的是理性的认识，不如说是他在凸显道德的在先性。但他并没有如牟宗三那样将理性安置于道德之下，表现为道德形上学的进路。而是由此关注到生命、心灵如何提升以获得安顿的问题，提出由客观至主观再至超越主客的二分的优入天德流行境界的心灵内在超越之路。

易道贯通人之性命之道，可以从两个方面打通，因而生命存在与心灵之进路亦可以通由两条理路完成。从形而下之器向形上之理看，即从人作为观察修行体认的主体而言，人之所以能够体认到天地阴阳之德，是因为人有能藏往和知来的神明之知。即人的理性认识能将过去与现在以及未来的态势作一种同时共存的直观。往者之象与继之来者之象皆能存在于人的神明之中，通观而慧解。通过对"往"与"来"的体认，归纳出阴阳两类，阴阳互变，抽象提升形成以"易"为本体的易道。"此无形之道，又不可只说为虚理之道，而为一能使形'生而显，成而隐'之实作用之乾坤之道也。"① 而人的神明之知，是缘于人之所以为人之性命。那么就可以说，客观宇宙中所存在的乾坤之道，都是内在于人的性命之中的，皆是宇宙呈现于人的性命之内的。穷宇宙之理，也就是尽性之理，至命之理。因此才有"穷理尽性以至于命"之说。

从形上之理以观形下之器，人之性命与万物之性命皆是同存于宇宙之中，皆是依据"易"之本体，承继乾坤之性而生而成。人之性命亦源于乾坤之道，然后才能自生自成，则人心中亦存有乾坤之性德。"乾道变化，各正性命"，人的性命亦是由乾坤之道下贯而来。"吾人心性中有此乾坤之道存焉，亦如天地万物生成往来之事中，无不有乾坤之道存焉。"② 天人之间因而可以打通，各正性命以尽性至命。

易道所彰显的进路无论是由形下之物以观形上之道，还是由形上之道以入形下之物，都是天人合德的表现，以人以知天，与由天以知人，皆体现的是天人合一的进路。所以唐君毅将其概括为一种

① 唐君毅：《中国哲学原论·原性篇》，霍韬晦编选/导读，中国社会科学出版社2005年版，第50页。

② 同上书，第51页。

“视天人内外之关系为相生相涵之圆教”。圆教一词在牟宗三的易学思想中已做过解释，牟宗三认为圆教指从实践过程而达到最高境界，由实践而使仁与良知达到心外无物之境地，到这时由实践所呈现的本体（仁、良知）便成为一绝对普遍之原则。这一过程其本质也就是天人相合的过程。对于易道的本质唐、牟两先生有着相似的认识。但牟宗三后期所注重的是《易传》中的道德形上学内涵。而唐氏则从《易传》中解读出生生不已的宇宙流变过程，易道在他看来是以“易”为本体的形而上学。宇宙的生生不已，从而使宇宙呈现出一种宇宙生命或宇宙精神，此生命或精神贯彻于宇宙之中，无处不在。人之本性中亦内含有宇宙精神或生命之善。从人作为观察宇宙之主体而言，人应穷理尽性以至于命，完善自身之德性。从天道以观人生言，人之于宇宙中应为大化洪流的一部分，宇宙生命的进路呈现为生生之机的扩张，人之生命与精神亦不能脱离这一过程，因而从形上层面而言，人生之应然是一个超越向上的生生不息的过程。概言之，易道所彰显的两条进路，一条是主观德性之自我进路，一条是天道流传之应然之路，皆是要将生生之易所彰显的无限生机融入于人生之历程中。唐氏提出“道德自我”的考量可能即是有见于易道的天人合德的进路必然会以道德的完善提升作为人生追求之目的。人性之光辉由此而彰显出来，心灵之安顿也只能由此而获得。

三　天德流行：心灵的最高境界

与其他本体论哲学家不同的是，唐氏并不把自己的本体论哲学当作终极的定论，而是把它喻为“桥”和“路”，以启迪人们的智慧，由此达彼，由浅入深，由低到高，由偏到全。[①] 易道本体论的解读不过是为了对生命存在与心灵境界的提升建立起形上的基础。唐君毅认为就《易传》而言，它所表彰的形上学为“易”本体论，但就宇宙现实的运行看，《易经》所彰显的是宇宙运行的大和原理，

① 单波：《心通九境——唐君毅哲学的精神空间》，人民出版社 2001 年版，第 30 页。

“吾人可言，《易经》中实含有一以宇宙为大和之境的宇宙观”①。大和之境的宇宙向人所昭示的是一种天人合德后所应达到的人生至高境界，唐氏将其称为天德流行境。按唐先生的分析，《易经》中所展现的宇宙观，是一种天地万物并育并生，各得其正的安宁和畅之大和境界。② 就《易经》中的八卦来看，八卦所代表的八物，并不是固定不可分的原子，而是由阴阳相错相交而成，且它们又可两两相对，互相交映，而成六十四卦。六十四卦，上推而至八卦，八卦推至乾坤，易之六十四卦即是由乾坤两卦的相感相交即相互和谐而开始的，《易经》六十四卦作为整体即是一幅“保合太和”的图画。在他看来，《易传》中对太极、两仪、道、理、性、情、仁、智、礼、义之发挥，从形而上学进展至人生哲学，都可以认为是对《易经》中的和谐宇宙境界的深化。

就《易》所彰显的宇宙生成论而言，万物生于天地之交感，乾坤相荡相摩，分别代表着创始与成就二种原理。创始以健为德，成就以柔顺为性。每一创始都是由力或功能的凝聚集中而显发出来，每一成就都是一翕合收敛，而继以扩大展开。宇宙万物之所以生生不息，就在于一方面有凝聚集中的生生之功能的不断显发，而另一方面存在由翕合收敛而扩大展开。宇宙因乾坤所代表的创始及成就之理，而体现为前进不息永不灭亡的态势。③ 创始与成就之理又不是截然分裂的。

> 然而生生之功能即显于其成就之事物，已成就之事物本身即含继续不断之生生的功能；所以乾坤不二，乾即通过坤以表现其自向，而坤则承乾而为乾之生生功能所通过之处。④

乾坤不二，创始与成就是一而二，二而一的两面。《易经》所展示

① 唐君毅：《〈易传〉经文所启示之哲学思想》，《唐君毅全集》卷十八，台北：台湾学生书局1990年版，第147页。

② 同上书，第148页。

③ 唐君毅：《〈易传〉之哲学浅释》，《唐君毅全集》卷十八，台北：台湾学生书局1990年版，第121页。

④ 同上。

的宇宙在唐君毅看来就是一个不断创始、成就向前扩大展开的过程。这一过程，从形而上的角度而言是乾坤相感，阴阳相通，由无之有，由有之无，万物因而化生，宇宙生生不已。从形下的角度看，万物作用功能互相贯彻，相互影响，而变化而创新而有所成就。新事物之成就复又有创新而生生不已。也就是“以前旧事物不断的变化，以成就新事物，新事物又得成新事物”①。按唐先生的分析，从宇宙生生相续、生生不息的角度看，宇宙中的一切存在物皆如海上的波涛，互相融化推进，但其行进的方式却不只是后波代前波，而是后波抱前波，继长增高，呈现出层峦叠嶂的奇观。因此就宇宙整体言，宇宙只是一个创新与成就的过程，创新复成就，成就复创新，二者相反相成，创新即有所成就，成就者无不以创新为根据。成就与创新所体现出来的在本质上即是一生生之理，也就即易之原理。

概言之，宇宙中的一切物事都在往复、消息、盈虚中更迭变换，从而体现出创新成就扩大丰富的生生不已的态势。易道所展现的这种生生不已的变易之理，也是在彰显一种“宇宙事物永在不断求和谐扩大其和谐之境界思想”②，从而表现为不断超越的过程，呈现为一种生命的律动。就宇宙整体来言，它自身因于生生之机而彰显出道德意味。“以自然含生生之机，即以自然含生生之德，亦即含价值意义。”③《系辞》言：“易简之善配至德”，善是不待人之赋予而自然存于宇宙之中。“易之寄人生道德政治理想于自然物所配合而成之卦，正是承认自然物之配合中，即含价值意义。”④ 在唐先生看来，宇宙既不是一个无情义的机械系统，其道德性也不是由上帝或神或人赋予其中的，而是于其生生之机中自然彰显。物物之所以生生不穷，就生成论言，是乾坤阴阳的相感交，但按唐先生的分析其中亦有其目的论的指向，即它们都是在追求一种和谐。他言

① 唐君毅：《〈易传〉之哲学浅释》，《唐君毅全集》卷十八，台北：台湾学生书局1990年版，第121页。

② 唐君毅：《〈易传〉经文所启示之哲学思想》，《唐君毅全集》卷十八，台北：台湾学生书局1990年版，第145页。

③ 同上书，第141页。

④ 同上书，第143页。

《易经》中含有“一切万物之变动，皆求和谐为目的”之意蕴[1]，宇宙整体的和谐之境被其最终诠解为天德流行的最高境界。从《易经》之卦爻上讲，乾坤相感，阴阳相交，表现在卦上即是爻与爻的变换，卦与卦的旁通。旁通之理主要是指以阴阳爻互易，而通于他卦，其目的就是要各正其位，以完成和谐。具体来讲，

> 如以一卦表示一种物事，则一卦本身各爻之求和谐，即一物事本身各部之求和谐。一卦与其相反之卦旁通以求和谐，即一物事本身不能求得和谐，而要求与其他事物相结合以互换其内部之各部以求和谐。这正是表达出了宇宙中物事互相结合之一极重要的原则。[2]

卦卦之间的旁通，各易其不正之爻而得以和谐，但这旁通卦并不能就此停止变化，而又可以旁通于他卦，以至其余六十三卦，这也就是说：“和谐永不能限于两卦内部之阴阳爻之和谐”，[3] 而是一定会通及其余诸卦，因而每一卦皆是一个可以旁通他卦的中心，从而使六十四卦构成一个和谐变动的整体。以睽卦为例，“天地睽而其事同也，男女睽而其志通也，万物睽而其事类也，上火下泽睽，君子以同而异”。相反相成，天地男女虽然睽异，但却能相通而感应，从而创新以有所成就，达到一种和谐。就个人之修养来说，也是在于达到人生之和谐，而修养的方式，唐君毅认为不外乎迁善改过，即改其不正者以归于正。仁智礼义诸德修于内而施于人，即是与人相通感，情感上与人融合无间，使人我之生命意义互相流贯，从而使自己之生命如宇宙生命之流，健行不息。于此过程中成己成人，立己立人，达成人我之和谐。

可见，唐君毅认为和谐是宇宙生生不息变动不居的目的所在，必然具有超越性，它不会封闭于乾坤两卦之间，也不会止步于八卦

---

① 唐君毅：《〈易传〉经文所启示之哲学思想》，《唐君毅全集》卷十八，台北：台湾学生书局1990年版，第144页。

② 同上书，第145页。

③ 同上。

之内，而是必然会旁及六十四卦整体。就宇宙言，和谐之理必然会扩大至宇宙整体，使宇宙呈现于和谐之境中。换言之，和谐之理体现在宇宙生生不已的创新与成就的过程中，也贯穿于整个《易经》一书，自乾坤而八卦而六十四卦，都是对应交映的阴阳和谐的“大和图”①。在他看来，宇宙生生不已的变化之理，体现出一种宇宙生命、宇宙精神。“这一绝对之太极即宇宙之最高原理，亦即宇宙生命宇宙精神。”②“此生命精神之运动的方式，是一方面使宇宙万物合同而融化，一方又使之分别定形。由融化而创新，由定形而成就”，③表现为相互和谐而非敌对的关系。就人生论言，人当效法宇宙生命，完成自身生命存在与心灵境界的提升，融入与他人、与自然的“大和之境”中，唐氏言“要使人知宇宙之本体之神化，而完成其最高之人格以与天地参，而体验宇宙之本体”④。因而单纯的客观之境、主观之境，都不能满足大和之境的要求，只有超越主客的对立才能达于天人合德，也就是“先天而天弗违”之境界，唐氏称之为“天德流行境”。天德流行境即成为唐氏经由阐释易道所判立的最高心灵境界。

宇宙生命生生不息，就生命存在与心灵境界而言，也自然会层变而提升，以进于天人和谐之境界。他将人之生命心灵列为三观九境。三观是指顺观、横观、纵观，对应于客观境、主观境及自观境。

> 生命心灵活动之由后向前，如《易传》言尺蠖之信；由前而后，如《易传》言龙蛇之蛰；由内而外而开，如天开图画；由外而内而阖，如卷画于怀。其由下而上，如垒土成台；其由上而下，如筑室地下。于生命心灵活动之前而后，说主观心态之次序相续；于主观心灵活动之前而后，说主观心态之次序相

① 唐君毅：《〈易传〉经文所启示之哲学思想》，《唐君毅全集》卷十八，台北：台湾学生书局1990年版，第148页。

② 唐君毅：《〈易传〉之哲学浅释》，《哲学论集》，《唐君毅全集》卷十八，台北：台湾学生书局1990年版，第122页。

③ 同上书，第121页。

④ 同上书，第126页。

> 续；于主观心态中之思想与发出之言说，求前后一致贯通之处，说思与言说中之理性，即逻辑中之理性。于生命心灵活动之由内向外，知有客观事实。于人求思想与客观事实相一致贯通处，说知识中之理性。于生命心灵活动位于主观客观之现实事物之上，以由下而上处，说思想中之目的思想。①

客观境、主观境、自观境，分别代表着人们对宇宙、人生的三种看法及内在体验。客观境是觉他境，主观境是由主摄客而达于主体自觉的自觉之境，自观境则是超越于主客二分，由自觉进入超自觉之境，亦即超主客之绝对主体境。② 当人的生命心灵活动由前而后进行时，则会感觉到主体即“体”最重要；由内而外，则觉悟到客观之“相”最重要；由下而上时，则“用”最重要。体相用三者各具其意，而又能相互融洽，浑成一体。体是相与用之合，相是体的作用呈现，用是体之相的流行，三者一而三，三而一，可以互通而相转。每一境都成于“体相用”的相涵，“此即无异开此三观与所观三境之体相用，为九境”③。

第一境为万物散殊境，以“殊相”为核心，此境中所见只是个体，所追求的只是个体欲望满足及自我保存。一切个人主义的知识论、形而上学与人生哲学，皆可归于此境。

第二境为依类成化境，以“类相”为核心，由观万物散殊之个体，进展到观其种类。将个体归本其类，观察到实体出入于类，以成变化。一切以类为本的知识论、形上学，与人生哲学皆归于此境。

第三境为功能序运境，以“因果”为核心，由观一物之依类成化，进而观其对他物的因果关系。一切专论因果的知识论、唯依因果而建观念而建立的形上学，与一切功利主义人生哲学，皆归于此境。

第四境为感觉互摄境，开始观照心身关系及时空界。此境中，主体与主体可相摄而又各自独立，以成其散殊而互摄，可与万物散

① 唐君毅：《生命存在与心灵境界》上册，台北：台湾学生书局 1986 年版，第 39 页。

② 同上。

③ 唐君毅：《生命存在与心灵境界》，中国社会科学出版社 2006 年版，第 22 页。

殊境相应，皆以重在“体”的层面。一切关于心身关系、感觉、记忆、想象与时空关系之知识论、心身二元论，或唯身论、泛心论之形上学，与一切重人与其感觉境相适应，以求生存之人生哲学，皆当判归此境。①

第五境为观照凌虚境，人在此境中摆脱了对具体事物的观照，发现一纯相的世界，或即纯意义的世界，并由语言文字符号表示之。此境所表示的世界，皆是缘于心灵对万物抽象观照，哲学中对纯相、纯意义知识论皆归于此境。

第六境为道德实践境，此境以用为主，人将纯意义之世界上升为道德理想，求实现其意义于所感觉的现实世界，即在道德的实践中践履在观照凌虚境所体认的意义。一切有关道德的知识论、形上学、人生哲学皆归于此境。

第七境为归向一神境，于其中观神界，为“神教境”。“论一神教所言之超主客而统主客之神境。”这里的“神”的内涵主要是指居最高位的实体言。精神的追求已超越知识经验界而企及宗教。

第八境为我法二空境，其要在“论佛教之观一切法界一切法相之类之义为重，而见其同以性空，为其法性，为其真如实相，亦同属一性空之类”②。从而破除对主客我法的偏执，超越主客二分，实证性空，彰显其佛心佛性，可称为“佛教境”。

第九境为天德流行境，又名尽性立命境，于其中观性命界。此境所彰显的是儒家的天人内外相生相涵的理想境界，尽主观之性，以立客观的天命，尽性德之流行以为天德之流行，达到人天之和谐。

可以看出，九境是层层推进，以天德流行境为最高境界，而此境界在本质上讲也就是大和之境。唐君毅认为《易经》经传所倡扬的理念是天人内外相生相涵的圆教，即宇宙为一创新成就扩大丰富的和谐发展过程，宇宙生生不已的过程如果有其目的，则其目的就是要追求一种和谐，宇宙作为整体所展现的即是这种大和之境界。那么人禀乾坤而生，立于天地之间，无论是由形上以观形下，还是

① 唐君毅：《生命存在与心灵境界》，中国社会科学出版社2006年版，第24页。

② 同上书，第25页。

由形下以观形上，皆应效法宇宙之道，穷理尽性以至于命，完成自身之和谐、与他人之和谐，创生一种和谐的人类相处之境。概言之，人之生命历程与心灵境界是在不断的超越中渐进于和谐之境，人之心灵于此而找到安身之所。

四　结语

经过以上分析，我们可以得出如下结论：

1. 唐氏对《易》之解读主要是围绕内在超越的话题展开，虽然与熊氏、牟氏相较他同样有本体论的建构，但其目的既不是要阐述易中的现代性，也不是要表达道德的形而上学，而是要关注人之生命、心灵的问题。他之本体论不过是通达生命境界的桥梁。“易”之本体论为内在超越奠定了形上基础，而“易为天人内外相生相涵之圆教”的解说指示出心灵提升之路。宇宙之生生不已的变化之道被唐氏诠解为通达天德流行境的过程，人之生命历程亦应即世间而获得一种精神的超越，以接近保合太和的和谐境界，优入圣域。可以说，就唐氏所诠解的易理言，其易理之背后皆有目的的指向，即是围绕内在超越的主题而开展。唐氏亦自言其考查哲学史之目的是即哲学史而言哲学，他之哲学的主要特点即表现在对心灵超越的追求。从其早期的道德自我的反思，至其晚年的心通九境皆不离此主题。他对易理的研究，也多是从此角度入手，因而区别于马、熊亦有别于牟氏。

2. 如同牟氏一样，唐氏也多是接受了古史辨的观点，但肯定了孔子与易之关系。对易学道统的否定，也同样没有给唐氏将《周易》经传认定为伟大的著作带来困惑。因为他对易学地位的确立如同牟氏一样都已无须道统作为保证，而是挖掘其中的内在哲理性。唐氏的特色是在本体论诠解的基础上进而通达于超越性。他采用从本体论到人性论，从形上学至人生哲学的分析进路，并进而提出一种道德修养的境界。

3. 就唐君毅所阐发的易理而言，他认为《周易》经传中所阐发的易道是一种生生不息的大化流行之理，它以“易”为本体，通过阴阳乾坤的相荡相摩而表现为创新成就扩大丰富的过程，体现为天人内外相生相涵的圆教思想，并彰显为阴阳相感交的和谐之境。宇宙的生生不已被其视为一种宇宙生命或宇宙精神的体现。在唐君毅看来，整个宇宙即是一幅大和之境。人之生命存在及心灵存在也应以追求和谐以进入天德流行境为目标。因而易道之现代价值即在于它所昭示出的天德流行的精神境界之中。

唐君毅先是从学于方东美，后又学于熊十力，亦同欧阳竟无有过学习经历。他的学问进路，当然不是归宗于某家，而是力图在各家之上综合创新，促生出新的哲学。易学在其思想中的地位就其后期所形成的生命存在及心灵九境的观点而言，是有着特殊意义的。他将易道诠解成天人内外相生相涵之圆教，宇宙即是一个大生命，人生亦涵摄于宇宙生命之中，而宇宙人生就整体言在他看来彰显的是一种大和之境。心通九境之最高境界，天德流行境即是这一大和之境的展现。唐君毅从对天德流行境的企慕中获得了思想的启迪和心灵安顿。

第五章

“生生之理”的重构：方东美的生命哲学

方东美对《周易》经传的研究和体悟一直贯穿其哲学研究的始终。虽然他并没有关于《周易》研究的专著，但其关于《周易》经传论述散见于《科学哲学与人生》《中国人生哲学概要》《中国人生哲学》《原始儒家道家哲学》《新儒家哲学十八讲》《中国哲学之精神及其发展》《生生之德》（论文集）、《方东美先生演讲集》等中，从中亦可理出方东美关于易道的诠释。

纵观方东美的学术生涯，可以说他对哲学的追求经历了一个由东方到西方再回归东方的过程，完成了一个螺旋的发展。在其考入金陵大学后，他所感兴趣的是主要集中在西方哲学，此时发表了《柏格森生之哲学》《唯实主义的生之哲学》《詹姆士底宗教哲学》以及出版译著《实验主义》。对其影响至深的是生命哲学与实用主义，但其后来觉得实用主义过于肤浅，而弃置了这一哲学[①]，只有生命哲学一直贯穿于其思想的始终。在其 1921 年赴美留学期间，先后完成了《柏格森生命哲学述评》（硕士论文）、《英美新实在论之比较》（博士论文）两篇论著。

1927 年《科学哲学与人生》胶印教材出版（只含有现行本的前五章），其内容主要是对古希腊及近代欧洲两种生命精神的比较，1936 年春他在中国哲学会南京分会成立会上宣读了《生命悲剧之

---

① 方氏称实验主义为皮相的哲学，很肤浅，认为他们“只看万物的表面价值，而不看真实价值。表相可幻可假，而不是真相”。（方东美：《原始儒家道家哲学》，台北：黎明文化事业股份有限公司 1983 年版，第 29 页。）

二重奏》[①] 作为《科学哲学与人生》的研究总结，并作该书第六章于该年11月正式出版。1937年《哲学三慧》一文在南京召开的中国哲学会第二届年会上宣读，标志着其哲学文化观的形成。

1937年4月，为宣传全国青年起来抗战，他曾连续八次于广播电台向全国青年演讲中国人生哲学，抗战胜利后，他侧重于通过东西方哲学与文化的比较以发扬宣传中国文化的精神。1956年8月用英文完成《中国人生哲学》、1960年发表英文演讲《从比较哲学旷观中国文化里的人与自然》、1964年6月于第四届东西方哲学家会议上宣读了《中国形上学中之宇宙与个人》。

1966年10月到1976年12月，他先后讲授中国哲学，后根据录音整理成《原始儒家道家哲学》《中国大乘佛学》《华严宗哲学》《新儒家哲学十八讲》。1966年8月开始撰写《中国哲学之精神及其发展》，1976年8月完稿。其间于1969年在第五届东西方哲学家会议上宣读了《从宗教、哲学与哲学人性论看人的疏离》，阐述了克服人与自然、人与社会、人与人疏离的途径，他设计了一幅“人与世界在理想文化中的蓝图”，希望为人类之未来找到出路，标志着方东美生命哲学体系的完成。其晚年论著《中国哲学对未来世界的影响》《中国哲学之通性与特点》《原始儒家思想之因袭与创造》都是以其设定的理想蓝图为中心而展开。

哲学是方氏所选择的救国方略，在他看来，哲学的兴盛与否直接与一国民族的生命生存状态相关。当民族气运亨通之时，必然是有为大众所服膺的哲学理念主导社会的流向，当哲学衰落之时，民族群体必然坠入无明的迷途。因此他将民族生活依哲学的兴衰划分为两期，即哲学鼎盛期与哲学衰微期。“复兴民族生命，必自引发哲学智能始，哲学家不幸生于衰世，其精神必须高瞻远瞩，超越时代以拯救迸代之堕坠。”[②]

而对于中国文化发展的现状，方氏是极为不满的，他言：“近

---

① 该文还收录于《生生之德》的论文集中。

② 方东美：《哲学三慧》，载方东美《生生之德》，台北：黎明文化事业股份有限公司1987年第4版，第147页。

五十年来，中国文化、典章制度、学术，都有现代化的必要，可是他们把现代化只看成西方化，口喊西化，但是对于西化并非由西方的根源谈起，如文学、艺术、哲学、宗教，只知道从外表去看，如政治、经济、商业等，前辈学人对此应负责。”① 他所指的前辈学人，主要是与其同时代的文化界人士，方氏曾对梁漱溟、熊十力、冯友兰、胡适等都有所指责。② 他认为梁漱溟对西方哲学的理解并不透彻，对印度佛学的定位也是有问题，③ 而冯友兰的《新原道》，“其中的中国哲学完全是由宋明理学出发到新理学的观念，只占中国哲学四分之一的份量，再加上他之了解宋明理学乃是透过西方新实在论的解释，因此剩下的中国哲学精神便小之又小”④。熊十力的佛学研究也是从宋明理学出发，自然也是未到精神。胡适的《哲学史》在他看来更是没有体贴到中国哲学的精蕴，甚为不堪。

方东美认为，研究中国哲学，发展新的中国哲学，既不能闭门造车，也不能完全西化。对于西方的了解，“应当原原本本地由希腊到中世到近代到当代”⑤。而中国文化哲学的创新则“应当在这种优美的精神传统中（笔者按：中国传统文化中），先自己立定脚跟，再在自己的立场上发展内在的宝贵生命和创造精神，然后培养成内在的智慧，虚心反省自己的优劣，再原原本本地去看西方文化，以取法乎上，得乎中”⑥。方氏传统哲学重建的努力即是延此方式而行。他以《周易》的生生之理，吸收柏格森的生命哲学，怀特海过程埋念而创建一种机体主义的哲学观。他以这种哲学观反观《周易》经传，对大易精神做出了一种现代性的阐述。

---

① 方东美：《原始儒家道家哲学》，台北：黎明文化事业股份公司1983年版，第3页。

② 同上书，第4页。

③ “他（梁漱溟）一谈到印度佛学，就说印度文化是‘向后的文化’，这是根本未曾了解佛学。看到罗素，杜威到中国演讲，以为他们就代表了西方，以为欧洲只有罗素，美国只有杜威；拿这两人去了解西方，自然很浅薄。”（方东美：《原始儒家道家哲学》，台北：黎明文化事业股份有限公司1983年版，第4页。）

④ 方东美：《原始儒家道家哲学》，台北：黎明文化事业股份有限公司1983年版，第5页。

⑤ 同上书，第4页。

⑥ 同上。

一　卦序的逻辑分析：探寻《易经》大义的基础

方先生认为，《易经》一书，“是一部体大思精，而又颠扑不破的历史文献”，[①]《周易》经传中含有三套基本的构成，在此三套基础建构之上，生发出一套完整的形而上学的理路，“此三者乃是一种‘时间论’之序曲或导论，从而引申出一套形上学原理，借以解释宇宙秩序”[②]。第一，从逻辑上看，是演绎的系统，用一系列严谨的法则来推论易卦的构成。第二，从语意来看，易经是一个完备的语言文字系统，很精细地说明卦爻辞中的变通法则。第三，从哲学来看，易经又是一个动态的本体论系统，根据生生不息的原理，说明“时间之流”中一切变迁发展，又体现出广大和谐的价值系统。[③]而对《周易》之研究，在方先生看来，与甲骨文一样是难通难解的，要理解打通其全部意蕴具有很大的困难，因此，他认为第一步的工作是把范围缩小，寻求入手处，这个入手处在他看来就是卦爻的逻辑问题。

方东美言：“目前我们把易经注疏的是非，系辞传，说卦传的

---

① 方东美：《中国形上学中之宇宙与个人》，载方东美《生生之德》，台北：黎明文化事业股份有限公司1987年第4版，第289页。

② 同上。

③ 方先生认为，从《周易》的产生传承看，《周易》经传并不是一时之产物，“它启自孔子本人，再经过商瞿子木后学等人承传与发挥，乃是一部经过长时期演变进化之思想结晶品”。（方东美：《中国形上学中之宇宙与个人》，载方东美《生生之德》，台北：黎明文化事业股份有限公司1987年第4版，第289页。）可以说是多人多年长期思考整理而来，但其内容却是代表着儒家的精神。在其卦爻辞之间《周易》经传所彰显的是四种大义：1. 主张万有含生论之新自然观，视全自然为宇宙生命之洪流所弥漫贯注。自然本身即是大生机，其蓬勃生气，盎然充满，创造前进，生生不已；宇宙万有，秉性而生，复又参赞化育，适以圆成性体之大全。“生之谓性”“生生之谓易”“易……曲成万物而不遗”“成之者性也”。2. 提倡“性善论”之人性观，发挥人性中之美善诸秉彝，使善与美俱，相得益彰，以“尽善尽美”为人格发展之极致，唯人为能实现此种最高的理想。3. 形成了一套价值的总论，将流行于全宇宙中之各种相对性的差别价值，使之含章定位，一一统摄于“至善”。4. 形成了一套“价值中心观”之本体论，以肯定性体实有之全体大用，所谓“一阴一阳之谓道，继之者善也，成之者性也”。

真伪等问题撇开，专从上下篇经文去求解，觉得某卦何以应某辞，某爻何以应系某辞，愈看愈不知其所以然。”[①] 因此如果像虞氏焦氏那样就易辞去求卦象之旁通，其实是犯了本末倒置先后失次的错误。“所以现在我们要求通易，应当由易之取象演卦着手，然后再从卦与卦间的逻辑关系，试求通辞，不能根据汉儒的说卦传及易象，方便其辞，曲予解说。”[②]在方先生看来，卦爻辞之间是否存在一一对应关系，及其所提示何种哲学意蕴，都必须以弄清六十四卦的逻辑关系为前提。“盖必有某种明晰之逻辑系统结构，六十四卦始克如是其错综交织而呈现絜然秩序排列，形成一套谨严之符号系统。”[③] 因此他首先所致力的是以自己的知解重构六十四卦之间的逻辑关系。此种理路带有象数易的特色。但方氏所重并不在易数推演，而以立象数言义理。

方东美梳理了历史上对六十四卦逻辑关系的不同理解，他认为汉代的京房在学术上富有逻辑头脑，但缺乏玄学创造力。京房的四易说及八宫卦次说都是对六十四逻辑关系比较有新意的设想，但并不完善。荀爽与虞翻关于卦序的逻辑论证在方东美看来是基于天地人三才相孚应的动态关系[④]，以这种形上学的假设为前提，当然很难解决卦序排列的逻辑问题。至焦循以旁通为根本原理，虽然可以贯穿经传但亦有“循环论证”等缺陷。所以方东美所做的就是以一套新的逻辑的方式为六十四卦找到可以滋生演化的内在关系。方氏的设计并不复杂，他按照形式逻辑的方法先是制定出逻辑运算的符号及运算规则，并按其规则推演，则六十四卦排列而出。[⑤] 此不详述。

我们所关注的是方氏的严谨的学问作风。在他看来，对易经的把握首先所要完成的工作即是对六十四卦序的逻辑解读，这样才能

① 方东美：《易之逻辑问题》，载方东美《生生之德》，台北：黎明文化事业股份有限公司 1987 年第 4 版，第 1 页。

② 同上书，第 3 页。

③ 方东美：《中国哲学之精神及其发展》，台北：成均出版社 1984 年版，第 127 页。

④ “故六画而成卦，三画以下为地，四画以上为天，物感以动，类相应也。易气从下生：动于地之下则应于天之下，动于地之中则应于天之中，动于地之上则应于天之上。初以四、二以五，此之谓阳动而进，阴动而退。”

⑤ 感兴趣者可参见其《易之逻辑问题》或《中国哲学之精神及其发展》。

为以后的哲学解读奠定基础，而不至于落入空谈的窠臼。通过逻辑的演算，六十四成为一个旁通复杂的系统。方氏进而言“大易一书不惟其符号系统充份可解，即其文义理贯亦大有脉络可寻”。“易经即是一套典型之中国广大和谐哲学体系”。[①] 对《周易》卦爻的逻辑解读，只是为进一步解读《周易》提供了一个形式的基础，这套形式的基础在方氏看来本身并没有意义，“易经卦列之逻辑系统无非象征表达形式上之可能性概然率耳”[②]。对其哲学含义的进一步认定才是思想家的目的所在。

他认为对《周易》卦爻符号的解释不外于三种，一是事实性的陈述，主要指其所象征物器等，一是自然科学性的解读，主要指天文历法、风土人情等，还有即是人文主义的义理阐释。方氏认定《易经》原文概始于殷周之际，经过周代理性自觉的改造，《易经》中已含于许多道德之遗言，他言：“当是时也，前期静态之殷文化乃逐渐为郁郁乎动健而富于创造性之周文化所取代。”[③] 通过对殷文化之反思，道德与理性被凸显了出来，宗教层面的天帝的权威开始被赋予一种人文主义的理性解读，道德的普遍法则也开始脱离习俗的层面有了理性的制约。而至春秋时期，礼崩乐坏，孔子及其后学也逐渐认识到提升人的道德境界是医治社会动荡、建立天下太平的根本措施，所以“乃发起一项哲学思想之革命运动，沿承易卦之符号系统而赋予种种人文主义之解释”[④]，将卦爻辞之陈述性语句转而为一套义理的文句。这在方氏看来，是一件革命性的工作，我们对《周易》义理之理解都是由此而延伸开去。孔子及其后学对易学精蕴的阐发影响可谓至深至远。

概而言之，《周易》经传在方先生看来，是一套系统的学说，它有一套严谨的逻辑系统作为其哲学体系的论证工具。在此逻辑系统之上，生发出一套语言文字系统，一套动态的本体论系统，进而形成一套价值论系统。因此可以说卦爻辞之间的逻辑关系是进入

① 方东美：《中国哲学之精神及其发展》，台北：成均出版社 1984 年版，第 142 页。
② 同上书，第 143 页。
③ 同上书，第 145 页。
④ 同上。

《周易》哲理系统的基础所在。但得意可忘象，在厘清《周易》卦爻逻辑关系之后，更为重要的工作是要阐论《周易》经传的哲理精蕴。方先生深受西方哲学的影响，他对于西哲用力至深，尤其是以柏格森和怀特海为代表的生命哲学，以此知识背景观照《周易》经传，方先生生发出了不同于传统易理的哲学精神。

二　生命本体论的构建：易学哲学之新创

黑格尔说：“哲学是集中了的哲学史，哲学史则是扩展了的哲学。”方东美的哲学可以说是以中国哲学为本体，兼采西方哲学中可与之相通者，其自言：“我们处在这个时代，接触过印度，西方的哲学思想之后，哲学的观点又和以前不同了，因此对于《周易》不仅讲狭义的《周易》哲学，同时也可以讲广义的《周易》哲学，以《周易》纯粹的儒家思想来贯通佛家的华严的思想；同时以近代的法国柏格森的思想，或是美国的怀德海[①]来说，可以多方面地贯通。”[②] 方氏是以《周易》的哲学贯通西学，而贯通的西学主要是柏格森及怀德海所代表的生命哲学。

西方生命哲学是流行于20世纪初的西方非理性思潮，其观点主要是反对科学实证论和理性主义，推崇非理性，重视生命价值，强调以此为中心来理解和解读人类文化现象，生命被本体化。如柏格森认为，世界就是一个不断创新与生成的过程，处处蕴含着生命冲动的领域，生命的本质即存在于纯粹的绵延和时间之流中，时间成为把握生命的根本方式。怀特海认为，世界是一个有机的、相互联系的整体。而这些皆与《周易》中的生生之理、动态的宇宙观、天人合德的思想模式有着可以切合之处。可以说方东美的哲学路线代表了一种“先理解西方，再回头重建传统”的精神方向，所谓“后

① 怀德海，现多译为怀特海。

② 方东美：《原始儒家道家哲学》，台北：黎明文化事业股份有限公司1987年第4版，第161页。

五四建设心态”，这与熊氏立于传统之上，吸取西学不完全一样。[①] 方东美的哲学体现了融贯东西，涵摄众家，复以中国文化为本位的特征，代表了中国哲学在现代背景下寻求重建与发展的一种尝试与方向。他通过比较哲学研究，最终回归于中国文化本位。他不同意定儒家为一尊的道统观念，也不同意“接着宋明儒讲”的治学路线，而是以儒、道、佛、新儒家四家的传统，吸引古希腊、欧洲的思想，创立新说以补传统的不足。

就方东美的所形成的哲学观看，他所建构的形上体系应是一种机体主义的哲学，其内融柏格森的生命哲学、怀特海的过程哲学及《周易》之生生哲学匠心独创而为一体。可以说，《周易》经传中的生生哲学、天人合德的模式成为方先生接引西方生命哲学的内在因素，他又以其所解读的生命哲学反观中国传统哲学，特别是《周易》经传的哲学，从生命本体论的高度重新阐发大易精神。在其中西哲学比较的视野中，《周易》经传所代表的中国传统哲学有着生生不息的生命力，它可以调整融合发展出新的形态，不仅能解决民族自身的问题，也可以对世界哲学、人类文化的发展提供补益。可以说方先生表现出一如熊十力一样的世界主义的目光，即其哲学虽然旨在解决民族精神的问题，但也以西学为参照，兼及西学的不足和缺陷以有所改进。因此，从《周易》释译的角度而言，方东美的生命哲学就可以认为是对周易哲学所做的具有世界性意义的发挥。

方东美的西学功底相较于熊十力、梁漱溟、马一浮无疑是更加深厚，他的论著也多是在中西比较的视野下分析中国传统哲学的得失。[②] 在《生命悲剧的二重奏》中，方氏认为苏格拉底以前的哲人皆是卓越不群的名家。他们的思想中体现的是健康的心灵、葳蕤的气息，是生命的创造力及智慧的展现。[③] 而近代欧洲的精神则是以

---

① 成中英：《知识与价值》，中国广播电视出版社 1996 年版，第 533 页。

② 在抗日战争期间，方氏与熊氏曾同居于山城重庆。方氏曾给熊氏写信讨论佛教中关于“佛性”“人性”如何解的问题，以致引起熊氏的误会，以为方氏对其学问有甚怀疑。可以看出，方氏当时是以治西学而闻名的。

③ 方东美：《生命悲剧的二重奏》，载方东美《生生之德》，台北：黎明文化事业股份有限公司 1987 年第 4 版，第 44 页。

科学为中心的，如果说古希腊思想化空虚为实有；欧洲思想在他看来则是幻实有入空无。“希腊之悲剧变无入有，故能从心所欲；欧洲人之悲剧，运有入无，故不能从心所欲。近代欧洲思想之主要潮流随处都表现驰情入幻的趋势，所以我们不妨称之为虚无主义的悲剧。”① 古希腊文化和近代之欧洲文化体现为两种不同的精神倾向，表现为两种不同的悲剧风格。在他看来，古希腊人观察宇宙是情与理同在的，情之所钟，理必应之，理之所在，情必随之，情理圆融而物我无间，因而可以体悟出生命的真谛。近代欧洲人情与理相分，宇宙与生命彼此相违，两相对立，视宇宙为人生的敌对征服之对象，因而其精神是虚无的。② 自苏格拉底，古希腊的精神慢慢发生了转变，亦即表现出人与自然的关系、人与人的关系、精神与物质、灵魂与肉体的关系一种二分的状态，方先生言是一种“疏离”的状态。这种状态到现代西方的人文中仍然是一种突出的特征。如将这个特征以一个词来分析，即是“科学”观。在科学的阴影里，一切都是对立的量化的可研究可控的。这种科学的形上学，方先生将其定义为“超自然”或者“超绝”的形而上学。③

近代西方哲学的发展是依循逻辑科学方法所指点的路径，再去认识主观世界或客观世界，重点是在知识论，哲学成为解释科学如何可能的手段。但这种方式并不适合了解中国哲学。如果说，西方的形上学是一种超绝的形态，那么中国形上学则是一种既超越又内在，既内在又超越的形态。中国传统哲学中的儒、道、佛、新儒家被方氏认为是中国哲学的四大传统，这四大传统皆体现出了这种超越而内在的精神。一种哲学观念即是一个群体的生活方式，其实这

---

① 方东美：《生命悲剧的二重奏》，载方东美《生生之德》，台北：黎明文化事业股份有限公司 1987 年第 4 版，第 66 页。

② 同上。

③ 方东美认为，形而上学根源于三种形态，超自然（即超绝）形态（praeternatural）、超越形态（transcendental）及内在形态（immanent）。他认为形而上学的本质是要探讨有关实有、存在、生命、价值之问题。超绝形态之形上学，以将物质与精神、灵魂与肉体，自然与人，神与人，本体与现象隔绝开来，绝对真善美的理念只能属于高高在上的神，人是永远无法企及的。这就是西方自古希腊开始的二元对立的模式。

也即是福柯所说的“知识型”①，在这种“知识型”中人们以一种特定的思维思考问题。中国人的知识型，即是这种既内在又超越的方式，它是通过“诗人、圣贤、先知”三重复合理想人格得以表现，道家的气质近于诗人，儒家的气象是圣贤境界，佛教则接近于先知的身份。方先生创立了三个名词以表征三家思想之不同，他认为道家因其尚虚体无，可称为典型的“航天员”；儒家尚时守中，可理解为典型的“时际人”；佛家尚不滞体性空，可称为“兼综时空而迭遗”；新儒家兼时空而不遗，可称为“时空兼综人”。在这四家之中，方东美尤重原始儒家，而对于原始儒家的研究他则以《尚书》之《洪范篇》及《周易》经传为主要的立论依据。就形上本体言，其立论又是以《周易》经传为根据，在其看来，《易经》中的创生宇宙论与人性崇高论，合而为天人合德论，既将宇宙表征为生命的创生不已，又于其中体现道德价值的意蕴，生发出人性的光辉。《周易》所彰显的是以价值为中心的人性论，在汉代衰落的原因，是因为《洪范》所倡导的五行学说渗入到易经所昭示的儒家精神之中，进而至汉末出现了玄学以及佛教的进入，到新儒家出现，《周易》所倡导的精神才又得以光大。

方东美虽然不认可将宋明新儒学作为思想接继的第一源头（如

① “知识型”作为福柯知识学核心语，它来自法文 épistémè。épistémè 由福柯根据希腊文 epistêmê 构成。epistêmê 即拉丁文 scientia。可见，原义为科学或知识，柏拉图在《理想国》中用 epistêmê 指理性知识（算学、几何学、天文学与声学）；亚里士多德用它来表达科学的多样性或各种类型或等级（从诗学到实用科学到理论科学，从算学到几何学、光学）。海德格尔则用此词界定哲学（哲学是真之学即真学）。按照福柯在《知识考古学》中明确表达的看法，考古学方法的目的是要明确人文知识的话语构成，也即这些知识在某一特定时期无意识地遵守的一些话语构成规则。在他看来，同一知识领域内的差异，如进化论与不变论，在其无意识层次上的地位与意识层次上的地位完全不同。既然人们通常都指向意识层次，考古学应当另辟蹊径。他关于知识型的理论正是这种努力的集中表现。“知识型就是指能够在既定的时期把产生认识论形态、产生科学、也许还有形式化系统的话语实践联系起来的关系的整体。”（福柯：《知识考古学》，生活·读书·新知三联书店 1998 年版。）也就是说，知识型要寻找到“词”与“物”被结合起来的那一知识空间。对于同一时期它应该是不变的绝对观念，它决定了该时期具体知识的特征，但对于不同时期而言，它表明的是不连续和断裂。它既界定了同时系统，也划定了新的知识的实证性界限。它是这样一种角色，它有权评判某一事物是否可以构成知识对象，何种知识获得承认，何种知识不被承认。它应是一个特定时代的确定文化的最高概括形式。

熊十力、马一浮等），但亦认为中国思想中，主要是儒家思想在指导中国人的生活，中国的哲学应是以儒学为主体而成的。就先秦哲学来说，在儒道杂三家中，他认为以道家儒家的气象最为宏大，而杂家拘泥于形迹，“中国思想系统中如有科学，其理境乃若独为杂家所专有，然举以与儒道两宗之睿智大慧相较，殊觉浅近庸俗，已非第一义矣”①。“中国所谓的不同哲学境界，最主要须能使之融会贯通，使上下层、内外层的隔阂消除”②，即是一种超越的而不是超绝的形上学。这种形上学不仅志在打通形上形下、内与外、体与用、道与器，将形上的道德理想落实于现实的生命主体，同时也放大眼光，在宇宙中定位人生，将多种价值联系成为总体。因此，中国的形上学又可以称之为“机体形上学”，它注重机体内各种思想的统一，以求其会通综合。

概言之，中国传统的哲学无论其分支如何都有共同的精神，有其同一性，它们都是“向人性深处去了解，然后体会人性本身与其一切努力成就，处处可以看出人性的伟大”。③ 而这其中最为凸显的是儒家的精神，其核心是“在创生不已的世界里面，安排人类的生活，表现人类精神生活的伟大”④。道佛两家亦在不同层面发扬了这一点。儒家强调的是内圣外王的心性修养之道，道家是以为无本的养心练性之道，佛家（大乘佛）即是菩提道以入世普度众生。在方氏看来，中国人不仅是世界发生发展的观照者，而且在他的生命中存在高贵的人性、丰富的情感以及伟大的理性，中国人是置身于世界之中又能拔乎于世界之外。就儒家言，“儒家必须具备的本领是以自己的生命通贯宇宙全体，然后才能‘先天而天弗违，后天而奉天时’。”⑤ 方东美认为原始儒家、道家、佛学、宋明新儒家学说在本质上都是以生命为中心而展开的生命本体哲学。

---

① 方东美：《生命情调与美感》，载方东美《生生之德》，台北：黎明文化事业股份有限公司1987年第4版，第127页。

② 方东美：《原始儒家道家哲学》，台北：黎明文化事业股份有限公司1983年版，第36页。

③ 同上书，第4页。

④ 同上书，第13页。

⑤ 同上书，第161页。

如上所言，既然西方哲学存在着二元的对立，人生意义、价值、道德的丧失，那么中国哲学即可以在此方面作出补充。方东美之志向，即是“厥欲凭借我广大悉备、圆融和谐之中华智能，向彼处处不脱二元对立、时时陷于困惑疑难、在在表现决裂型态之西方思想模式，展开挑战”①，创立新学，以自救国民之精神，也为世界文化补充新知，提供新的视野。

方氏所建立的机体主义的形上学，是将宇宙视为一个有机相连的整体，以区别于西方的静态的时空量化组合。人类可以透过艺术、宗教、哲学、科学体会出宇宙真相所内含的艺术理想、道德理想、真理理想，并将其所体悟的真善美与宇宙真相贯穿起来，从而使宇宙成为一个丰富多彩的真相系统、价值系统。基于此种机体主义形上学所建立的人生哲学，其人生理念就绝非只是贫乏而无聊的如动物般的活动，而是生命的创生力量于宇宙洪流中将真美善贯穿起来，以止于至善的追求。所以人生活动，不仅是物质的创造，更是一种价值的构造与实现。方氏认为，自孔子后《周易》所阐发的精神即心性修养的过程就表现为一种“机体的程序”，人与宇宙一体，天人合其德性，形上本体既是超越的，又是内在的，因为它的核心都是在围着乾元坤元所展的生命创生精神。宇宙真相、人生现实的总体是原始儒家价值观的出发点，也是其最终的归宿点，其旨向是从宇宙总体定位人生，将人生提升到价值理想的境界，然后再回到现实，成己成人，提升宇宙的总体价值。以《周易》经传的思想为核心，引入西方的生命哲学，方氏完成了其机体主义形上学的设定。

（一）生生之理与时间绵延：机体主义的宇宙观

方氏言：“兼了悟时间之重要性及不重要性乃是入智能之门。”②

---

① 方东美：《中国哲学之精神及其发展》，台北：成均出版社1984年版，第1页。

② 同上书，第48页。罗素在其《神秘主义与逻辑》一书中言“了悟时间之不重要性乃是入智能之门”，方氏在这里突出了时间在生命流行中的重要性。这种重要性尤其契合于儒家的精神，儒家于大化流行中参赞化育，成己成人，皆依中道而行，所以时间是儒者不能脱离的现实境遇。而罗素强调的却是时间可以被空间来量化，相对于空间来说时间并不是最重要的。

他认为，儒家是以一种“时际人”的身份投身于宇宙生命的生成化育中，他将一切智能投诸时间动态变化的洪流之中，继善成性，成己成物。从儒家的传统看，由于受到《尚书》的启示，儒家原可以把精神安排在永恒的世界之中，“但是儒家最重要的哲学宝典是《周易》，而这部书把世界的一切秘密展开在时间的变化历程中，看出它的创造过程，由此看来，儒家若不能把握时间的秘密，把一切世间的真相、人生的真相在时间的历程中展现开来，使它成为一个创造过程，则儒家的精神就没有了”[①]。《周易》多言“时之义大矣哉”，孔子亦被孟子称为“圣之时者”，但对于时间，《周易》本身并没有限定。方先生也指出“这可以说是它理论缺陷”。[②] 但参照其他经典还是可以对之进行说明，他认为《管子》的“轮转而无穷”即是春秋时期的时间观念，虽然在《周易》中没有这个概念，但却是暗含此义。

方氏认为，《周易》是以“生”来理解时间观念。《周易》哲学即是关于“生生”的哲学。《系辞》言“易与天地准，故能弥纶天地之道”，这个道即是“生”之道，在生生不息、生化不已的大化流行中体现出时间的绵延无息。他言：

> 趣时以言易，易之妙可极于“穷则变，变则通，通则久”之一义。时间之真性寓诸变，时间之条理会于通，时间之效能存乎久。生化无已，行健不息，谓之变，变之为言，革也，革也者，丧故取新也。转运无穷，往来相接谓之通，通之为言义也，交也者，绵延赓续也。[③]

生生之道所表彰的正是一种时间的绵延无息的态势，于此生生不息的时间之流中生命产生孕化。“夫乾其静也专，其动也直，是以大

---

① 方东美：《原始儒家道家哲学》，台北：黎明文化事业股份有限公司 1983 年版，第 42 页。

② 同上书，第 13 页。

③ 方东美：《生命情调与美感》，载方东美《生生之德》，台北：黎明文化事业股份有限公司 1987 年第 4 版，第 133 页。

生焉。夫坤其静也翕，其动也辟，是以广生焉。”所以天地之大德即是在于一种生生不息。生生之道除昭示出生命所存在的时间绵延外，也展示了一种动态不息德健向上的变化过程。“易之卦爻，存时以示变，易之精义，趣时而应变者也。故言天地演化之道，生命创进之理，必取象于易。”[①] 易道的生生之理，在方氏言即是生命的创进之道。

可以看出，方氏将柏格森的时间观引入到《周易》经传的考察中，在近代特别是当代哲学来说，时间一直是个不可逃避的讨论问题，柏格森、怀特海一直到现代的海德格尔等都对时间有过细致精妙的论述。方先生从时间上讨论中国哲学的特点，探讨《周易》的精神显然是与其对西方哲学的研究有很大关系。他的思想在很大程度上是受到了柏格森的启发。在柏格森看来，时间即绵延的意识之流，是生命的一种彰显。方氏接受了这种思想，他认为：

> 盖时间之为物，语其本质，则在于变易，语其法式，则后先递承，赓续不绝；语其效能，则绵绵不尽，垂久远而蕲向无穷。[②]

在方氏看来，时间是绵延不绝，创进不息的，而万物于时间的流变中又有其秩序，虽然刹那间灭故生新，但新旧相替而永恒不息。“易与天地准”，《周易》所阐发之易道即在此时间之流中赋予宇宙天地以准衡，向人们昭示宇宙的不息创生精神。在这样一种时间观中，《周易》中体现了三大形而上学的原则，即旁通之理、性之理（生生之理）、化育之理。就旁通之理而言，可以从三个层面理解，从逻辑意义言，旁通之理是一套首尾融贯一致的演绎系统，符合逻辑的准则。从语意学的角度言，《周易》内又含有一套语法的系统，语法结构完整而统一。从形上学的意义言，就时间生生不已的创化

① 方东美：《生命情调与美感》，载方东美《生生之德》，台北：黎明文化事业股份有限公司1987年第4版，第133页。

② 方东美：《中国形上学中之宇宙与个人》，载方东美《生生之德》，台北：黎明文化事业股份有限公司1987年第4版，第291页。

历程看，《易经》哲学是一套动态历程观的本体论，同时也是一套价值总论，它从整体圆融、广大和谐的角度阐明了至善观念的起源及其发展。因而可以说，旁通之理也即是肯定了宇宙生命的大化流行，在绵延之时间之流中，弥漫天地的万有，皆参与时间之生生不息而昭示的创造之中，终臻可达于一种至善的境界。而就生生之理言，生生之理即是性之理，生生之理体现在乾元的创始原理，坤元的顺成原理，以及人参赞天地，辅相万物的价值追求中。人顶天立地，兼有天地之创造与顺成性，因而应以一种乾健之德于整个宇宙生命、创进不息、生生不已的大化之流中，完善自我，成己成物。儒家所高扬的人性之美、道德之崇高皆是源于此种生生之理。《系辞》言“一阴一阳之谓道，继之者善也；成之者性也”，继善成性即是要视生命的创造历程为个人价值的实现历程。如上言，宇宙生命的创进并不是像西方科学所宣言的是中立不可以价值言的，在《易经》看来，人之价值即在于与实现宇宙生命流行所昭示的成己成物之德。所谓“乾道变化，各正性命，保合太和，乃利贞”。在形而上的生命本体论中也体现了以价值为中心价值本体论。

古希腊以至近代欧洲的时空观是以空间表现时间，以空间量化时间，以空间的线性发展表现时间的绵延不息。“整个希腊哲学把时间化成空间的影像，使一个时间的延续性变成一个空间的并存性，以后在画的进间有先后，从起点到中间到终点，是一个直线进程的系列。”[①] 如亚里士多德说：“过去不重要，未来也不重要，真正重要的只有现在。”现在是一切时间空间的核心，其他一切的点都是由现在延伸开去。过去不重要，因为现在是过去的延伸，未来不重要，因为现在将延伸到未来，在空间的连线，它们又都是并列的点。方氏言：

> 因此西方的历史哲学只是一个“直线的进程”：一到了现在，就把过去忘掉了，而现在马上又变为过去，因此要把握现

① 方东美：《原始儒家道家哲学》，台北：黎明文化事业股份有限公司1983年版，第163页。

> 在来期待未来，表面上是现实主义的身份，实际上又是一个未来主义者。这一点使西方的历史成为一个不连贯的历程。①

相对于西方的直线的时间观念，《周易》中所体现的时间是回旋的时间观，即非线性的前进。时间所体现的是一种流行变化，这种变化却不能仅是限于空间的计量，因为这样计量的结果是将过去和将来都安置于固定的时点之上，无法形成历史性的宏观，亦体现不出生命的创造力量。而《周易》中所体现的回旋的时间观则是以“变易”的方式，立足于现在，收摄过去的优点，淘汰其缺点，保持过去与现在的历史一贯性，并以此为跳板，向未来做一种创造性的发展。其本质即是一种生生之理的流行。时间所表现的即再不是空间的点与点的并列关系，而是相互融摄，彼此相因的创生顺生的过程。这种回旋的时空观之益处，在方先生看来，就个人来说，人生中的任何现在都可以涵摄过去的要素，从而使“人”成为一个充实的不贫乏的“人”，并有着未来的旨向，因而又是有创造性生命的积极的“人”。就一国的文化来说，其过去现在未来亦可以连成一片，而创造的生命力因而一贯而不息，人类的一切真善美亦都可以得以贯穿下去。宇宙因而表现出价值，体现出意义，而不再是一种道德价值中立的冰冷的实存。

时间空间的观念，即是关于宇宙的认识。在科学视域的观照中，宇宙是时间空间的机械组合，是人类生存的物质环境，相对人的道德价值、宗教信仰、美学艺术等，宇宙是一个价值中立的世界，它无所谓道德、美学抑或宗教，一切价值皆是因人而有，因人而无。但这种宇宙观在方氏看来，并不是以《周易》为代表的中国哲学的宇宙观念。就儒家来说，其宇宙观源于《周易》。《系辞》言：“是故易者象也，象地者像也。彖者材也，爻地者效天下之动者也。”在方氏看来，实是舍弃宇宙的具体形迹而就其势用处立论，所谓穷神知化，所谓“妙万物而为言者也”。《周易》的宇宙观所

---

① 方东美：《原始儒家道家哲学》，台北：黎明文化事业股份有限公司 1983 年版，第 164 页。

强调的不是现实宇宙的构成，而是形上本体所彰显出的势用。《周易》的本旨仅在于立象以尽意，援爻以通情，玩占以观变。并不是对宇宙做一种静态物质层面的观察与处理，而是以其势用体悟生命之流行，近而知己知人知天。方氏言：

> 乾道变化，首出庶物，坤厚载物，含弘光大，天地交而万物通，其用也泰，天地感而万物化生，其用也咸，天地革而四时成，日月得天而能久照，四时变化而能久成，其用也应恒，推而至于万物，雷取其动，风取其挠，水取其润，火取其燥，山取其坚贞，泽取其虚受，莫不有妙用流寓其中焉。①

乾坤相合，天地絪缊，而成其势用，儒家之宇宙观是借用以识体。合而言之，中国人观察宇宙多是舍其形体而穷其妙用，“纵有执着形质者，亦且就其体以寻绎其用，盖因体有尽而用无穷，惟趣于无穷始能表显吾人艺术神思之情蕴焉耳”②。

概言之，在方氏看来，“宇宙的客观秩序乃是由于在时间动态变化的历程中，为乾元充沛之创造精神所造成者，人类个体所面对的宇宙是一个创造的宇宙。故个人也得要同样地富于创造精神，才能德配天地”③。因此，《周易》所显示的本体论是一种动态观的、价值中心观的本体论，它所启发出的是一种哲学的人类学或人性学。生命的自然秩序同道德秩序皆是源于乾元之创始精神，成之于坤元顺成精神，那么贵为万物之灵的人，其内在本性上即含有创造顺成之潜能，只要内守其性，扩而充之，即可能以德配天，优入圣域，《中庸》言：“惟天下至诚，为能尽其性；能尽其性，则能尽人之性；能尽人之性，则能尽物之性；能尽物之性，则可以赞天地之化育；可以赞天地之化育，则可以与天参矣。”天地之理与生命的

---

① 方东美：《生命情调与美感》，载方东美《生生之德》，台北：黎明文化事业股份有限公司1987年第4版，第128页。

② 同上书，第129页。

③ 方东美：《中国形上学中之宇宙与个人》，载方东美《生生之德》，台北：黎明文化事业股份有限公司1987年第4版，第293页。

自然之理、内在道德之理，其本质上皆是生命的创生之理，君子成己成物之人格，圣人内圣外王之境界，皆是乾坤德性的生发。所以就个人的道德修养看，孔子言“吾欲仁而仁至矣”，孟子言“人皆可以为尧舜”，荀子亦说“途之人可以为禹”。人与天地之关系在《周易》所昭示的易理中是圆融合谐而不分，即天人合德，

> 在天人“和合”之中，个人之宇宙性之地位天焉确立，当此时也，构成其人格中之诸涵德及一切知能才性，皆“充其量，尽其类”，得到充分发展——“尽性”是也①。

即“成性存存，道义之门”。因而《周易》所昭示出的人性光辉，亦可以称之为一种“德性民主”，它使人能于自然万物，“出乎其类，拔乎其萃”，导人向上，不断超拔而臻道德的完善，体现出一种“极高明而道中庸”的德性文化境界。

综上所述，《周易》经传中的宇宙，是人立身之所，它在六合之中论人之生存的境遇，宇宙即是在时间之流中的活生生的生命的流行。方氏言：

> 几乎所有的中国哲学都把宇宙看作普遍生命的流行，其中物质条件与精神现象融会贯通，浑然一体，毫无隔绝，一切至善至美的价值理想，尽可以随生命的流行而充分实现。②

其实宇宙并不是道德中立的时空组合，而是一个“沛然的道德园地，也是一个盎然的艺术意境”③。《周易》经传中所说的继善成性，“成性存存，道义之门”，皆是昭示宇宙的道德价值和艺术精神，人生于此间即当禀天地之性，以实现至善为道德追求的目标。

① 方东美：《中国形上学中之宇宙与个人》，载方东美《生生之德》，台北：黎明文化事业股份有限公司 1987 年第 4 版，第 295 页。

② 方东美：《中国人生哲学》，台北：黎明文化事业股份有限公司 1982 年第 4 版，第 124 页。

③ 同上。

中国哲学的特点即在于以价值为根源说明宇宙的秩序，将人之价值投射于宇宙，又以宇宙之本体反求道德之实现，因而本质上讲中国人的宇宙观并不是如西方哲学或科学的看法，宇宙在《周易》中所体现的是一种活的价值，人间的法则即是源于宇宙本身，因而中国人的宇宙观应是以价值为中心的哲学。方氏归纳了中国哲学的宇宙观的三个特色，这三个特色同样也是《周易》所阐述的，第一，宇宙是普遍生命创造不息的大化流行。第二，宇宙是一个将有限形体点化成无穷空灵妙用的系统。第三，宇宙是一个价值为中心的领域，它并不是中立的无属性的，它的价值足以透过人生的各种努力加以发扬光大。因此人在宇宙中，并不是消极的被动的被创生者，而是可以辅相天地的创造者，人的生命的创造力与宇宙的创造力是同一的生命精神，它们皆是生生之理的体现。方氏言：“宇宙是一个包罗万象的广大生机，是一个普遍弥漫的生命活力，无一刻不在发育创造，无一处不在流动贯通。”[①] 方氏亦自道其所体悟出的中国哲学即是“万物有生论”[②]，这并不是说万物中存在活的精灵，如原始宗教的万物有灵论或物活论，而是将宇宙之生成变化视作一种盎然生机，看作生命的流行。就时间空间与生生之理而言，生命的流行过程即是在时空之中体现出精神与物质的一贯，于时间的绵延中，彰显出生命的创进之道。

（二）生生之理与创进之道：内圣外王的贯通

就原始儒家而言，其一贯之道是天地人三者所蕴含的同一之道。人在宇宙之中，对于当时的哲人来说即是要勘定人在宇宙中的地位，以此为基础安排人的生命、价值和意义，“推天道以明人事”，继善成性，继而赞天地之化育。在方先生看来，此意旨原即是本于《周易》大义。《周易》倡导乾元的大生之德与坤元的顺生广生精神，他言：

---

① 方东美：《中国人生哲学》，台北：黎明文化事业股份有限公司 1982 年第 4 版，第 118 页。

② 同上书，第 16 页。

> 乾元是大生之德，代表一种创造的生命精神贯注宇宙之一切；坤元是广生之德，代表地面上之生命冲动，孕育支持一切生命的活动；合言之，就是一种“广大悉备的生命精神”，这就是儒家之所本。①

这种创造的生命精神贯注于天上、地上、人间，人在宇宙间因而可以与天地相契合，表现为广大悉备的生命精神。《中庸》言“天下之至诚”“不诚无物”，即是要发挥人生中所蕴含的生命精神，以完成自己的生命理想，进而扩而大之于一切人物事件，成己成物，与天地同因创造精神并列为三，依方先生的意思，即与天地同为造物之主，人的精神价值、生命意义在与天地参中完成实现。儒家培育的是“圣者气象”，其过程即是要把自己的生命投到万物、人类广大的生命中，然后再与形上的宇宙本体所表彰的价值高度合一，即天人合德，提升人格于至高境界。这种境界又不是超脱于凡世，而又要内在其中，以自己的人格感召他人，一起提升其道德修养，在儒家看来，成物（外王）是内圣的必然的一个结果。内圣与外王之所以能够打通而不隔，在本体论上讲即是宇宙的特质与精神的一致，其根本的动力即在于生命力的扩展。

内圣外王是儒家思想的精髓，内圣是对内心善端的扩充，或者是通过道的修养化性起伪，所谓“大而化之之谓圣，圣而不可知之之谓神”。而道德的至善绝不会停留于内在的修养，以生命本体论析之即：本于天道流行的创生生命具有天然的扩张性，必将这种内在的道德外化为王道，“在他的人格达于完美时，应取法于天道的无限创生的精神，立刻起而行，去为全人类、甚至全物类，安身立命，使他们都能共臻于完美之境”②。世界之渺小正需我们去扩充，世界之广大，我们正可优游其中。因此内圣与外王之道经由生命力的存在而相连不断，其间也不需要牟先生所列的转生坎陷之手段。

---

① 方东美：《原始儒家道家哲学》，台北：黎明文化事业股份有限公司1987年版，第28页。

② 方东美：《从较哲学旷观中国文化里的人与自然》，载方东美《生生之德》，台北：黎明文化事业股份有限公司1987年第4版，第275页。

“为天地立心，为生民立命”，正是本体生命彰显为人类精神所至的境界追求。《系辞》言“易与天地准，故能弥纶天地之道”，“与天地相似，故不违，知周乎万物，而道济乎天下，故不过。旁行而不流，乐天知命，故不忧，安土敦乎仁，故能爱”，皆是内圣外王之道的易理描述。

方东美认为，圣人先天而天弗违，后天而奉天时，其本质是体悟宇宙生命力的大化流行，是“随宇宙创造的生力浑浩流转而证验其程度”。[①] 这即是一个自然而自然的过程，所谓“成性存存，道义之门”。人同宇宙、同自然界是同性、同一本元的展现。大道与人有如母子之亲切关系。因而在中国并没有产生分离的二元论的观点，人与自然的关系也不是处于一种索取的状态，而是人可以沉浸于自然之中。易理所昭示之宇宙自然是生命大化流行的创生境域，它是一个和谐的体系，是一个生机盎然的机体，它是本体的至真之境，也是至善至美的价值源头。人处于宇宙中当然即应以一种民胞物与之胸襟，与自然、他人相处，像敬畏自己生命中的“神性”一样尊重万物的生命“神性”。

方东美认为儒家的形而上学有两大特色，第一是肯定了天道的创造力，生命之创生力充塞宇宙，流衍变化，“大哉乾元，万物资始，乃统天”，宇宙即是生生不息的生命力的创生过程。第二是强调了人的内在价值，以天人合德的方式，指出人可以通过自身善性的葆养，含弘而光大之，从而进入“与天地合其德，与日月合其明，与四时合其序，与鬼神合其吉凶，先天而天弗违，后天而奉天时”的境界。儒家精神的这两个骨干皆是由《易经》而来，孟子在此基础上发展出一套哲学的人学即哲学的人性论。[②] 从政治哲学的角度而言，中国哲学亦体现出了生命力张扬的一贯性。方氏以《尚书·大禹谟》为核心，认为中国政治理想之实现途径在“正德、利用、厚生”。《尚书·大禹谟》言：“德惟善政，政在养民。水、

① 方东美：《从较哲学旷观中国文化里的人与自然》，载方东美《生生之德》，台北：黎明文化事业股份有限公司 1987 年第 4 版，第 271 页。

② 方东美：《中国形上学中之宇宙与个人》，载方东美《生生之德》，台北：黎明文化事业股份有限公司 1987 年第 4 版，第 289 页。

火、金、木、土、谷，惟修；正德、利用、厚生、惟和。九功惟叙，九叙惟歌。戒之用休，董之用威，劝之以九歌，俾勿坏。”三者之所以能够一以贯之，归本其根也是生命力的张扬，或者说是宇宙机体主义的一种体现。

按方先生的分析，相对于欧洲人的重理性的二元对立的思维模式，中国人的思维方式是以《周易》精蕴所代表的天人合德、生化不息的思维模型。

> 中国人知生化之无已，体道相而不渝，统元德而一贯，兼爱利而同情，生广大而悉备，道玄妙以周行，元旁通而贞一，爱和顺以神明。①

他将中国哲学之精神综汇为六理，即：生之理，爱之理，化育之理，原始统会之理，中和之理，旁通之理。这六理贯穿于儒道墨，而以《周易》体现得最为详尽。生命包容万类，易道所彰显的即是生生之理，育种成性、开物成务、创进不息、变化通几、绵延长存都是“生”之内在底蕴。而生之理原本于爱，而爱之情也是取法于易。易以道阴阳，即是建天地人物之情以成其爱，雌雄和会，男女构精，日月贞明，天地交泰，乾坤定位，皆是爱之体现。爱之意蕴有四，即睽通、慕说、交泰、恒久，爱亦是由生生之理而来的弥纶天地之大道。他进而认为，生生之理在形上层面讲“生”即表现为“元体”，元体所展现的妙用即在化育万物。“元体是一而不局于一，故判为乾坤，一动一静，相并俱生，尽性而万象成焉。”② 易道体现为生生之理，生生之道贯通天地人三才之道，乾坤合，天人合，万物生化不息，化育不止。因而又可以说，万物散殊而皆本于一元，所谓“天下之动贞夫一”。方氏言：“宇宙全局弥漫生命。生命各自得一以为一，一与一相对成多，多与多互摄，复返于一。”③ 因而在

---

① 方东美：《哲学三慧》，载方东美《生生之德》，台北：黎明文化事业股份有限公司 1987 年第 4 版，第 152 页。

② 同上书，第 153 页。

③ 同上书，第 153—154 页。

"生生"之中，又体现出一元的统会。生命于宇宙中纵横开拓，其要皆不离中和之理及旁通之道。生命为流行所体现出的一往平等性、大公无私性、忠恕体物性（同情感召性）、空灵取象性、道通为一性即是中和之理在不同层面的展现。而大易之用，大道之行，又是以旁通的方式得以实现，六十四卦之贯通不能离于旁通之理。生生条理性、普遍相对性、通变不穷性、一贯相禅性是旁通之理的内含之义。因而在方氏言，易道实为中国哲学的主体精神所在，中国人的精神构成在他看来，是以易之精蕴为体兼采墨家之兼爱、道家之妙悟而成。

（三）生生之理的现实意义：中西互补

方东美对西方哲学有着深彻的洞见，也亦因此他才能有着出入于中西学术的宏大气象。他对比中国、古希腊及欧洲思想学术的不同，认为"希腊思想实慧纷披，欧州学术善巧迭出，中国哲理妙性流露"，[①] 但三者各有所失，"希腊之失在违情轻生，欧洲之失在驰虑逞幻，中国之失在乖方敷理"[②]。因此三者应互相借鉴，各取他方之长以补其短。"希腊之轻率弃世，可救以欧洲之灵幻生奇，欧洲之诞妄行权，可救以中国之厚重善生，中国之肤浅蹈空，又可救以希腊之质实妥贴与欧洲之善巧多方。"[③] 这种吸收了各家所长之哲学观，在方氏言即是这种机体主义的形上观念。宇宙是价值观念为中心之宇宙，是生命流行之宇宙，物质与精神并得之宇宙，这样当西方世界陷于理性与感性，灵魂与肉体，精神与物质，科学与人生等等的二分之时，中国的哲人却是以一种天人合德的模式跳脱了这种分离思维所带来的桎梏。"他们喜欢去观照所追求理性的全体大用，而不是限于分离的局部。"[④]

---

① 方东美：《哲学三慧》，载方东美《生生之德》，台北：黎明文化事业股份有限公司 1987 年第 4 版，第 157 页。

② 同上。

③ 同上。

④ 方东美：《从比较哲学旷观中国文化里的人与自然》，载方东美《生生之德》，台北：黎明文化事业股份有限公司 1987 年第 4 版，第 269 页。

作为“中国哲学思想的源头”[1]《易经》的基本原理，“就在于持续性的创造性。乾元为万物所自出，一切变化的过程，一切生命的发展，一切价值理想的完成和实现，创造前进都无已时”[2]。所谓“生生之谓易”，所谓“乾道变化，各正性命，保合太和，乃利贞”，都是突出的本于一元的生命创造力。而这种创造力，在方氏看来即是一种神性，它无须外求，即存于人性之中。人之所以为人，其本性皆是纯洁无疵，因其本源即在于生生不息的宇宙洪流。方氏言：

> 在中国哲学里，人，源于神性，而此神性乃是无穷的创造力，它范围天地，而且是生生不息的。这种创生的力量，自其崇高辉煌方面来看，是天；自其生养万物，为人所禀来看，是道；自其充满了生命，赋予万物以精神来看，是性，性即自然。天是具有无穷的生力，道就是发挥神秘生力的最完美的途径。性是具有无限的潜能，从各种不同的事物上创造价值。由于人参赞天地之化育，所以他能够体验天和道是流行于万物所其禀的性份中。[3]

中国人的宇宙是一个生命力充沛流行的宇宙，人在宇宙的生命力中体现创造的乐趣，他随着宇宙的创造的生力而流转不息以此验证生命的无穷无尽，他可以辅相天地，与天地参，因而是创造者，他又能以一种观照，钩深致远，因而又是宇宙生生不息的旁观者。既可入于其中，又可离于其外，人的生命渗透于宇宙之中，通过自身的创造而显露出宇宙的神奇。人之创造力是自生的，这种创造的神性与理性是并生而不悖的，“由于人同具理性与神性，所以他对神和人性的了解是直接的，而非推论的；是亲切的，而非隔膜的；是直觉的，而非分析的”[4]。这也正是天人之所以能够相感应进而合德合

---

① 方东美：《从比较哲学旷观中国文化里的人与自然》，载方东美《生生之德》，台北：黎明文化事业股份有限公司 1987 年第 4 版，第 269 页。

② 同上。

③ 同上书，第 271 页。

④ 同上。

一的原因所在。从形上层面分析，天人相通的根本即是在于神性即创造力的同质。当人们违背了生命的创生顺生的原则即是违背了天意，因而就会出现乱世，反之天下即会太平。

综上所述，我们可以看出，方氏将《周易》中的宇宙观理解为一种以价值为中心的动态宇宙，天人是同构的，这种同构并不是如董仲舒等古圣先贤们的原始的比附，而是以一种西方哲学的分析语言，指出天人相通之处即是在于同质于创造的生命力。他将时间观念引入传统哲学的考查，对《周易》“时之大义”给出了一生命哲学的解读。这种解读并不合于《周易》的本义，但却透露出创新的精神。在他看来，《周易》中的时间观念是回旋而绵延的，并不是线性的直线可分割于空间的点。于此时空观念中所形成的宇宙，即不是简单的机械组合，而是一种生命力生发不已的表现。它是一个活的机体。人立于此间，禀天之创生及地之广生精神，而可以和天地同德，同有神性即创造力，因而可以与天地相参。人于宇宙之中即是宇宙大生命的一部分，人以其生命活动，展现宇宙之生命价值。内圣外王之道也可以借生命力的扩展而打通，“正德、利用、厚生”也有了形而上学的依据。

三　结语

经过以上分析，可以看出方东美生命哲学之建构有以下特点：

1. 就方法论而言，方氏主张博采众长。方东美的哲学体现了融贯东西，涵摄众家，最终回归中国文化本位的特征，代表了中国哲学在现代条件寻求重建与发展的一种尝试与方向。他通过比较哲学研究，最终回归于中国文化。鉴于他对西方哲学、中国哲学的透彻了解，他不同意定儒家为一尊的道统观念，因而也就没有“接着宋明儒讲”的治学路线，而是以儒、道、佛、新儒家四家的传统，吸引希腊、欧洲的思想，创立新说以补传统的不足。他所强调的创新，实是融摄了西方，在中国传统文化中寻取可以解决西学弊病的良方，他自己也有此自觉的意识。他对西学之洞见，在现代新儒家中是较为出色的，非梁漱溟、熊十力、张君劢等可比。而对于中学的体认又有较多的体贴之情。所以他对于中国传统哲学的阐发，对于西方问题的解答才能得到回应和理解。

2. 就方东美的所形成的哲学观看，他所建构的形上体系应是一种机体主义的哲学，其内融合了柏格森的生命哲学、怀特海的过程哲学及《周易》之生生哲学。可以说，《周易》经传中的生生观念、天人合德的模式成为方先生接引西方生命哲学的内在因素，他又以其所解读的生命哲学反观中国传统哲学，特别是《周易》经传的哲学，从生命本体论的高度重新阐发大易精神，将之称为“万物有生论”。在其中西哲学比较的视野中，《周易》经传所代表的中国传统哲学有着生生不息的生命力，它可以调整融合发展出新的形态，不仅能解决民族自身的问题，也可以对世界哲学、人类文化的发展提供补益。

3. 就其机体主义的生命观的内容来看，对《周易》经传中生生之理的创造性解读构成了其主体。《周易》所显示的本体论是一种动态观的、价值中心观的本体论，它所启发出的是一种哲学的人类学或人性学。人与天地之关系在《周易》所昭示的易理中是圆融合协而不分，即天人合德不仅是应然的而且是实然的。人之生命即是宇宙机体的组织部分，宇宙之道德价值即也通由人类之活动实现，人生之价值意义也就在这自身之创造活动中实现。

4. 就政治哲学而言，儒家之“内圣外王”，方先生认为之所以能够打通而不隔，在本体论上讲即源于宇宙的特质与精神的一致性，其根本的动力即在于生命力的扩展。而这即是《周易》生生之理的必需结果。

概言之，方东美认为《周易》之大义即是一种生命的本体论，它所昭示的宇宙是一种六合之内的生生不息，宇宙即是一种大生命。因于生命自身的创造力，形上本体与形下之器，心与物，性与命等皆可以贯而为一，内圣与外王可以一而统之。方先生所阐发机体主义的《周易》大义，实是他以生命哲学的视角观照《周易》经传，复以《周易》经传中的生生之理接引生命哲学的精神，在这种双向的对话中，《周易》的生生之理得以提升为生命的本体论，而西方哲学的理念得以融入中国哲人的精神。

第六章

现代新儒家易学思想之特点

如果说将现代新儒家的易学研究标榜为现代新义理派能够成立，那笔者认为此新义理派大概有如下四个特点：

1. 新视域。正如朱伯崑先生所言，在同西方哲学接触以前，中国人的理论思维水平，确实主要是通过对《周易》的研究得到锻炼和提高的。① 他们以易学磨炼思维，又根据所处时代的特点，所面对的不同问题，丰富和发展着易学，从《易传》始至汉代象数易的盛行再变到玄学易的突起，归于宋明易学的融合义理与象数，每个时代的易学都有其所要处理的问题。但对于现代新儒家来说，西学的进入已经为他们开启了更为广阔的学术视野。事实上，他们的哲学思维的头脑或是研究问题的方式方法也多是源于对西学的了解和认知，他们中的大多数都对西学有所涉猎甚至精通于此。就马一浮与熊十力两位先生来说，二者对西学的把握与方东美、牟宗三、唐君毅显然是无法相比的。但无论诸家西学的功底如何，当他们以所受西学的影响反观易学时，必须会出现解释学上所说的视界交融，从而丰富和发展了易学研究的理路。

可以说，就现代新儒家之解易进路而言，他们与古代儒者之最大不同即是西学视域的引入。如熊十力的《新唯识论》和《体用论》都是讨论"本体论"的。他认为即体即用，即用即体，离体无用，离用则体不能显，不可于用外求体，以此来讨论本体与现象的问题。他对本体的讨论，马一浮也是赞成的，虽然马一浮在一定意义上只是借鉴了本体论的思维方式，西方思想的具体内容并未在他

① 朱伯崑：《易学哲学史》第一卷，华夏出版社 1995 年版，第 4 页。

的心灵上留下多少印迹。熊十力亦认为中国哲学重体认，而轻思辨，西方哲学重分析而少实证，因此“中西文化，宜互相融合”，而成“思修交尽之学”。汤一介言：“这正表现了当时中国学术界一种共同的看法，认为需要引进西学近代的‘认识论’以充实中国原有对‘认识论’的不足。”① 再如生命哲学对解易思路的影响，张君劢言：“西方康德以来之哲学家，其推倒众说，独辟蹊径者惟有柏格森一人而已。”② 并师从倭伊铿学习。梁漱溟亦说：“倭铿一反西洋的路子，而为中国的路子，孔子的路子。”③ 熊十力也认为柏格森、杜里舒的生命哲学有其意义，但仍是未能合现象与本体为一。方东美更是对生命哲学情有独钟，他的硕士论文即为《柏格森生命哲学述评》，方东美对怀特海也是尤为敬佩，他从生命哲学出发，融合易学中生生理念，构建了一套机体主义的哲学理论，可谓中国易学哲学的新创见。牟宗三则是在早年一边大读《周易》，一边深喜怀特海。他们各自从生命哲学中获得启示，反观易学中的“变”“生”“命”之观念，以新的视角解读易学。金岳霖说：“熊十力的哲学有一个特点，就是他哲学背后有他这个人。”④ 我们可以套用这句话，在现代新儒家的易学思想背后都有他们的人存在。他们以自己所融会的中西学术的精神反观易学，从中各有择取，因而所阐发的易理易道各有不同。

2. 新问题。如何重新确立《周易》经传的历史地位。20 世纪的二三十年代，中国思想界中西化派与保守派、顽固派并行，疑古、释古、信古皆有其支持者与反对者。就易学来说，疑古学派对《周易》经传的著者、成书年代的考证，将《周易》道统传承的神圣光环打落。这给以复兴儒学为己任的现代新儒家提出了一个难题，即如何重新肯定《周易》经传的历史地位及其现代的价值。面对疑古学派的研究成果，若完全承认之就必须寻求一种新的方式或

① 汤一介：《新轴心时代与中国文化的建构》，江西人民出版社 2007 年版，第 140 页。

② 张君劢：《法国哲学家柏格森谈话记》，《民铎》第 3 卷第 1 号。

③ 梁漱溟：《东西文化及其哲学》，上海书店 1989 年版。

④ 参见张岱年《忆金岳霖先生》，《金岳霖学术思想研究》，四川人民出版社 1987 年版，第 37 页。

视角论证《周易》经传之历史意义及现代价值，若否定之，则需提出更为有力的反驳证据。纵观现代新儒家的易学思想，事实上他们对此都有回应。他们各辟新径，从不同的角度，阐明易学在中国思想学术史中的地位，把被打落于神坛的易经重新扶上学术至尊的宝座。

马一浮认为孔子晚年系《易》，时间大概是其70岁时，《十翼》即是孔子所阐发义理的完整存留，所谓文王周公演卦系辞的说法在他看来并不可信，这大概也是受疑古风气的影响。但他认为，孔子作《十翼》，易道之真精神当是存于《十翼》之中。在孔子之前，易只是掌于太卜之手，并不是以道德教化为主。真正将《易经》引向德教有迹可循之人就是孔子。易教，也就是在《十翼》产生后才被发扬光大的。因而天下学术可收归于六艺之学，六艺之学原于易终于易，而易学之核心又在《十翼》。他从普适性角度阐述了《周易》经传中所含的易理。

熊十力秉承古说，认为伏羲画八卦并因而重之，孔子作卦爻辞即是系辞，然后又作彖、象、文言以说明其含义。而《系辞传》是孔门后学依循孔子解易的思路，经由一段时期的丰富发展而来的。《系辞传》虽非出自孔子之手，但却是孔子思想的延续，孔子与易学是渊源有自的。熊十力又提出新解，挺立以孔子为代表的儒学，将现代的民主、自由等理念赋予孔子易之中。而君统帝制等专制则被其认为是汉宋学者杂入孔子思想之中的理念，不是孔子思想的真义。文王易，因而被熊氏认定为汉人贬孔宣扬君统帝制的说辞。他对于自文王而孔子之传承做了以现代价值为标准的判定。五四时期新文化运动所要打倒的孔子，在熊氏看来，并不是真孔子，而是后人，特别是汉宋学者所树立的孔子。这个假孔子倡导专制，维护帝制，以小康社会为现实的政治目标。但真正的孔子却是通过以《周易》为首的六经，提倡大同社会的理念。他以现代价值为标准重新构建了易学体系，从现代性的角度彰显出易学的当代价值。

牟宗三、唐君毅虽皆深受古史辨派的影响，但古史辨所否定的道统传承并没有影响到他们对《周易》经传历史地位、作用、现代价值的肯定。牟先生认为《周易》经传皆成书于西汉，虽属于晚出，但《周易》作为中国创作界的一部早期的庄严伟大的宏构，至今仍是无法替代的美作。牟氏之早期从象数易学的传承中梳理出了一套自然哲学的发展路线。科学与民主是当时任何人都不敢反对之旗号，牟宗三的易学研究就是要从《周易》中理出科学的因子，从而挺立传统的价值。他对传统的挺立方式是新颖的，当熊十力、梁漱溟、方东美、马一浮等以心性之学、道德修养高举传统的旗帜时，牟氏却于《周易》中找到了科学、自然哲学的传承。[①]《周易》在当时的牟宗三看来，它的魅力即在于此。而其后期，肯定了孔子与《易传》的关系，并从中读出了道德形上学的精神，从道德形上学的层面阐明易学的当代价值。唐君毅则认为《易经》成书年代已不可定考，所谓易始于伏羲，或始于神农，以至文王、周公等说在他看来皆是后人推想揣测之辞，并没有确切的史料可以定案。但据《左传》《国语》记载已有人用易占卜，则易学当于春秋时就存在了。但孔子晚而喜易，韦编三绝之说在他看来是可信的。因此他认为《易传》盖成书于晚周[②]，最迟可至秦汉之际。[③] 唐氏亦挖掘了《周易》经传中的哲理性，但却将其导向一种人生境界的追求，他的解易特点主要是从超越性入手。

概言之，疑古学派及西化派对《周易》之态度是一种历史的考察，将其仅视为一种文献的资料，而现代新儒家却多能从中看到活的精神，流动的民族文化的生命。马一浮言："科学家可以语小，难与入微。哲学家可与析名，难与见性。独自有号历史派者，以诬词为创见，以侮圣为奇功，向壁虚造而自矜考据，直是不可救药。"[④] 在他看来，科学家、哲学家都尚有可取之处，唯历史派的研

---

① 熊十力也认为《周易》中穷理可以将科学的方式纳入其中，或者说其中也包含科学的因素，他主要是从现代性的角度入手，但却没有从这个角度进行易学史的梳理，从中理出自然哲学的精神。熊氏相较于牟氏，其对科学的强调更多带有一些嫁接的嫌疑。

② 唐君毅：《〈易传〉之哲学浅释》，《哲学论集》，《唐君毅全集》卷十八，台北：台湾学生书局1990年版，第119页。

③ 唐君毅：《易经经文所启示之哲学思想》，《哲学论集》，《唐君毅全集》卷十八，台北：台湾学生书局1990年版，第137页。

④ 马一浮：《蠲戏斋书信选·与熊十力书（1936年）》，载刘梦溪主编《中国现代学术经典——马一浮卷》，河北教育出版社1996年版，第729页。

究方法，对先贤无所体认，纯是误入歧途。然而疑古考证的成果又有其说服力，并不容简单回避。现代新儒家在他们的思想刺激下，多是承认了《周易》成书年代的不能确定性，但对于孔子与《周易》之关系却并没有否认，他们要么承认《易传》是孔子所著，要么认为《易传》是孔门后学承继孔子思想而为。在他们看来，孔子在易学史上有着开启转向之功，他将《周易》的卜筮性质，一转而至道德教化的层面。从现代出土的文献及当代易学家的研究成果看，这一认识大体还是可以肯定的。

就马、熊第一代现代新儒家与牟、唐第二代新儒家而言，马、熊对易学传统的传承尚存在维系的争辩，但至牟、唐时则多接受了古史辨《周易》经传成书年代考证。其因之一当然是古史辨的论证有其科学性在，但更主要是牟、唐对《周易》经传的考察已然不再以道统是否存在为前提，即他们的进路更多是哲学的进路了。

3. 新阐释。现代新儒家将易学作为传统文化的代表，他们从易学中寻求思维的灵感，又运用西学方式，力图分析出易学中合于时代的精神，从而重新确立中国传统文化的现代价值。承上而言，现代新儒家的学术素养各不相同，为人之气质亦差别万千，他们对易学精神的阐发也是极不相同，各有特色。

就本书所择出的四家易说而言，马一浮的解易进路从普适性入手，通过阐明《易》所含有的超越时空界限的普适性以彰显易学的当代性和价值性。熊氏的解易进路是从现代性入手，他将现代价值融入易学史的梳理及其新易学体系的构建中，通过对孔子易的标榜及易学体系的重建意图诠解出富有现代气息的易学新架构。而牟氏的解易理路则是从哲理性入手，无论其早期的自然哲学的进路还是晚期的道德形上学进路，都是要从哲理的高度解读出可以与西方哲学相媲美的易学理念。唐氏之易学解读虽然亦从哲学的角度入手，但却将其引向了超越的层面，他将易道诠解为内在超越之道，将人之生命存在与心灵安顿作为主要之学术任务，通过对大和之境的解读构建出天德流行境的精神世界的蓝图。如导言中所言，虽然就20世纪20年代而言，现代新儒家对易学的关注在起初为一种集体无意识的状态，但我们从他们解易的不同角度中可以看出，从马一浮开始，现代新儒家对易学的诠解在逻辑上应是不断深刻化的。

就马一浮所发挥之义理而言，马一浮的易学思想表现出浓厚的宋明理学的味道。马一浮认为心外无卦，心外无象，心外无易，易道所昭示之理其实即是心之理。学易之目的不在于增加知识而是要通过《易》所指出来的崇德广业之道以修行淬炼，提升人生境界。他认为易道，最终必会落实于性修关系之中。从理气关系上言，性指理，修指气而论，从一心发用流行言，性修关系所昭示的是去除习心复见真心的法门。概括来讲，就形上层面言，全理是气，全气是理，而理归本心。就人性论言，全情是性，全性是情。就功夫论言则全性起修，全修在性。从本体观至人性观至功夫论，马一浮将易道诠释为有实际可操作性的系统。与熊十力相比，马一浮的易学解读并没有引用西方学术思想，他更多是从儒道释三教的对比中，重新解释易理。他将中外之学术皆归于六艺，又认为六艺之学原于易、终于易。

熊十力所关注的是如何将现代价值融入易道之中，他认为《周易》所倡导的是“生生不已”之精神，所体现的是一种健德流行的宇宙演进过程。他以《易经》为“变经”，以翕辟成变的宇宙论解释现象界的变化，以体用不二的本体论，进而即现象而言本体，复又以乾坤一元论凸显出个体的能动，将变化之宇宙描述成生生不息乾健流行的过程。熊氏之易学可以说是由“变”而“生”，从本体论、宇宙论的“变”，展而为人文意义的“生”，熊氏所强调的仁德修养、健进精神皆是从“变生”而来。可以说“变”是形上层的分析，“生”是人文价值的考量，由“变”到“生”熊氏易学完成了本体论至价值论的建构。具体来说，体用不二论，熊氏挺立了现象界的意义，对人生社会做一种肯定的判断；乾坤一元论，熊氏凸显了个体的价值，将现代社会个体的自由、平等、民主、革命等理念植于形上本体之上；翕辟成变的宇宙生成论，熊氏凸显了辟势的价值即创新的价值所在，以辟势所体现的阳明、刚健诸德向国人昭示出一种积极向上的勇于担当的人生价值。

牟宗三的易学解读，主要是从哲理性出发，以六经注我的方式探讨《周易》经传之精神。其早期的易学研究，以自然哲学为视界，从对易学的传承中，特别是象数易学的发展史中，理出了中国式的自然哲学进路，并以此与西方科学相比较，指明《周易》经传中已含有科学的因子，只是未能被后世发扬光大，从而凸显出《周易》的思想史地位。而其后期认为，《周易》经传中所彰显的是一种道德的形上学，虽然其中亦含有自然哲学的层面，亦可以从本体论、宇宙论的角度解读易学，但这些都应下摄于道德之下。道德形上学才是易教的精神所在。

唐君毅诠解出了《周易》经传中的超越性内涵，认为《周易》经传中所阐发的易道是一种生生不息的大化流行之理。他认为“易”为宇宙之本体，通过阴阳乾坤的相荡相摩而表现为创新成就扩大丰富的过程，体现为天人内外相生相涵的圆教思想，并彰显为阴阳相感交的和谐之境。宇宙的生生不已被其视为一种宇宙生命或宇宙精神的体现。在唐君毅看来，整个宇宙即是一幅大和之境。人之生命存在及心灵存在也应以追求和谐以进入天德流行境为目标。

就方东美所形成的哲学观看，他所建构的形上体系应是一种机体主义的哲学，其内融柏格森的生命哲学、怀特海的过程哲学及《周易》之生生哲学匠心独创而为一体。可以说，《周易》经传中的生生之理、天人合德的模式成为方先生接引西方生命哲学的内在因素，他又以其所解读的生命哲学反观中国传统哲学，特别是《周易》经传的哲学，从生命本体论的高度重新阐发大易精神。在其中西哲学比较的视野中，《周易》经传所代表的中国传统哲学有着生生不息的生命力，它可以调整融合发展出新的形态，不仅能解决民族自身的问题，还可以对世界哲学、人类文化的发展提供补益。可以说方先生表现出一如熊十力一样的世界主义的目光，即其哲学虽然旨在解决民族精神的问题，但也以西学为参照，兼及西学的不足和缺陷以有所改进。因此，从《周易》释译的角度言，方东美的生命哲学就可以认为是对周易哲学所做的具有世界性意义的发挥。

概言之，“《周易》为人所提供的是人在宇宙过程里拥有创造活动与自由的潜能之哲学体系”[1]。现代新儒家各自从其视界出发对《易》做了新的诠解，易学在他们的诠解下生发出新的活力。

4. 重工夫。对工夫的强调，最终还是要回归传统价值以安身立命，为心灵寻求可落脚之故乡。而现代性视野的展开，使得易学不仅能解决心灵之问题，亦能从中引导出科学、民主的现代理念，体现出不同于西方哲学的道德形上学的进路，并能将之导而向上进入超越的领域而表现出宗教性。就诸家易学思想而言，他们都关注到了易学与西方哲学之不同，即易学不仅是一种知识，它在本质上应是一种进德修业的体证之学，工夫论是理通易道所不可以缺少的环节，因而不可纯以一种知识的方式对待它。对这种不同点的强调在熊十力、马一浮那里尤为突出。二位先生都认为六艺之学是传统学术的核心所在，熊十力通过六经内部的比较、六经与诸子的比较，凸显出了《周易》在传统经学、传统哲学中的地位；通过与西方哲学、科学、宗教的对比，凸显了易学的现代价值，即其心性理论可以补充西方哲学、科学乃至宗教的缺点。他进而倡导一种新哲学：经学式的哲学。将易简工夫与支离事业，熔为一炉，在心性修养体认天道的基础，寻求科学的发展，可算是对传统心性论的一种现代发展。马一浮通过“十大”解易，将易道归本于心道，指明“说易”与“学易”之不同，提出性修不二的观点，将易道落到人生之实处。郭齐勇先生言，“熊着意于本体—宇宙论，马着意于本体—工夫论”，[2] 熊、马二人无疑都是接着宋明诸家而讨论易，重心在本体论上。但我们亦可以看出，熊十力的本体论中最终突出的还是易学所阐明的心性修养工夫，本体宇宙论的建构虽在熊十力的为文中所占篇章甚巨，其目的却也是为心性之工夫树立形上的根据。马先生心外无易的提法更是要直指工夫的重要性。虽然本体论的讨论已成为现代新儒家所接受的思维方式，将其更为明显的表彰在易学研究中的是方东美、牟宗三、唐君毅等人。方东美的易学思想，是在

---

① Frederick W. Mote, *Intellectual Foundation of China*, New York: Alfred A. Knof, 1971, p. 15. 转引自郑炳硕《熊十力之〈周易〉新诠释与儒学复兴》，《周易研究》2002 年第 6 期。

② 郭齐勇：《现代新儒家的易学思想论纲》，《周易研究》2004 年第 4 期，第 6 页。

生命哲学的基础上将生生不已的宇宙理解为一种机体主义的进程，他于其中彰显出人之生命力的创生价值，从生命力的角度打通内圣与外王之道。虽然牟宗三在其早期主要是关注易学中的自然哲学，但后期对道德形上学的重视显然是看到了易学体证的一面。而唐君毅更是通过自身生命存在与心灵体认，将易道理解成一种大和之境，进而将其提炼为心灵超越趋进的最高境界即天德流行境，将其设定为人生所应追求之目标。在他们看来，西方哲学缺乏对人生的关怀，而以易学为代表的中国传统文化则在此点上有其现实的意义。

当西化派、疑古派否定传统的现代价值时，通过中西学术的对比，现代新儒家于易学中不仅找到了西学所没有的可贵精神，即心性修养之功夫论，同时也看到了中西学术可以相合之处。马一浮、熊十力希望以西学来补充完善以易学为代表的儒家传统，创立经学式的哲学，希望其中既有哲学理性的追求，又有个人心性之修养。按马一浮的讲法即是性修不二，所学之理都应有对人“性”之关怀。而方东美、牟宗三、唐君毅则是更多注意到西学的缺点，用中学有补于西学，以创立新说。与此相较，西化派则多是从中学择出有合于西学的观点，融中学入于西学。虽都运用了西方学术之思想及其思维之方式，但其立场之不同一目了然。可以说，现代新儒家于易学研究中所突出的心性工夫的层面，为易学并进而为儒学找到了存在的现实意义。

综上所论，就现代新儒家整体之气质而言，他们确实是在将易学当作一种生命的学问进行研究。现代新儒家以西方哲学的视角反观易学，用本体论、宇宙论、人生论、价值论的方式阐述易学中的义理。他们承接宋易，将西方哲学的理念融入于易学之中，以易学接通西学，以此彰显易学的现代价值。现代新儒家对《易》的诠解进路是多样化的，但其目标却具有一致性，即如何为易学找到存于当今社会的合理性。马、熊、牟、唐四家皆突出了易学的内圣价值，并进而力图以内圣通达外王。从他们对心性修养、道德价值、生命意义之强调中，我们能够看到易学发展之现代意义。从他们各自的哲学思想中，我们也能够看到易学所起的返本开新的作用。西学视界的介入，虽然使他们对《易》之诠解很有新意，但这种以西解中的进路，在马一浮看来是带有危险性的。在他看来，《周易》根本就不是在探讨一种西方式的宇宙论及本体论，如果按照这种方式解读易学而没有关注到其本身的特色，必会使传统之学术失去生命。回顾中国哲学的学科发展，我们已然可以体贴到马一浮的担心之处。当西学成为唯一的标准，中学之意义何在？我们应从现代新儒家的易学研究方法及其对义理之阐释中得到启示。

现代新儒家的易学研究进路虽然新意颇多但亦存在许多缺憾。马一浮对《易》中普适性价值的重视亦使其并没有更好地吸收借鉴西学的成果，而熊氏对现代价值的偏重却使其易学有生硬的嫁接之感。牟宗三早期对自然哲学的重视已然落入了马一浮所批评的路向，《周易》本来即不是讲宇宙论、本体论的学说。其后期虽然回归到天人合德的进路，提出道德的形上学以区别思辨的形上学，但其通达易理的路径更多还是在思辨哲学的理路上展开。唐君毅虽然经由本体论而将易学引向了对超越性价值的关怀，但其对易理的分析亦是以思辨的方式进行。如前所言，此四家皆看到了易学不同于西方哲学的特点，即它是一门见道证体之学。但自马氏开始，这种对道、体的修证就渐渐开始为哲理的思辨所取代，以至易学已然变成了一种思辨式的哲学，传统的价值取向被逐渐放逐了。这与熊十力所设想的经学式的哲学可谓大相径庭。

其中的原因不外乎如下两点：第一点："语言是存在的家"①。自新文化运动开始，文言文的写作方式基本不再被学者所采用，白话文的广泛使用使得那个时代的学者逐渐远离了传统。这种远离的影响是深远的，它使得在西化语境中成长的后世很难再在原义上把握古人的思想。第二点：胡适首开风气的中国哲学的写作方式再次将这种困境放大。他以西方哲学为模版来裁割中国的传统。这种对中国传统的解读在建构之初就受到质疑，马一浮已然从易学的诠解中看到了这一问题，而不幸的是这种方式还是被大多数人所接受并

① 海德格尔说："语言是存在的家。人栖居在语言所筑之家中。思者与诗人是这一家宅的看家人。"（《关于人道主义的信》）

一直持续到现代。以唐君毅为例，他虽亦言不能用西方哲学框解中国哲学，但其言说的方式已然无法逃离西学的模式了。可以说，就易学言，它在现代转变的过程中面临着众多困境，它既要有其独立性又不能逃离西学的参照，既要继承传统的价值取向又要面向现代，既要有仁智之人的书斋沉思又要有对现实社会的生命关怀。①而这些两难困境其实也就是中国传统文化在近现代生存环境的缩影。易学要发展就需要妥善处理好这些问题，中国哲学要发展也应于易学困境及现代新儒家的解答中寻求启示。

就易学而言，它是一个开放性的话题，可以说每个时代皆有每个时代不同的新易学，它是历久而弥新的，应存其现代化的可能性和可行性。与传统断裂，那么解决的方式只能重拾传统的话语。这应是重建中国传统哲学中最基础也是最重要的一步。寻找失去的家园当然不是件易事，但对传统的新的梳理是必需的也是可行的。我们不可能完全抛弃既有的“习染”回到过去重新聆听先哲的教诲，但林中总有供人行走的路。学术环境的不断改善以及百年探索的积淀给我们提供了反思的机遇。现代新儒家的解易进路就是对这个结论的最好诠释。当日本入侵，救亡图存成为主要任务时，现代新儒家的解易进路即是如何于易中诠解出可以肯定中国传统以鼓舞士气之思想，而当抗战胜利后，则其关注的焦点也开始发生变化，演变成希望通过《易》的新诠解理出可以安顿人之心灵、解决西方文化弊病的理路。因而就《易》之文本言，它对任何时代都是敞开的，在解释学的视界中，我们能够看到不同的易学新解。虽然探本求源主义的考据也有其存在的必要，但易学对当代人的意义不应只是一

① 有学者认为近代中国哲学的学科建设有三大悖论，第一，中国哲学既要独立又要始终以西学为参照；第二，中国哲学既要立足于传统又要面向现代；第三，中国哲学的发展既要有书斋沉思又要有大众的关怀。（洪修平、白欲晓：《关于中国哲学学科建设的几点思考》，《哲学研究》2002 年第 1 期。）就此三点，皆是切中了中国学科建设的要害。而就易学的重建而言亦是面临着这三个方面的问题。从现代新儒家对易学的解读开始，他们已然无法摆脱这种在西学视界中思考问题的命运。他们所要做的是让传统在西学的冲击下完成向现代的转换。而现在看来，现代新儒家的工作并没有做好，易学在他们的解构和建构中已然逐渐失去了原有的言说方式。易学所倡言的价值追求并没有被恰当地体现出来，以为大众所接受。相反，就中国哲学的建构而言，西化的言说方式却已经成为中国现实个体生存的境遇。在现代化的进程中，我们正在被西化而非传统化。

种文献学的知识，而应有其指导人生的价值。面对愈演愈烈的现代弊病、社会危机，《易》中的天人合德的模式或许可以给现代人以启迪，它的进德修业、成己成物的理路也能给现代社会提供新的路向。就《易》之开放性而言，易学的发展不会停止，我们完全可以期待一种当代新易学的出现。

参考文献

一　现代新儒家著作之部

1. 中国文化书院学术委员会编：《梁漱溟全集》，山东人民出版社 1989 年版。

2. 梁漱溟：《东方学术概观》，巴蜀书社 1986 年版。

3. 梁漱溟：《东西文化及其哲学》，上海书店 1989 年版。

4. 梁漱溟：《梁漱溟自述》，漓江出版社 1996 年版。

5. 《马一浮集》，浙江古籍出版社、浙江教育出版社 1996 年版。

6. 马一浮：《泰和宜山会语》，辽宁教育出版社 1998 年版。

7. 马一浮：《尔雅台答问》，江苏教育出版社 2005 年版。

8. 刘梦溪主编：《中国现代学术经典——马一浮卷》，河北教育出版社 1996 年版。

9. 马一浮：《复性书院讲录》，山东人民出版社 1998 年版。

10. 熊十力：《熊十力全集》，湖北教育出版社 2001 年版。

11. 熊十力：《原儒》，中国人民大学出版社 2006 年版。

12. 方东美：《生生之德》，台北：黎明文化事业股份有限公司 1987 年版。

13. 方东美：《新儒家哲学十八讲》，台北：黎明文化事业股份有限公司 1989 年版。

14. 方东美：《原始儒家道家哲学》，台北：黎明文化事业股份有限公司 1983 年版。

15.《方东美作品系列》，中华书局 2013 年版。

16. 黄克剑、王欣编：《梁漱溟集》，群言出版社 1993 年版。

17. 黄克剑、钟小霖编:《方东美集》, 群言出版社 1993 年版。

18. 黄克剑、吴小龙编:《张君劢集》, 群言出版社 1993 年版。

19. 贺麟:《五十年来的中国哲学》, 商务印书馆 2002 年版。

20. 宋志明编:《儒家思想的新开展——贺麟新儒学论著辑要》, 中央广播电视出版社 1995 年版。

21. 冯友兰:《三松堂学术文集》, 北京大学出版社 1984 年版。

22. 冯友兰:《三松堂全集》, 河南人民出版社 2000 年版。

23.《牟宗三先生全集》, 台北: 联经出版事业股份有限公司 2003 年版。

24. 牟宗三:《周易哲学演讲录》, 卢雪昆录音整理, 华东师范大学出版社 2004 年版。

25. 牟宗三:《才性与玄理》, 广西师范大学出版社 2006 年版。

26. 黄克剑、钟小霖编:《唐君毅集》, 群言出版社 1993 年版。

27.《唐君毅全集》, 台北: 台湾学生书局 1990 年版。

28. 唐君毅:《人文精神之重建》, 广西师范大学出版社 2005 年版。

29. 唐君毅:《中华人文与当今世界》, 广西师范大学出版社 2005 年版。

30. 唐君毅:《文化意识与道德理性》, 霍韬晦编选/导读, 中国社会科学出版社 2005 年版。

31. 唐君毅:《哲学概论》, 霍韬晦编选/导读, 中国社会科学出版社 2005 年版。

32. 唐君毅:《中国哲学原论 · 导论篇》, 霍韬晦编选/导读, 中国社会科学出版社 2005 年版。

33. 唐君毅:《中国哲学原论 · 原性篇》, 霍韬晦编选/导读, 中国社会科学出版社 2005 年版。

34. 唐君毅:《中国哲学原论 · 原道篇》, 霍韬晦编选/导读, 中国社会科学出版社 2006 年版。

35. 唐君毅:《中国哲学原论 · 原教篇》, 霍韬晦编选/导读, 中国社会科学出版社 2006 年版。

36. 蔡尚思主编:《十家论易》, 上海人民出版社 2006 年版。

37. 张君劢：《科学与人生观》，辽宁教育出版社1998年版。

38. 张君劢：《明日之中国文化》，山东人民出版社1998年版。

39. 张君劢：《民族复兴之学术基础》，中国人民大学出版社2006年版。

40. 张君劢：《儒家哲学之复兴》，中国人民大学出版社2006年版。

41. 张君劢：《新儒家思想史》，中国人民大学出版社2006年版。

42. 张君劢：《义理学十讲纲要》，中国人民大学出版社2006年版。

二 研究著作之部

1. 毕养赛：《中国当代理学大师马一浮》，上海人民出版社1992年版。

2. 蔡元培等：《玄圃论学集·熊十力生平与学术》，生活·读书·新知三联书店1990年版。

3. 蔡德麟、景海峰主编：《全球化时代的儒家伦理》，清华大学出版社2007年版。

4. 陈少明：《儒学的现代转折》，辽宁大学出版社1992年版。

5. 陈战国：《冯友兰哲学思想研究》，北京大学出版社1999年版。

6. 陈代湘：《现代新儒学与朱子学》，湖南出版社2003年版。

7. 程农：《梁漱溟文化视野中的救亡选择》（非出版物），中国人民大学，1990年。

8. 成中英：《易学本体论》，北京大学出版社2006年版。

9. 成中英：《知识与价值》，台北：联经出版事业股份有限公司1986年版。

10. 丁为祥：《熊十力学术思想评传》，北京图书馆出版社1999年版。

11. 邓联合：《传统形上智慧与社会人生的现状开展——冯友兰先生“贞元六书”研究》，南京师范大学出版社2003年版。

12. 岛田虔次原：《熊十力与新儒家哲学》，徐水生译，台北：

明文书局股份有限公司 1992 年版。

13. 方克立、李锦全主编：《现代新儒学案·马一浮学案》，中国社会科学出版社 1995 年版。

14. 方克立：《现代新儒学与中国现代化》，天津人民出版社 1997 年版。

15. 郭齐勇：《熊十力思想研究》，天津人民出版社 1993 年版。

16. 郭齐勇、龚建平：《梁漱溟哲学思想》，湖北人民出版社 1996 年版。

17. 郭美华：《熊十力本体论哲学研究》，巴蜀书社 2004 年版。

18. 高迎刚：《马一浮诗学思想研究》，齐鲁书社 2006 年版。

19. 高怀民：《两汉易学史》，广西师范大学出版社 2007 年版。

20. 韩强：《现代新儒学心性理论评述》，辽宁大学出版社 1992 年版。

21. 韩莺：《马一浮新儒学思想简论》，中国人民大学出版社 1997 年版。

22. 蒋国保、余秉颐：《方东美思想研究》，天津人民出版社 2004 年版。

23. 蒋国保、周亚洲编：《生命理想与文化类型——方东美新儒学论著辑要》，中国广播电视出版社 1992 年版。

24. 金春峰：《冯友兰哲学生命历程》，中国言实出版社 2004 年版。

25. 加润国：《熊十力新易学人生论述评》（非出版物），中国人民大学，1996 年。

26. 李清良：《熊十力　陈寅恪　钱锺书阐释思想研究》，中华书局 2007 年版。

27. 李道湘：《现代新儒学与宋明理学》，辽宁大学出版社 1998 年版。

28. 李明辉：《儒家经典诠释方法》，台北："国立"台湾大学出版中心 2004 年版。

29. 李学勤：《周易经传溯源》，中国社会科学出版社 2007 年版。

30. 李镜池：《周易探源》，中华书局 1978 年版。

31. 刘大钧主编：《大易集释》，上海古籍出版社 2007 年版。

32. 刘长林：《生命与人生——儒学与梁漱溟的人生哲学》，开明出版社 2000 年版。

33. 刘东超：《生命的层级——冯友兰人生境界说研究》，巴蜀书社 2002 年版。

34. 柳友荣：《梁漱溟心理学思想研究》，安徽人民出版社 2004 年版。

35. 罗义俊编：《理性与生命——当代新儒学文萃》，上海书店 1994 年版。

36. 龙佳解：《中国人文主义新论——评当代新儒家的传统文化诠释》，湖南大学出版社 2001 年版。

37. 吕希晨、陈莹：《张君劢思想研究》，天津人民出版社 1996 年版。

38. 廖名春：《〈周易〉经传与易学史新论》，齐鲁书社 2001 年版。

39. ［美］艾恺：《梁漱溟传》，邓大华等译，湖南出版社 1992 年版。

40. ［美］艾恺：《最后的儒家——梁漱溟与中国现代化的两难》，宗昱、冀建中译，江苏人民出版社 1993 年版。

41. ［美］纪文勋：《现代中国的思想冲突——民主主义与权威主义》，程农、许剑波译，山西人民出版社 1989 年版。

42. 宋志明：《现代新儒家研究》，中国人民大学出版社 1991 年版。

43. 宋志明、赵德志：《现代中国哲学思潮》，中国人民大学出版社 1992 年版。

44. 宋志明：《熊十力评传》，百花洲文艺出版社 1993 年版。

45. 宋志明：《贺麟新儒学思想研究》，天津人民出版社 1998 年版。

46. 宋志明、梅良勇：《冯友兰学术思想评传》，北京图书馆出版社 1999 年版。

47. 宋志明、刘成有：《批孔与释孔—— 儒学的现代走向》，华东师范大学出版社 2004 年版。

48. 善峰：《梁漱溟社会改造构想研究》，山东大学出版社 1996 年版。

49. 孙小金：《从生命哲学看中国哲学——方东美哲学思想研究》，中国人民大学出版社 2002 年版。

50. 单波：《心通九境——唐君毅哲学的精神空间》，人民出版社 2001 年版。

51. 单纯：《旧学新统——冯友兰哲学思想通论》，四川大学出版社 2005 年版。

52. 滕复：《默然不说声如雷——马一浮新儒学论著辑要》，中国广播电视出版社 1995 年版。

53. 滕复：《马一浮思想研究》，中华书局 2001 年版。

54. 滕复：《一代儒宗——马一浮传》，杭州出版社 2004 年版。

55. 田文军：《冯友兰新理学研究》，武汉出版社 1990 年版。

56. 王鉴平：《冯友兰哲学思想研究》，四川人民出版社 1988 年版。

57. 汪学群：《王夫之易学——以清初学术为视角》，社会科学文献出版社 2002 年版。

58. 汪学群：《清初易学》，商务印书馆 2004 年版。

59. 武东生：《现代新儒家人生哲学研究》，辽宁大学出版社 1994 年版。

60. 熊吕茂：《梁漱溟的文化思想与中国现代化》，湖南教育出版社 2000 年版。

61. 武汉大学中国传统文化研究中心编：《玄圃论学续集·熊十力与中国传统文化国际学术研讨会论文集》，湖北教育出版社 2003 年版。

62. 许宁：《圆融的意蕴　马一浮文化哲学研究》（非出版物），中国人民大学，2003 年。

63. 杨庆中：《二十世纪中国易学史》，人民出版社 2000 年版。

64. 杨庆中：《周易经传研究》，商务印书馆 2005 年版。

65. 杨国荣:《王学通论——从王阳明到熊十力》，上海三联书店 1990 年版。

66. 杨清荣:《经济全球化下的儒家伦理》，中国社会科学出版社 2004 年版。

67. 殷小勇:《道德思想之根——牟宗三对康德智性直观的中国化阐释研究》，复旦大学出版社 2007 年版。

68. 余敦康:《内圣外王的贯通——北宋易学的现代阐释》，学林出版社 1997 年版。

69. 余敦康:《汉宋易学解读》，华夏出版社 2006 年版。

70. 余英时:《中国思想传统的现代诠释》，江苏人民出版社 1989 年版。

71. [英] 艾耶尔:《二十世纪哲学》，上海译文出版社 1987 年版。

72. 张立文:《周易思想研究》，湖北人民出版社 1980 年版。

73. 张立文:《帛书周易注译》，中州古籍出版社 1992 年版。

74. 朱伯崑:《易学哲学史》，昆仑出版社 2005 年版。

75. 张光成:《中国现代哲学的创生原点——熊十力体用思想研究》，上海人民出版社 2002 年版。

76. 张静芳:《中国现代思想家比较研究》，辽宁大学出版社 2001 年版。

77. 张庆熊:《熊十力的新唯识论与胡塞尔的现象学》，上海人民出版社 1995 年版。

78. 赵卫东:《分判与融通——当代新儒家德性与知识关系研究》，齐鲁书社 2006 年版。

79. 郑大华、任菁编:《孔子学说的重光——梁漱溟新儒学论著辑要》，中央广播电视出版社 1995 年版。

80. 郑大华:《张君劢学术思想评传》，北京图书馆出版社 1999 年版。

81. 郑家栋:《现代新儒学概论》，广西人民出版社 1990 年版。

82. 郑家栋:《本体与方法——从熊十力到牟宗三》，辽宁大学出版社 1992 年版。

83. 郑家栋：《道德理想主义的重建——牟宗三新儒学论著辑要》，中央广播电视出版社 1992 年版。

三　研究论文之部

1. 郭齐勇：《现代新儒家的易学思想论纲》，《周易研究》2004 年第 4 期。

2. 黄黎星：《乾坤大义的现代启示——当代新儒家易学思想综论》（上），《周易研究》1998 年第 1 期。

3. 黄黎星：《乾坤大义的现代启示——当代新儒家易学思想综论》（下），《周易研究》1998 年第 2 期。

4. 高瑞泉：《易学诠释与哲学创造：以熊十力为例》，《周易研究》2002 年第 2 期。

5. 闵仕君：《中国现代形上学建构的反思——以牟宗三道德的形上学为例》，《青年思想家》2004 年第 2 期。

6. 任俊华：《熊十力的新易学》，《船山学刊》2000 年第 4 期。

7. 宋志明：《论狭义新儒家的发展脉络》，《南昌大学学报》1999 年第 3 期。

8. 唐明邦：《熊十力先生易学思想管窥——读〈乾坤衍〉》，《武汉大学学报》1986 年第 1 期。

9. 唐明邦：《熊十力论船山易学》，《船山学报》1988 年第 1 期。

10. 颜炳罡：《熊十力易学思想探微》，《周易研究》1990 年第 2 期。

11. 郑炳硕：《熊十力之〈周易〉新诠释与儒学复兴》，《周易研究》2002 年第 6 期。

12. 王兴国：《论牟宗三哲学中的易学研究》，《周易研究》2002 年第 5 期。

13. 周立升：《现代新儒家易学思想探论》，载刘大钧主编《大易集释》，上海古籍出版社 2007 年版。

14. 洪修平、白欲晓：《关于中国哲学学科建设的几点思考》，《哲学研究》2002 年第 1 期。

四 其他文献之部

1. 福柯:《知识考古学》，上海三联书店 1998 年版。

2. 柏格森:《创造进化论》，商务印书馆 2004 年版。

3. 《康德三大批判合集》（上、下），邓晓芒译，人民出版社 2009 年版。

4. 顾颉刚:《古史辨》，上海古籍出版社 1982 年版。

5. 程颢、程颐:《二程集》，中华书局 2004 年版。

6. 朱熹:《朱子全书》，安徽教育出版社 2010 年版。

7.《张载集》，中华书局 2012 年版。

8.《周敦颐集》，中华书局 2009 年版。

9.《邵雍集》，中华书局 2010 年版。

后　记

生命中的学问与学问中的生命

我于2003年就读中国人民大学哲学系，时光荏苒，从2003年至2008年，光阴总是在不经意间流过，五年的硕博生活虽然淡然却亦充实。孔子自云“三十而立”，我想是其自证道德学问皆有所成就，对之而自鉴，我的道德学问可至三十而立乎？两年的硕士生活去也匆匆，三年博士生活中却也因畅游书海，物我相忘，所留存的记忆并不多。或许原先的设想本就不正确，生活并不是一条单色线，而是多彩线条编织的网络，过多地打上任何一种色彩虽然纯正但却无法了然生命的意蕴。如果自小学算起，我这三十年的青春大都在“校园无甲子”的时间无意中度过，写意几多，但离真正的生活还是隔远了。虽然向往庄子的悠然于天地间的自由，自身的境界上却远未达到大彻后的舍弃。或许积极地体味世间百态才是我应对人生所应持的态度。

我即是带着这种心态去写作我的博士论文。当我细阅现代新儒学诸家的人生经历及其学术文章，他们于我心中所呈现的情状就不再是悄无声息的历史，而是可以直观于眼前的现实。甚至有几次于梦中见几位贤人高谈阔论，我立于旁倾心聆听，梦醒之时心中甚是畅快。正如本书所言，对于现代新儒家，我并不只是将其当作孤独的思考者，而是想尽力还原其生活的原貌，即用一种思想史的解读，从易学的角度观察他们的学术与人生。在我看来，他们皆是活生生的个体，在他们的人生历程中，学术著作只不过是他们彰显其生命的途径。学问与生命的契合，是我从现代新儒家身上体悟到的一种精神。

感谢我的父母和爱人，是他们的支持才让我能安心于学业。父母皆已耳顺之年，我知道他们的心思，所以也更珍惜我的学业。感谢我的妻子，她一直严格地督导我加速论文的进度，且尽力为我创造舒心的环境。我的论文是较早入手且能最先完稿，这应有她的功劳。

感谢我的博士生导师宋志明先生，每次与他相谈，我都能获益良多，在他的鼓励和指导下我才有信心完成论文的写作。宋先生言哲学论文总是要有自己的创见，大胆假设，小心求证。为了让我们能有足够的信心发表言论，他给我们开设了哲学沙龙，这不是一门课或者更应称之为哲学漫谈。按宋先生所言，沙龙是哲学观点的试验场，有想法即可以说。在宋先生那里我体会到了思想的快乐和自由。

感谢我的硕士生导师杨庆中先生，他也是我博士论文的第二指导老师，是他将我领入了易学殿堂，并一直指导我的学业。杨先生为人寡言少语，但却能字字珠玑，发人深省。还记得硕士刚入学时，杨先生即言，做学问只要能十年不参加会议，十年不写文章，沉得住气，就一定能做得好。当时有些不明白，甚至觉得过于其言，但现在看杨先生的学术历程却是如此行来，才知先生所言非虚。

感谢张立文、向世陵、姜日天、彭永捷、罗安宪、干春松诸位先生，他们对论文的提议给了我许多思想的启迪。可以说学问与生命的契合，也正是我在这几位先生身上所体悟到的一种精神。张老师的和蔼，宋老师的豁达，姜老师的温良，向老师的严谨，杨老师的朴实，彭老师的敦厚，罗老师的放达，干老师的机敏，都多与他们的研究方向有关，皆深印我的脑海中。在人民大学求学的五年，我想我在这里学到的不仅是知识，更多是一种为人处世的人生之理。求道以论学，生命、道德、学问对于中国哲学的研究者来说或者至少对于人民大学的诸位老师来说应是三位一体不可离分的。我对他们深表敬意！

人大五年，同窗数载，感谢我的同学们，他们在我需要的时候给我以帮助。这里我应记下他们的名字，王武龙、韩进军、李万刚、宋锡同、孙兆泽、李会富、朴志勋、杨名、张万红。加上我，我们这一届中国哲学专业的博士生共此十位，且全是铁骨铮铮的男儿，这或许是人大中国哲学专业开设以来少有的事情，煮酒论英雄，我们常戏言为“人大十哲”，希望在今后的日子里我们能将戏言变为真实。

本书已然成稿，但回顾写作历程仍能体味其中的艰辛。自论文选题之始，诸位老师就提出了不同的见解，谢谢他们的质问，这让我能够不断地深入思考，不断调整思路。这种不断思考的结果就是成稿的内容已仅缩减为当初设想的一部分。本书论述之主线为马一浮、熊十力、牟宗三、唐君毅四人，方东美之生命哲学放于第五章，因方先生与马、熊、牟、唐四人学问方法多有差异。至于冯友兰先生之易学观则未能收录本书。所以就整体言，虽然内容可以自成体系，但却算不上丰满。这也许会在以后的学习中思考。

自 2008 年毕业后，我便工作于暨南大学社会科学部中国传统文化教研室，后来部门成立国学研究所我亦被纳入其中。暨南大学自 1985 年始开《中国传统文化概论》一课，至今已有近 30 年的课程建设史，其课程目标为国情教育及爱国主义教育。国情教育之主旨，是希望通过帮助学生了解古代中国，并通过近代中国及当代中国等课程的建构，使学生形成对中国社会的整体历史把握，了解中国的历史及现在。爱国主义教育则是希望学生学习古代文化，从而了解传统，培育出民族文化归属感和民族自信心，形成情理交织的爱国精神。近代以来之中国，对于传统的态度从“天朝上国”的文化自信渐渐蜕变为“打倒传统”“全盘西化”的文化自我否定。因此如何正确认识传统一直是社会思潮争论的核心话题之一。2014 年教育部发布《完善中华优秀传统文化教育指导纲要》，冀望传统文化中的优秀思想能够成为帮助当代国人建立合宜的世界观、人生观、价值观的有益资源。传统思想的现代转换即成为研究的显学热点。希望本书之拙见能为当代传统文化的研究提供一种理路。

再次感谢我的家人及诸位先生、诸同窗知交。感谢暨南大学的诸君同人：程京武、柏元海、魏传光、龚红月等，因为他们的努力本书才得以付梓。

草草数语，是为记！

史怀刚
记于暨南大学国学研究所
2015 年 11 月